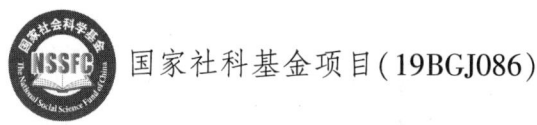

国家社科基金项目(19BGJ086)

反倾销冲击与全球价值链演进下的中国贸易利益提升研究

周灏 著

中国纺织出版社有限公司

内容提要

本书将反倾销与全球价值链相结合，运用社会学研究方法、经济学研究方法、协同演化理论，采用规范研究与实证研究相结合的方法，对中国遭受反倾销状况、中国不同产业遭受的反倾销与全球价值链之间的协同演化、全球价值链与中国不同产业的产业竞争力之间的协同演化、双边贸易利益分配以及贸易利益的影响因素等多个方面进行了研究。

本书可作为高等院校和科研院所国际贸易相关领域的师生和科研工作者、各级政府的相关决策和咨询部门，以及从事外贸出口的广大企业的营销人员、技术人员学习、参考和借鉴。

图书在版编目（CIP）数据

反倾销冲击与全球价值链演进下的中国贸易利益提升研究 / 周灏著. --北京：中国纺织出版社有限公司，2024.5

ISBN 978-7-5229-1717-7

Ⅰ.①反… Ⅱ.①周… Ⅲ.①对外贸易－贸易利益－研究－中国 Ⅳ.①F752

中国国家版本馆CIP数据核字（2024）第081741号

责任编辑：范雨昕　胡　蓉　　责任校对：寇晨晨
责任印制：王艳丽

中国纺织出版社有限公司出版发行
地址：北京市朝阳区百子湾东里A407号楼　邮政编码：100124
销售电话：010—67004422　传真：010—87155801
http://www.c-textilep.com
中国纺织出版社天猫旗舰店
官方微博 http://weibo.com/2119887771
三河市宏盛印务有限公司印刷　各地新华书店经销
2024年5月第1版第1次印刷
开本：710×1000　1/16　印张：16.75
字数：295千字　定价：88.00元

凡购本书，如有缺页、倒页、脱页，由本社图书营销中心调换

前　言

全球价值链是现今国际贸易研究中无法回避的一个领域。随着经济全球化的深入和世界型国际分工的扩大，一个国家除了出于国家安全目的在某类重要的产品上在国内实现全产业链外，在其他产品上很难在国内实现全产业链，这种全产业链不符合比较成本理论或生产要素禀赋理论。在全球价值链的深化中，各国均融入了价值链的各个环节，成为整个链条完整体系中的一员。全球价值链的核心指标是"增加值"，人们常使用"国内增加值"去分析一国在国际贸易中的真实状况，呈现"去伪存真"和"剥丝抽茧"之后的真实状态。

现有研究结果基本上都普遍认同反倾销会导致出口国受到负面影响，主要是对出口国的对外贸易乃至产业安全产生负面影响。目前，对于反倾销与全球价值链之间关联性的研究还非常少，我们认为有些领域的研究需进行重点探索：

（1）中国各个产业的增加值出口变化状况；

（2）反倾销与全球价值链的协同演化状况；

（3）全球价值链与产业竞争力的协同演化状况；

（4）双边贸易分解及双边贸易利益分配状况；

（5）绝对贸易利益和相对贸易利益的影响因素。

本书在综合国内外文献的基础上，以世界贸易组织和世界银行公布的世界反倾销权威数据及对外经济贸易大学 UIBE GVC Indicators 数据库中的全球价值链的相关统计数据为基础，将反倾销与全球价值链相结合，运用社会学研究方法、经济学研究方法、协同演化理论，采用规范研究和实证研究相结合，对中国遭受反倾销状况、不同产业在全球价值链增加值出口中的社会网络特征、不同产业遭受的反倾销与全球价值链之间的协同演化、全球价值链与中国不同产业的竞争力之间的协同演化、不同产业的双边增加值贸易分解、双边贸易利益分配以及贸易利益的影响因素等多方面内容进行了研究，并得出了相关结论。期望本书的出版能有助于读者清楚地认识在世界反倾销冲击和全球价值链演进的双重环境下中国面临的增加值贸易状况和贸易利益的获取状况，进而更多、更有效地获取合法的贸易利益，实现中国对外贸易的可持续发展。

周灏
2023 年 12 月

目　录

第1章　绪论 ……………………………………………………………… 1
　1.1　本书对研究领域的重点探索 ……………………………………… 4
　1.2　本书的主体内容 …………………………………………………… 4
　1.3　本书采用的研究方法 ……………………………………………… 5
　　1.3.1　内容分析法 …………………………………………………… 5
　　1.3.2　比较分析法 …………………………………………………… 5
　　1.3.3　统计分析法 …………………………………………………… 5
　　1.3.4　定性分析和个案分析法 ……………………………………… 5
　1.4　本书的创新点 ……………………………………………………… 6

第2章　中国遭受反倾销的统计与分析 ………………………………… 7
　2.1　引言 ………………………………………………………………… 7
　2.2　反倾销概述及全球反倾销概况 …………………………………… 7
　　2.2.1　反倾销概述 …………………………………………………… 7
　　2.2.2　全球反倾销概况 ……………………………………………… 8
　2.3　中国遭受反倾销的总量分析 ……………………………………… 10
　2.4　中国遭受反倾销的成员分析 ……………………………………… 14
　2.5　中国遭受反倾销的产品分析 ……………………………………… 16
　2.6　本章小结 …………………………………………………………… 17

第3章　全球价值链演进下中国农产品增加值出口变化的社会网络分析 …… 18
　3.1　总出口分解 ………………………………………………………… 19

· 1 ·

3.2 研究概况 ·· 20
3.3 中国农产品增加值出口概况 ·· 22
3.4 农产品增加值出口网络的实证分析 ··· 23
    3.4.1 贸易网络图与网络密度分析 ··· 24
    3.4.2 贸易网络的中心性分析 ·· 26
    3.4.3 贸易网络的核心—边缘结构分析 ······································ 28
    3.4.4 块模型下贸易网络的角色地位分析 ··································· 30
3.5 研究结论及政策建议 ··· 33
    3.5.1 研究结论 ·· 33
    3.5.2 政策建议 ·· 33
3.6 本章小结 ·· 34

第4章 全球价值链演进下中国工业品增加值出口变化的社会网络分析 ······ 36
4.1 中国纺织品服装增加值出口变化的社会网络分析 ·························· 36
    4.1.1 纺织服装产业价值链环节及总出口分解 ····························· 38
    4.1.2 中国纺织品服装增加值出口概况 ······································ 39
    4.1.3 研究概况 ·· 43
    4.1.4 中国纺织品服装增加值出口网络的实证分析 ······················ 44
    4.1.5 研究结论及政策建议 ·· 54
4.2 中国化工产品增加值出口变化的社会网络分析 ····························· 56
    4.2.1 研究概况 ·· 57
    4.2.2 中国化工产品增加值出口概况 ··· 58
    4.2.3 中国化工产品增加值出口网络的实证分析 ························· 62
    4.2.4 研究结论及政策建议 ·· 74
4.3 中国贱金属增加值出口变化的社会网络分析 ································ 76
    4.3.1 中国贱金属增加值出口概况 ··· 77
    4.3.2 中国贱金属增加值出口网络的实证分析 ····························· 81
    4.3.3 研究结论及政策建议 ·· 94
4.4 中国机电设备增加值出口变化的社会网络分析 ····························· 96

  4.4.1 中国机电设备增加值出口概况 ·················· 97
  4.4.2 中国机电设备增加值出口网络的实证分析 ········ 101
  4.4.3 研究结论及政策建议 ··························· 113
 4.5 本章小结 ·· 115

第 5 章 基于总量视角的反倾销与全球价值链位置、全球价值链参与度的协同演化研究 ········· 116

 5.1 研究概况 ·· 116
 5.2 反倾销与 GVC 位置、GVC 参与度的协同演化机制 ······ 117
  5.2.1 反倾销对 GVC 位置、GVC 参与度的影响机制 ···· 117
  5.2.2 GVC 位置、GVC 参与度对反倾销的影响机制 ···· 118
 5.3 模型方法 ·· 118
  5.3.1 协同演化模型 ································· 118
  5.3.2 GVC 位置指数与 GVC 前向参与度 ·············· 120
  5.3.3 指标体系及数据来源 ··························· 121
 5.4 实证结果及分析 ····································· 122
  5.4.1 反倾销与 GVC 位置协同演化 ·················· 122
  5.4.2 反倾销与 GVC 参与度协同演化 ················ 124
 5.5 结论及启示 ··· 126
  5.5.1 结论 ·· 126
  5.5.2 启示 ·· 127
 5.6 本章小结 ·· 128

第 6 章 基于产业视角的反倾销与全球价值链位置、全球价值链参与度的协同演化研究 ········· 129

 6.1 模型方法与指标体系 ································· 129
 6.2 实证结果及分析 ····································· 130
  6.2.1 反倾销与产业 GVC 位置协同演化 ·············· 130
  6.2.2 反倾销与产业 GVC 参与度协同演化 ············ 138

6.3 结论及启示 …………………………………………………… 146
　　6.3.1 结论 ……………………………………………………… 146
　　6.3.2 启示 ……………………………………………………… 148
6.4 本章小结 ……………………………………………………… 151

第7章　全球价值链与产业竞争力的协同演化研究 ……………… 153
7.1 全球价值链与产业竞争力的协同演化机制 …………………… 153
　　7.1.1 GVC 位置、GVC 参与度对新 RCA 指数的影响机制 …… 154
　　7.1.2 新 RCA 指数对 GVC 位置、GVC 参与度的影响机制 …… 154
7.2 模型方法与指标体系 …………………………………………… 155
7.3 传统 RCA 指数与新 RCA 指数的比较 ………………………… 157
　　7.3.1 农产品 ……………………………………………………… 157
　　7.3.2 纺织品服装 ………………………………………………… 158
　　7.3.3 化工产品 …………………………………………………… 160
　　7.3.4 贱金属 ……………………………………………………… 161
　　7.3.5 机电设备 …………………………………………………… 162
7.4 实证结果及分析 ………………………………………………… 163
　　7.4.1 产业 GVC 位置与新 RCA 指数协同演化 ………………… 163
　　7.4.2 产业 GVC 参与度与新 RCA 指数协同演化 ……………… 165
7.5 结论及启示 ……………………………………………………… 168
　　7.5.1 结论 ………………………………………………………… 168
　　7.5.2 启示 ………………………………………………………… 169
7.6 本章小结 ………………………………………………………… 170

第8章　基于农产品和工业品视角的双边增加值贸易分解比较研究 … 171
8.1 引言 ……………………………………………………………… 171
8.2 基于农产品视角的双边贸易分解研究 ………………………… 172
　　8.2.1 中国与印度农产品的双边贸易分解 ……………………… 172
　　8.2.2 中国与美国农产品的双边贸易分解 ……………………… 175

8.3 基于工业品视角的双边贸易分解研究 …………………………… 178
　　8.3.1 中国与印度工业品双边贸易分解 …………………………… 178
　　8.3.2 中国与美国工业品双边贸易分解 …………………………… 189
8.4 主要结论 ………………………………………………………… 201
　　8.4.1 农产品双边贸易方面 ………………………………………… 201
　　8.4.2 工业品双边贸易方面 ………………………………………… 202
8.5 本章小结 ………………………………………………………… 203

第9章 基于出口增加值率和相对出口增加值率的双边贸易利益分配研究 ……………………………………………………… 204

9.1 引言 ……………………………………………………………… 204
9.2 研究概况 ………………………………………………………… 204
9.3 指标的计算及研究样本选取 …………………………………… 205
9.4 中印双边贸易利益分配研究 …………………………………… 206
9.5 中美双边贸易利益分配研究 …………………………………… 210
9.6 主要结论 ………………………………………………………… 214
　　9.6.1 中印双边贸易的利益分配 …………………………………… 214
　　9.6.2 中美双边贸易的利益分配 …………………………………… 214
9.7 本章小结 ………………………………………………………… 215

第10章 基于中国增加值出口的产业层面的绝对贸易利益的影响因素研究 …………………………………………………… 216

10.1 引言 …………………………………………………………… 216
10.2 研究概况 ……………………………………………………… 216
10.3 价值链视角中贸易利益的影响机制：理论基础 ……………… 218
　　10.3.1 贸易利益的衡量：5个产业的国内增加值出口 …………… 218
　　10.3.2 反倾销与贸易利益 ………………………………………… 219
　　10.3.3 GVC位置指数与贸易利益 ………………………………… 219
　　10.3.4 GVC前向参与度与贸易利益 ……………………………… 219

       10.3.5 新 RCA 指数与贸易利益 ………………………………… 220
       10.3.6 劳动资本比与贸易利益 …………………………………… 220
       10.3.7 人民币有效汇率与贸易利益 ……………………………… 221
   10.4 模型构建与变量选取 ……………………………………………… 222
       10.4.1 模型设定 …………………………………………………… 222
       10.4.2 变量说明与数据来源 ……………………………………… 223
   10.5 实证分析 …………………………………………………………… 225
       10.5.1 面板单位根检验 …………………………………………… 225
       10.5.2 豪斯曼检验 ………………………………………………… 225
       10.5.3 实证结果分析 ……………………………………………… 225
   10.6 结论及启示 ………………………………………………………… 227
       10.6.1 结论 ………………………………………………………… 227
       10.6.2 启示 ………………………………………………………… 228
   10.7 本章小结 …………………………………………………………… 229

第11章 基于中印、中美双边贸易层面的相对贸易利益的影响因素研究 …………………………………………………………………… 230

   11.1 引言 ………………………………………………………………… 230
   11.2 研究概况 …………………………………………………………… 230
   11.3 相对出口增加值率与贸易利益 …………………………………… 232
       11.3.1 相对出口增加值率的计算 ………………………………… 232
       11.3.2 相对出口增加值率的含义 ………………………………… 232
   11.4 模型构建变量说明 ………………………………………………… 234
       11.4.1 模型设定 …………………………………………………… 234
       11.4.2 变量说明和数据来源 ……………………………………… 234
   11.5 实证分析 …………………………………………………………… 236
       11.5.1 面板单位根检验及协整检验 ……………………………… 236
       11.5.2 豪斯曼检验 ………………………………………………… 237
       11.5.3 实证结果分析 ……………………………………………… 237

11.6 结论及启示 ………………………………………………… 241
　　11.6.1 结论 ………………………………………………… 241
　　11.6.2 启示 ………………………………………………… 242
11.7 本章小结 …………………………………………………… 244

第12章 研究结论与展望 …………………………………………… 245
12.1 研究结论 …………………………………………………… 245
12.2 研究展望 …………………………………………………… 248
　　12.2.1 服务行业嵌入的全球价值链和贸易利益问题 ………… 248
　　12.2.2 全球价值链数据年份的更新问题 ……………………… 248

参考文献 ……………………………………………………………… 249

第1章
绪论

中国迎来改革开放以后，货物出口快速增长。特别是中国于2001年加入世界贸易组织（WTO）之后，中国出口的市场份额更是逐年攀升。2009年中国出口额为1.202万亿美元，成为世界第一大货物出口国。

2020年全球经济受到新型冠状病毒疫情的严重影响，在全球十大主要贸易国家和地区中，中国的出口保持了正增长，出口增幅高达3.7%，中国出口额仍居世界前列，出口占全球市场份额达到15.8%❶。中国长期以来有较高的对外贸易依存度，特别是有较高的出口贸易依存度（具体数据见表1-1）。而且2004—2008年出口依存度处于顶峰阶段，超过了30%，其中2006年最高，达到了35.5%。虽然2006年后中国的出口依存度总体逐渐下降，但在2020年仍高达17.6%。在我国外贸依存度总体偏高的情形下，我国的国民经济发展必定会较多地受制于外贸的发展状况。

表1-1　1995—2020年中国出口依存度

年份	出口依存度（%）	年份	出口依存度（%）
1995	20.4	2004	30.6
1996	17.6	2005	33.6
1997	19.2	2006	35.5
1998	17.9	2007	34.6
1999	17.9	2008	31.4
2000	20.7	2009	23.8
2001	20.0	2010	26.1
2002	22.3	2011	25.3
2003	26.6	2012	24.2

---

❶ 新浪财经.17.9万亿，中国成世界第一大出口国！美国全球占比几近我国的一半［EB/OL］. https://cj.sina.com.cn/articles/view/2622472937/9c4fc2e902001i5wt.

续表

年份	出口依存度（%）	年份	出口依存度（%）
2013	23.3	2017	18.4
2014	22.6	2018	18.0
2015	20.9	2019	17.4
2016	18.4	2020	17.6

注　中国出口总额、1995—2019年中国GDP数据来源于联合国统计署，2020年中国GDP数据来源于世界银行，根据计算公式（中国出口总额/中国GDP×100%）得到出口依存度数据。

近几年中国主要贸易伙伴国产业政策有重大调整，比如，美国的产业政策就不断地在进行调整。奥巴马执政时期确立了构建国家永续经营建设的"美国制造、本土能源、劳工技术训练、美国价值"四大支柱；特朗普执政时期也在不断调整产业政策，强调美国优先；拜登政府的贸易政策是服务于产业政策的，将重振美国制造业、保护普通劳动者利益作为施政重点。美国的这些政策导向可能导致或已经导致美国某些产业加速回归（如高端纺织服装产业），进而导致贸易流向发生重大变化。在贸易层面上，美国未来依旧会继续主张中国"违反"国际贸易原则，主张中国"不公平"地补贴、"歧视"美国公司以及"窃取"知识产权。其次，美国会呼吁利用现有贸易法律制衡中国，并建立盟友统一战线❶。美国的这些政策或主张会持续性地对中国相关产业造成重大影响。

出口作为拉动中国经济增长的"三驾马车"之一，出口贸易情况的好坏会对中国经济产生重大影响。出口贸易除了受到国外市场需求的影响之外，还会受到进口国的各种贸易壁垒的制约，其中反倾销已逐渐发展成为贸易壁垒的一种主导形式。随着中国贸易地位的不断提高，我国出口产品遭遇的贸易摩擦也频繁出现，其中对华反倾销问题最为突出。由于反倾销被一些国家滥用，已演变为一种极具影响的贸易保护工具，导致中国每年遭受大量反倾销。我国从1996年起遭受反倾销现象越加严重，成为反倾销的受害国。反倾销导致我国诸多产品的出口贸易严重受阻。如1994年美国对华大蒜反倾销，第二年我国大蒜对美出口额下降94%；2005年墨西哥对华伞菇罐头反倾销，第二年我国伞菇罐头对墨西哥出口额下降97%。再如，中国加入WTO后的中美纺织品反倾销案件——艺术画布反倾销案，2005年美国对华艺术画布反倾销，直接影响20多家企业共计5000余

---

❶ 中国网．拜登政府的对华经贸政策：预期与建议 [EB/OL]．http://www.china.com.cn/opinion/think/2021/03/09/content_77291172.htm．

人的就业问题，该反倾销最终导致我国20多家画布企业全部放弃了美国市场。不仅劳动密集型产业、中低技术含量的产业的出口贸易受阻，高科技产业的出口贸易也面临同样的问题。2012年，美国和欧盟先后对中国光伏产品反倾销（同时伴随反补贴），其中欧盟对华的反倾销案件涉及金额超过200亿美元，折合人民币近1300亿元，涉案金额巨大。美国、欧盟的反倾销直接导致当时太阳能电池厂商——中国无锡尚德太阳能电力公司无力维持生产和销售，于2013年3月20日宣告破产。即使是实力很强的企业，也无法抵御反倾销的威力，最终在反倾销的冲击下轰然倒塌。

全球价值链是现今国际贸易研究中无法回避的一个领域。随着经济全球化的深入和世界型国际分工的扩大，一个国家很难在国内实现全产业链，即便在某类产品上有能力在国内实现全产业链，但由于这种全产业链不符合比较成本理论或生产要素禀赋理论，如果强行实现全产业链则会导致本国福利受损。除非是出于国家安全目的在某类重要的产品上实现全产业链，此时才能忽略本国目前的经济方面的福利损失。在全球价值链的深化中，各国均融入了价值链的各个环节，或融入上游环节，或融入中游环节，或融入下游环节，成为整个链条完整体系中的一员，只不过嵌入程度或参与程度有高有低。全球价值链的核心指标是"增加值"，研究人员常需要使用增加值中的"国内增加值"去分析一国在国际贸易中的真实状况，呈现"去伪存真"和"剥丝抽茧"之后的真实状态。比如，在传统贸易统计中，A国出口某类货物情况如下：A国向B国出口了完全是本国自产的原材料（出口额为50亿美元），B国用这些进口的原材料加工成为半成品并出口到A国（出口额为80亿美元），A国获得这些半成品后装配为最终产品然后出口到C国（出口额为100亿美元）。从传统贸易统计上看，A国出口了某类货物共计150亿美元（出口B国50亿美元、出口C国100亿美元），但真正将国内创造的增加值出口国外的金额仅为70亿美元，即A国的国内增加值出口为70亿美元。传统统计中多出来的80亿美元的出口（150-70=80亿美元）实际上包括出口到国外的国内增加值又返回国内的部分以及重复计算的国内增加值部分。可见传统的贸易统计数据与全球价值链的增加值数据存在较大差异。在世界投入产出表统计出来之前，很难对全球价值链中庞大的增加值数据进行计算和研究。WTO和经济合作与发展组织（OECD）于2012年3月启动了"增加值贸易测算"的联合研究项目。欧盟（EU）和联合国贸易和发展会议（UNCTAD）等国际组织也逐渐开展了增加值贸易统计研究。随着WIOD等世界投入产出数据库、对外经贸大学的UIBE GVC Indicators数据库的出现和使用，全球价值链的研究进入实质性的数据测量和验证阶段,是全球价值链领域非常重要的研究基础,并对全球价值链的研究起到了非常重要的推动作用。

反倾销问题早已引起国内外学者的高度关注,其中反倾销的经济效应是重点研究内容之一,且在该领域的研究成果丰富。现有研究结果基本上都普遍认同反倾销会导致出口国受到负面影响,主要是对出口国的对外贸易乃至于产业安全产生负面影响。对于反倾销与全球价值链之间的关联性研究还非常少。

1.1 本书对研究领域的重点探索

(1) 中国各个产业的增加值出口变化状况。
(2) 反倾销与全球价值链的协同演化状况。
(3) 全球价值链与产业竞争力的协同演化状况。
(4) 双边贸易分解及双边贸易利益分配状况。
(5) 贸易利益的影响因素。

1.2 本书的主体内容

为了维护我国合法贸易利益,改善贸易环境,实现贸易的可持续发展,增强面对反倾销的抵抗能力,维护和增加产业贸易利益,本书进行了一系列相关研究。本书的主体内容共分如下几个部分。

第1章:绪论

第2章:中国遭受反倾销的统计与分析

第3章:全球价值链演进下中国农产品增加值出口变化的社会网络分析

第4章:全球价值链演进下中国工业品增加值出口变化的社会网络分析

第5章:基于总量视角的反倾销与全球价值链位置、全球价值链参与度的协同演化研究

第6章:基于产业视角的反倾销与全球价值链位置、全球价值链参与度的协同演化研究

第7章:全球价值链与产业竞争力的协同演化研究

第8章:基于农产品和工业品视角的双边增加值贸易分解比较研究

第 9 章：基于出口增加值率和相对出口增加值率的双边贸易利益分配研究

第 10 章：基于中国增加值出口的产业层面的绝对贸易利益的影响因素研究

第 11 章：基于中印、中美双边贸易层面的相对贸易利益的影响因素研究

第 12 章：研究结论与展望

本书统计和梳理了中国遭受反倾销的状况，分析了中国农产品和工业品增加值出口在全球贸易网络中的变化，并就反倾销、全球价值链之间的协同演化状况进行了实证分析，对全球价值链、基于增加值测算出的产业竞争力之间的协同演化状况进行了实证分析，对中国的农产品和工业品的双边贸易分解状况进行了对比研究，从产业层面和双边贸易层面分别对贸易利益的影响因素进行了分析。

1.3 本书采用的研究方法

1.3.1 内容分析法

对相关文献进行回顾，总结出反倾销与全球价值链的理论框架。

1.3.2 比较分析法

对不同产业的 GVC 位置、GVC 参与度进行比较、对不同产业的双边贸易分解状况进行比较、对双边贸易利益的分配进行比较。

1.3.3 统计分析法

（1）用描述性统计分析研究我国遭受的反倾销和双边贸易利益分配。

（2）用社会网络分析方法研究各类产业的增加值出口变化。

（3）通过协同演化方程剖析反倾销与 GVC 位置、GVC 参与度的互动机理，以及用于剖析全球价值链与产业竞争力的互动机理。

（4）采用最小虚拟二乘估计方法甄别贸易利益的影响因素。

1.3.4 定性分析和个案分析法

定性分析方法和其他方法相结合使用，主要用于思辨反倾销与全球价值链的互动效应，以及全球价值链与产业竞争力的互动效应；部分国家的产业层面的增加值贸易状况和贸易利益提升策略则以个案分析作为辅助进行定性分析。

1.4　本书的创新点

（1）本书观点：在全球价值链分工的演进和以贸易保护主义为代表的"逆全球化"潮流涌现的时代，无法回避反倾销与全球价值链之间的研究，应将全球价值链、贸易网络地位系统化地纳入贸易利益提升策略研究。

（2）将用于社会学问题领域的社会网络分析方法用于解读中国遭受反倾销的涉案产业增加值贸易网络地位研究中。

（3）将源于生物学领域的协同演化理论应用于反倾销与全球价值链之间的持续互动与演变研究。

（4）从涉案产业层面和双边贸易层面分别甄别出影响中国贸易利益获取的各种因素。

第2章
中国遭受反倾销的统计与分析

2.1 引言

中国的货物在国际市场上显示出强有力的出口竞争力，且维持了较强劲的势头，但中国的出口长期面临国外各种不公平的制约措施和贸易障碍，反倾销就是非常典型的一种制约措施和贸易障碍。

2.2 反倾销概述及全球反倾销概况

2.2.1 反倾销概述

反倾销已被一些国家滥用，成为保护贸易的工具。反倾销分为两类：反倾销调查和最终反倾销措施。反倾销调查是进口国的相关部门对出口国涉案企业可能存在的倾销行为和损害进行调查和裁定。而最终反倾销措施则是在进口国裁定出口国涉案企业存在肯定性倾销行为并造成了进口国相关产业实质性损害的情况下所采取的制裁措施，包括征收反倾销税、最低限价、数量限制等具体制裁措施。

贸易摩擦是全球贸易中常见的贸易争端，几乎都是为了限制国外商品的进口而发生的各种争端，包括加征高额关税、反倾销、反补贴等措施。反倾销是一种非常常见的贸易摩擦形式，属于常态性贸易摩擦。常态性贸易摩擦主要包括依照WTO规则实施的反倾销、反补贴、贸易保障等措施。还有一些贸易摩擦发生频率较低，属于非常态性贸易摩擦。非常态性贸易摩擦主要根据自己国家的国内贸易法实施的各种调查和制裁，比如美国依据自己国内与贸易相关的法律发起的

301调查、337调查、232调查等，其中知名的就是301调查。

反倾销等常态性贸易摩擦主要有如下特点。

（1）发生频率高。1995—2020年发生的全球反倾销调查案件达到年均240起，其中针对中国的案件达到年均57起，可见反倾销贸易摩擦的发生很频繁。

（2）单次贸易制裁的金额不大、被制裁产品较为单一。以美国对华反倾销案件为例，一般情况下单个反倾销案件只是针对某单个类别的商品，如1995年针对自行车反倾销、1996年针对小龙虾仁反倾销、1999年针对苹果汁反倾销、2005年针对艺术画布反倾销。根据浙江省公布的反倾销数据进行测算，2002—2007年浙江企业的均涉案金额为每起0.14亿美元❶。

（3）常由进口国的相关企业发起。当出口国的涉案产品可能影响到进口国生产同类产品的企业的利益时，该企业就会向本国的执行反倾销调查和裁决的相关部门提出反倾销调查的诉求。

301调查等非常态性贸易摩擦主要有如下特点。

（1）发生频率低。美国从1991年开始至2023年共计对中国发起6次301调查，平均为每年0.2次301调查，发生频率明显低于反倾销等贸易摩擦。

（2）单次贸易制裁的金额巨大、被制裁产品广泛。301调查的发生频率虽然很低，但单次贸易制裁的金额却极高，而且被制裁的产品不是单独的某类产品，而是覆盖面很广的一大批产品。例如，在最近的一次美国对华301调查的贸易摩擦中，美国在2018年4月3日公布的对华征税建议清单中包含大约1300个独立关税项目。

（3）一般由进口国政府主动发起。301调查涉及的产品类别和涉及面很广，很少是针对单个类别的产品的，因此不可能有单个企业发起，一般由美国相关政府部门或贸易代表提出并宣布发起301调查。

2.2.2　全球反倾销概况

从WTO成立后的1995年至2020年，全球有51个WTO成员发起反倾销调查共6300起。同期，全球有45个WTO成员实施最终反倾销措施共4071起。图2-1列出了遭受反倾销数量最多的15个WTO成员及案件数量，包括中国

---

❶ 新浪网. 浙江4000余家企业5年间遭遇159起反倾销案［EB/OL］. http://news.sina.com.cn/c/2009-01-17/014717061201.shtml.

大陆、韩国、中国台湾、美国、印度、泰国、印度尼西亚、日本、俄罗斯、马来西亚、巴西、欧盟、德国、土耳其、越南在内的15个国家（地区）。1995—2020年，这15个WTO成员遭受的反倾销调查数量总计4577起，约占全球反倾销调查总量的73%；遭受的最终反倾销措施总计3055起，约占全球最终反倾销措施总量的75%。遭受反倾销数量最多的4个WTO成员为中国大陆、韩国、中国台湾和美国，反倾销调查和最终反倾销措施数量（分别为2587起和1780起）占全球总量分别高达41%和44%。

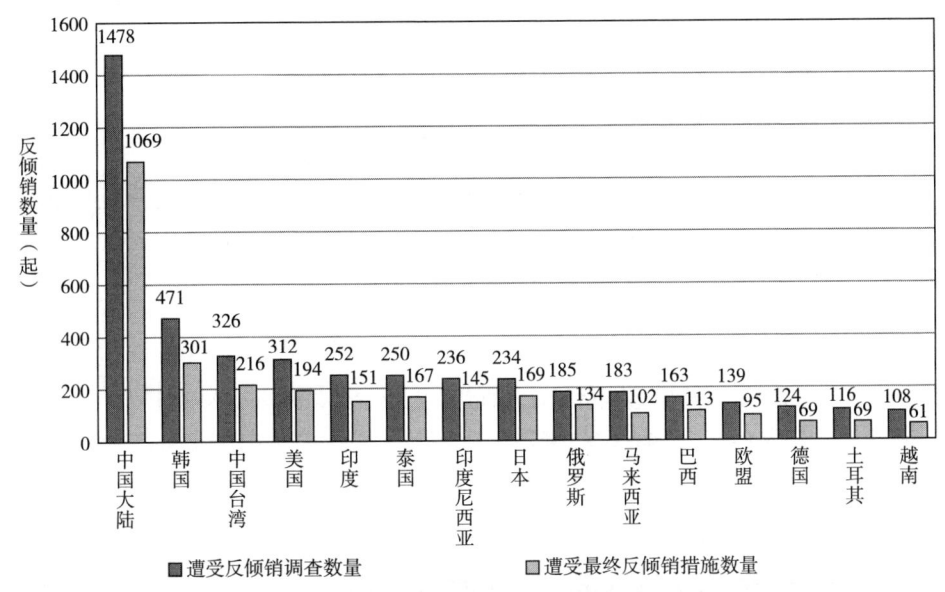

图2-1 遭受反倾销数量最多的成员及案件数（1995—2020年）
资料来源：根据WTO反倾销统计数据整理。

图2-2为采取反倾销最多的15个WTO成员及案件数量，包括印度、美国、欧盟、巴西、阿根廷、澳大利亚、中国、加拿大、南非、土耳其、墨西哥、韩国、印尼、巴基斯坦、埃及在内的15个国家和地区。我们发现其中有8个成员既是遭受反倾销数量最多的国家（地区），同时也是采取反倾销数量最多的国家（地区），这8个成员包括：印度、美国、欧盟、巴西、中国、土耳其、韩国、印度尼西亚。1995—2020年，图2-2的这15个WTO成员发起的反倾销调查数量总计5366起，约占全球反倾销调查总量的85%；实施的最终反倾销措施数量总计3512起，约占全球最终反倾销措施总量的86%。采取反倾销数量最多的4个WTO成员为印度、美国、欧盟、巴西，发起反倾销调查和实施最终反倾销措施

数量（分别为2848起和1847起）占全球总量均高达45%。其中印度是世界上采取反倾销数量排名前列的成员。

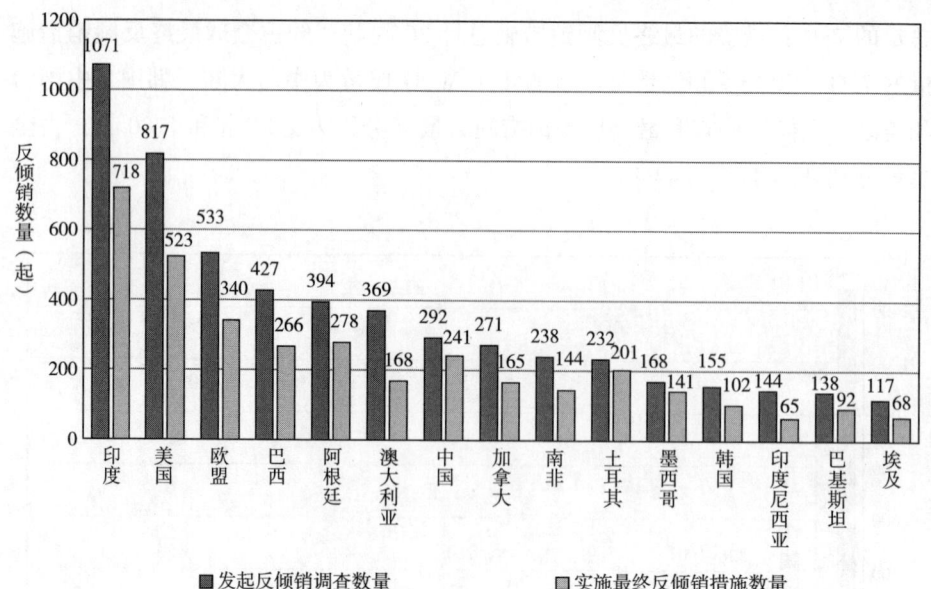

图2-2 采取反倾销数量最多的成员及案件数（1995—2020年）
资料来源：根据WTO反倾销统计数据整理。

2.3 中国遭受反倾销的总量分析

中国是反倾销的受害国，每年均遭受到大量的反倾销。1995—2020年，共有37个成员对中国发起反倾销调查1478起（占全球总量的23.5%），韩国仅遭受471起；共有35个成员对中国实施最终反倾销措施1069起（占全球总量的26.3%），韩国仅被实施301起（图2-1）。

表2-1和表2-2列出了中国遭受反倾销调查和遭受最终反倾销措施的年度数据以及全球占比，图2-3和图2-4则更为直观地显示了中国遭受反倾销调查和遭受最终反倾销措施的数量变化和占比变化情况。

表 2-1　1995—2020 年中国遭受反倾销调查数量及全球占比

年份	中国遭受反倾销调查数量（起）	全球反倾销调查数量（起）	全球占比（%）	年份	中国遭受反倾销调查数量（起）	全球反倾销调查数量（起）	全球占比（%）
1995	20	160	12.5	2009	78	217	35.9
1996	43	226	19.0	2010	44	173	25.4
1997	33	247	13.4	2011	51	165	30.9
1998	27	264	10.2	2012	60	208	28.8
1999	42	357	11.8	2013	76	287	26.5
2000	43	296	14.5	2014	63	236	26.7
2001	55	372	14.8	2015	70	229	30.6
2002	50	311	16.1	2016	93	298	31.2
2003	53	234	22.6	2017	55	249	22.1
2004	49	221	22.2	2018	60	202	29.7
2005	54	199	27.1	2019	62	214	29.0
2006	73	203	36.0	2020	85	349	24.4
2007	61	165	37.0	总计	1478	6300	23.5
2008	78	218	35.8				

资料来源：根据 WTO 反倾销统计数据整理。

表 2-2　1995—2020 年中国遭受最终反倾销措施数量及全球占比

年份	中国遭受最终反倾销措施数量（起）	全球最终反倾销措施数量（起）	全球占比（%）	年份	中国遭受最终反倾销措施数量（起）	全球最终反倾销措施数量（起）	全球占比（%）
1995	27	121	22.3	2004	44	154	28.6
1996	17	95	17.9	2005	42	138	30.4
1997	33	127	26.0	2006	37	142	26.1
1998	24	185	13.0	2007	46	105	43.8
1999	21	190	11.1	2008	54	143	37.8
2000	30	236	12.7	2009	57	143	39.9
2001	31	169	18.3	2010	56	134	41.8
2002	36	218	16.5	2011	37	99	37.4
2003	41	224	18.3	2012	36	121	29.8

续表

年份	中国遭受最终反倾销措施数量（起）	全球最终反倾销措施数量（起）	全球占比（%）	年份	中国遭受最终反倾销措施数量（起）	全球最终反倾销措施数量（起）	全球占比（%）
2013	52	161	32.3	2018	61	203	30.0
2014	40	159	25.2	2019	46	146	31.5
2015	61	182	33.5	2020	36	113	31.9
2016	46	171	26.9	总计	1069	4071	26.3
2017	58	192	30.2				

资料来源：根据 WTO 反倾销统计数据整理。

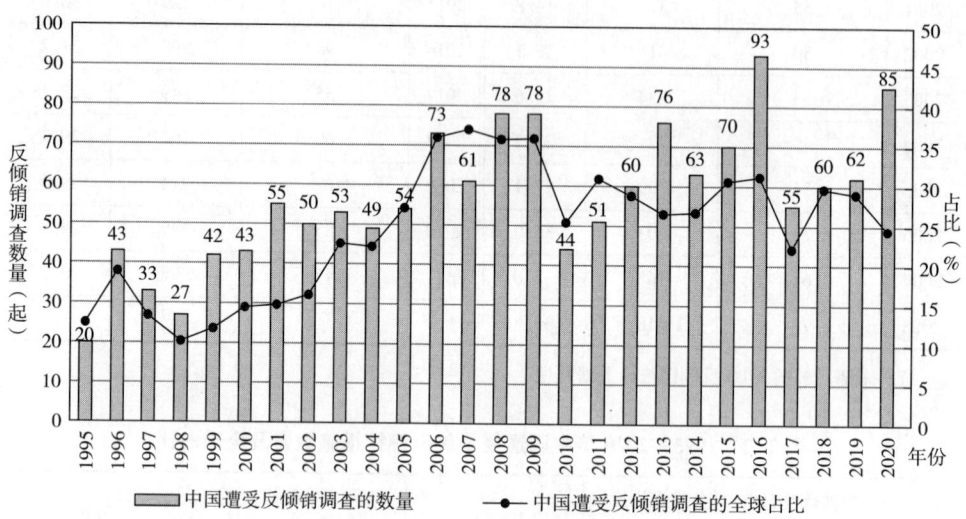

图 2-3　1995—2020 年中国遭受反倾销调查的数量及占比变化情况

资料来源：根据 WTO 反倾销统计数据整理。

从以上数据可以非常直观地观察到：在反倾销数量方面，中国遭受反倾销调查数量在 2009 年以前以上升状态为主，2009 年以后波动较大，无明显的趋势；中国遭受最终反倾销措施数量在 2009 年之前也以上升状态为主，2009 年以后呈现较大波动，无明显的趋势。中国遭受反倾销调查的全球比重在 2006 年之前先短暂下降（1998 年的占比达到历史的最低点 10.2%），然后快速上升，由 1995 年的 12.5%上升至 2006 年的 36.0%。2006 年、2007 年、2008 年和 2009 年为占比徘徊于顶峰的区间，每年均维持在 35%以上，其中 2007 年的占比更是达到 37.0%的最高点。2009 年以后的占比呈现波动中缓慢下降的状

第2章 中国遭受反倾销的统计与分析

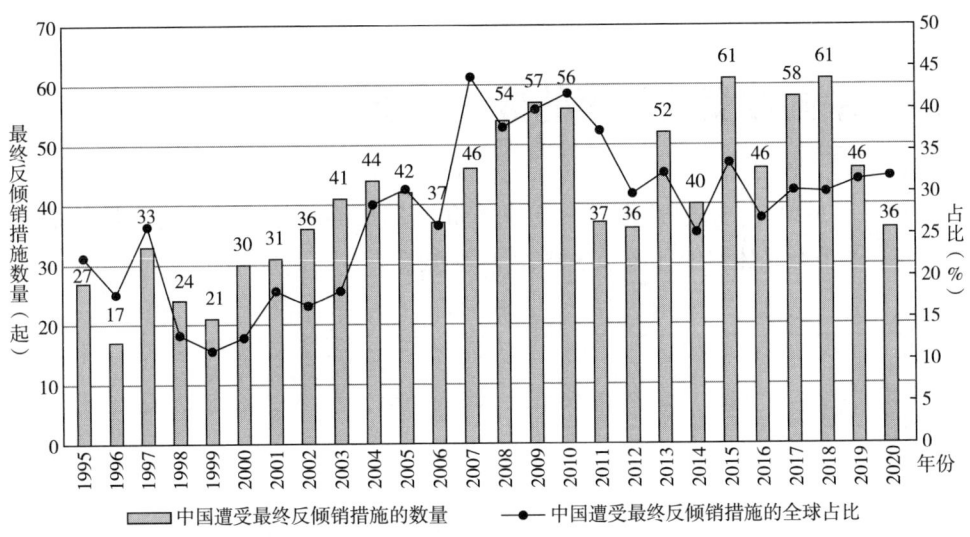

图 2-4　1995—2020 年中国遭受最终反倾销措施的数量及占比变化情况
资料来源：根据 WTO 反倾销统计数据整理。

态，2020 年的占比下降至 24.4%。中国遭受最终反倾销措施的全球占比在 2007 年之前先短暂下降（1999 年的占比达到历史的最低点 11.1%），然后波动上升，由 1995 年的 22.3% 上升至 2007 年的 43.8%。2007 年、2008 年、2009 年和 2010 年为占比徘徊于顶峰的区间，每年均维持在 37% 以上（2007 年的占比更达到历史最高点）。2010 年以后的占比呈现波动下降的状态，2020 年的占比下降至 31.9%。中国遭受反倾销调查绝对数量达到顶峰的是 2016 年，该年度国外对我国发起了 93 起反倾销调查案件（该年度占比为 31.2%）。而在最终反倾销措施方面，中国遭受最终反倾销措施绝对数量达到顶峰的是 2015 年和 2018 年，数量均达到 61 起（年度占比分别为 33.5% 和 30.0%），但 2015 年和 2018 年同期中国出口总额在全球的比重却分别只有 15% 和 13%[1]。可见中国遭受的反倾销占比与中国在全球的市场份额严重不匹配，市场份额远低于遭受的反倾销占比，说明世界上部分国家（地区）在对中国过度使用反倾销手段，而且反倾销手段的过度使用已经对中国的外贸出口和产业发展造成了严重的影响和威胁。

---

[1] 根据联合国 UNcomtrade 数据库统计数据计算。

2.4 中国遭受反倾销的成员分析

1995—2020 年对中国发起反倾销调查和实施最终反倾销措施的成员分别为 37 个和 35 个，具体情况如图 2-5 和图 2-6 所示。

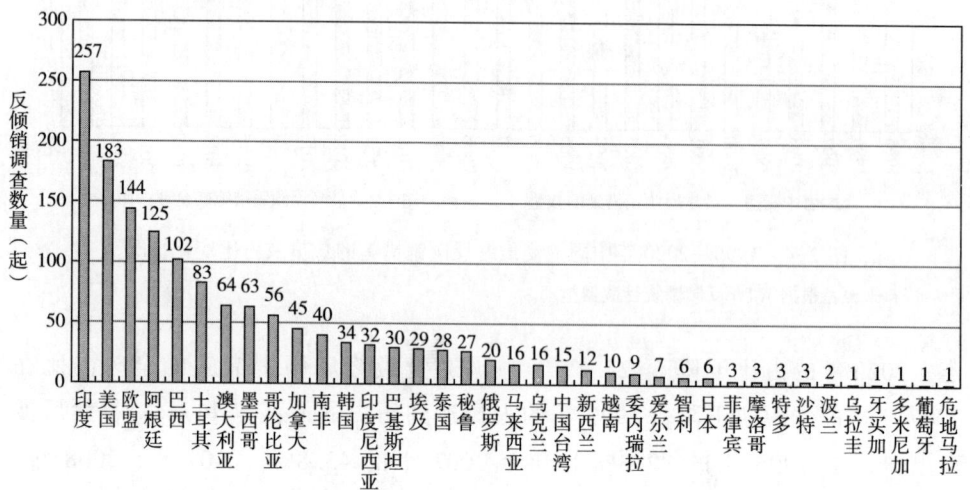

图 2-5 对中国发起反倾销调查的成员及案件数（1995—2020 年）

注 "特多"是指特立尼达和多巴哥共和国，下同。

资料来源：根据 WTO 反倾销统计数据整理。

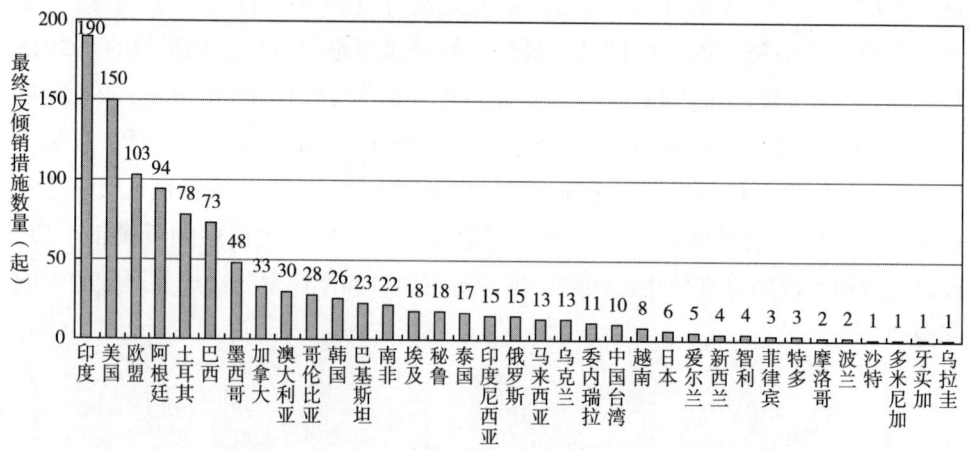

图 2-6 对中国实施最终反倾销措施的成员及案件数（1995—2020 年）

资料来源：根据 WTO 反倾销统计数据整理。

1995—2020年，对华反倾销数量最多的成员是印度。印度对中国发起反倾销调查257起，对中国实施最终反倾销措施190起。

对华反倾销的另外两大成员是美国和欧盟。1995—2020年，在对华反倾销调查和最终反倾销措施方面，美国的数量分别为183起和150起，欧盟的数量分别为144起和103起。美国和欧盟合计对华反倾销数量全球占比分别为：反倾销调查占22.1%，最终反倾销措施占23.6%。

印度、美国和欧盟对华反倾销数量合计在一起占全球对华最终反倾销的比重为：反倾销调查占39.5%，最终反倾销措施占41.4%。印度、美国、欧盟对华反倾销的占比详细数据见表2-3。同时，表2-3也将中国出口占印度、美国、欧盟的市场份额数据一并列出。考虑到2020年的市场可能会受到新冠疫情的影响，因此表中将2019年和2020年的市场份额数据同时列出。中国出口占印度、美国、欧盟的市场份额数据显示，无论是2019年还是2020年，中国的市场份额均远低于中国在这三个国家（地区）遭受到的反倾销占比。以美国为例，美国对华反倾销占美国反倾销总量分别为22.4%（反倾销调查）和28.7%（最终反倾销措施），而中国出口占美国市场的份额分别为18.4%（2019年）和19.0%（2020年），均较大幅度地低于反倾销占比。印度和欧盟也是如此。这再次证明中国遭受到的反倾销与中国的出口严重不匹配，国外对华反倾销的过度使用状况非常严重。

表2-3　印度、美国、欧盟对华反倾销的占比及市场份额（1995—2020年）

项目		印度		美国		欧盟	
		对华反倾销调查	对华最终反倾销措施	对华反倾销调查	对华最终反倾销措施	对华反倾销调查	对华最终反倾销措施
占全球对华反倾销总量的比例（%）		17.4	17.8	12.4	14.0	9.7	9.6
占该国反倾销总量的比例（%）		24.0	26.5	22.4	28.7	27.0	30.3
中国出口占该国市场份额（%）	2019年	14.3		18.4		20.4	
	2020年	16.0		19.0		22.6	

注　反倾销占比数据根据WTO反倾销统计数据计算得到；中国出口占该市场份额根据联合国UNcomtrade数据库统计数据计算得到。

2.5 中国遭受反倾销的产品分析

中国有 17 个大类的产品遭受过反倾销❶（按《商品名称及编码协调制度》（HS）划分的产品类别，总计有 22 个大类）。表 2-4 和表 2-5 列出了中国遭受调查和遭受最终反倾销措施的产品类别的具体案件数量和占比。数据显示，中国遭受反倾销最多的三个大类产品是贱金属及其制品、化学工业及其相关工业的产品、机电设备及其零附件，占中国遭受反倾销调查总量的比例达到 31.1%、18.1%、11.1%，占中国遭受最终反倾销措施总量的比例达到 31.4%、19.5%、10.6%。若再加上塑料和橡胶及其制品、纺织原料及纺织制品这两类的话，这 5 类涉案产品在中国遭受反倾销中的总体占比例已超过 75%（其中，反倾销调查占 76.4%，最终反倾销措施占 77.4%）。

表 2-4 1995—2020 年中国遭受反倾销调查的产品类别

涉案产品类别	反倾销调查数量（起）	占比（%）
贱金属及其制品	460	31.1
化学工业及其相关工业的产品	268	18.1
机电设备及其零附件	164	11.1
塑料和橡胶及其制品	123	8.3
纺织原料及纺织制品	116	7.8
其余所有类别	347	23.6

资料来源：根据 WTO 反倾销统计数据整理。

---

❶ 我国遭受反倾销的 17 个大类产品分别如下。第 1 类：活动物，动物产品；第 2 类：植物产品；第 4 类：食品，饮料，酒及醋，烟草及烟草代用品的制品；第 5 类：矿产品；第 6 类：化学工业及其相关工业的产品；第 7 类：塑料和橡胶及其制品；第 8 类：生皮、皮革、毛皮及其制品，鞍具及挽具，旅行用品、手提包及类似品，动物肠线（蚕胶丝除外）制品；第 9 类：木及木制品，木炭，软木及软木制品，稻草、秸秆、针茅或其他编结材料制品，篮筐及柳条编结品；第 10 类：木浆及其他纤维状纤维素浆，纸及纸板的废碎品，纸、纸板及其制品；第 11 类：纺织原料及纺织制品；第 12 类：鞋、帽、伞、杖、鞭及其零件，已加工的羽毛及其制品，人造花，人发制品；第 13 类：石料、水泥等材料的制品，陶瓷，玻璃及其制品；第 15 类：贱金属及其制品；第 16 类：机电设备及其零附件；第 17 类：车辆、航空器、船舶及有关运输设备；第 18 类：光学、照相、电影、计量、检验、医疗或外科用仪器及设备、精密仪器及设备，钟表，乐器，上述物品的零件、附件；第 20 类：杂项制品。

表 2-5　1995—2020 年中国遭受最终反倾销措施的产品类别

涉案产品类别	最终反倾销措施数量（起）	占比（%）
贱金属及其制品	336	31.4
化学工业及其相关工业的产品	208	19.5
机电设备及其零附件	113	10.6
纺织原料及纺织制品	86	8.0
塑料和橡胶及其制品	84	7.9
其余所有类别	242	22.6

资料来源：根据 WTO 反倾销统计数据整理。

2.6　本章小结

通过 1995—2020 年中国遭受反倾销的各类数据的分析，结果显示：共有 37 个 WTO 成员对中国发起反倾销调查 1478 起（2016 年达到顶峰，遭受 93 起反倾销调查），占全球总量的 23.5%；共有 35 个成员对中国实施最终反倾销措施 1069 起（2015 年和 2018 年达到顶峰，均遭受 61 起最终反倾销措施），占全球总量的 26.3%；反倾销占比远超过中国在世界贸易中的份额，这与我国在世界贸易中的地位和份额不相匹配；印度、美国和欧盟对华反倾销数量合计占全球对华反倾销总量的比例为：反倾销调查占 39.5%，最终反倾销措施占 41.4%；中国涉案产品涉及 17 个大类产品，其中涉案最多的三个大类的产品是贱金属、化工产品、机电设备。

总之，通过对数量、国别和产品多个方面去考察，我国遭受反倾销的状况都非常严峻，已对中国的对外贸易的可持续发展构成了严峻的挑战和重大威胁。

第3章
全球价值链演进下中国农产品增加值出口变化的社会网络分析

中国是农产品生产大国和消费大国，同时也是全球重要的农产品贸易大国。根据2020年WTO的统计数据（图3-1），全球农产品出口最多的15个经济体中，中国排名第5位，占全球农产品出口额的5.7%（排名第1位为美国，占比达到11.4%）。农产品是中国对外出口的重要产品，中国农产品出口的种类繁多，且在全球拥有大量的贸易伙伴。依靠农产品出口贸易拉动农民收入增长，是当今许多国家通过农业发展推动经济发展的一个规律性现象（李德阳，2005），对中国而言这也是实现庞大的农业人口脱贫、实现乡村振兴的重要渠道。虽然中国农产品出口在出口总额中所占的比例低于机电设备、纺织品服装等的比例，但由于中国的农产品生产不是以大规模的农场和机械化生产为主，因此农产品出口贸易关系到无数农民的生计。中国农产品出口有任何不稳定，甚至是临时的不稳定，不仅会影响到中国农民的收入，也会影响到大量农产品加工企业的生存和发展。

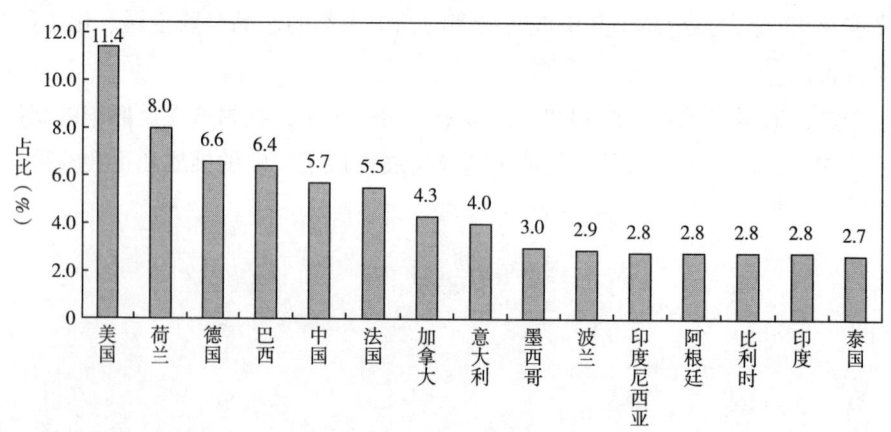

图 3-1　全球农产品出口最多的经济体及占比（2020年）

资料来源：根据联合国UNcomtrade数据库统计数据计算。

随着生产和全球贸易合作的不断深化，商品生产的全球分工现象越来越普遍，Balassa（1967）指出，一类商品的连续生产过程由参与的各个国家分割为一条垂直的产业链。在全球化的国际分工体系下，整个产品生产过程的许多增值环节是相互分离的，增加值可以来自世界不同的国家或地区，从产品研发、零配件制造到产成品的组装和市场推广营销等，各个环节连接到一起就形成全球化的生产供应和价值创造的全球价值链（Global Value Chain，GVC）。

随着全球价值链（GVC）演进的不断加强，全球价值链与经济全球化的关系也越来越密切。一国参加全球价值链分工是贸易发展过程中无法回避的问题。由于土地密集型的传统农业逐步向现代农业转变，在农产品生产中投入的中间产品比重在上升，导致农产品中隐含的其他国家的增加值越来越多（张恪渝等，2020），一国农产品出口中的增加值并非都是国内创造的。在全球价值链分工模式下，传统的贸易额核算面临着严重的重复计算问题，无法准确反映一国国内创造的增加值的真实贸易情况，凸显"所见非所得"的问题（Maurer et al，2012）。因此，研究中国农产品的增加值出口变化情况，能将出口中隐含的国外增加值等重复计算的金额剔除掉，将中国国内自己创造的增加值数据呈现出来，这有利于准确反映中国农产品的真实出口状况和提升获利能力，对促进农民增收、维系农产品加工企业的生存等方面具有重要意义。

3.1 总出口分解

一国产品的增加值出口是整个出口的一部分。为了明确分析增加值出口的状况，需要将增加值出口从传统贸易出口中分离出来。总出口具体各分解如图3-2所示。

图3-2显示，一个国家的总出口包含了被国外吸收的国内增加值（DVA）、返回并被本国吸收的国内增加值以及其他部分。"返回并被本国吸收的国内增加值"具体是指中间产品出口被用于生产并最终再出口返回来源国的增加值，该部分实际上最终未能出口到国外，未能被国外吸收，虽然属于国内增加值的一部分，但不属于本章的研究对象。"其他部分"具体包括国外增加值、纯重复计算部分这两个部分，由于其他部分不是本章研究内容，因此不进行详细解读。

本章标题中的"增加值出口"是指最终被国外吸收的国内增加值的出口，在图3-2中对应的部分即"被国外吸收的国内增加值（DVA）"（为便于本章的

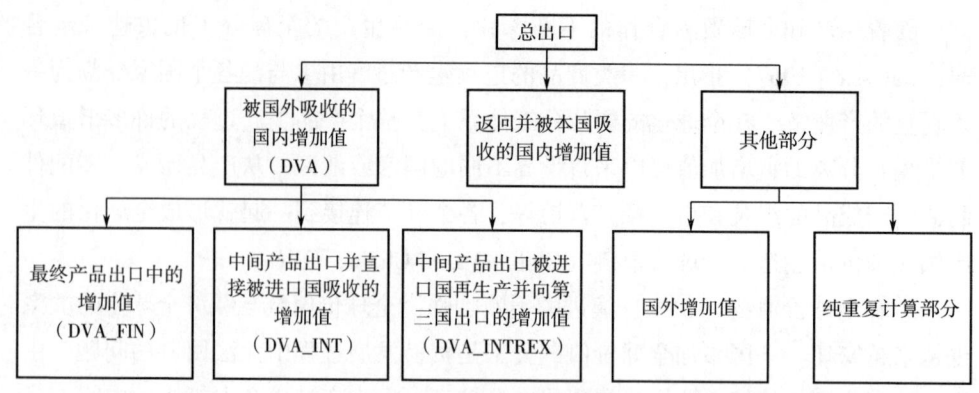

图 3-2　总出口的分解

资料来源：根据王直等（2015）的研究以及 UIBE GVC Indicators 数据库中指标体系的说明整理得到。

表述，文中均称为"增加值出口"），也即本章的研究对象。被国外吸收的国内增加值（DVA）由三个部分构成：最终产品出口中的增加值（DVA_FIN）、中间产品出口并直接被进口国吸收的增加值（DVA_INT）、中间产品出口被进口国再生产并向第三国出口的增加值（DVA_INTREX）。这三个部分的合计总额即被国外吸收的国内增加值，实际上是按传统方法统计的一国出口总额中的一部分。只有被国外吸收的国内增加值才能真实地反映一国产品出口中的实际所得，才能反映实际的贸易利益的大小状况。

3.2　研究概况

由于传统贸易额的统计存在统计缺陷，无法反映真实所得。学术界逐渐认为需要从贸易附加值或贸易增加值的角度来进行统计才能反映贸易额的真实情况。Hummels 等（2001）率先提出核算贸易增加值数据的经典方法（一般简称为 HIY 法），奠定了贸易增加值核算研究的基础。但是该核算方法存在一定的缺陷，因此 Koopman 等（2010，2012）、王直等（2015）对贸易增加值统计进行了重要的修正和完善，在国别和部门层面建立一套新的增加值贸易核算框架，而且被大量运用。

现有文献对制造业的增加值贸易给予了很高的关注，如张咏华（2013）、江希和刘似臣（2014）、马盈盈和盛斌（2018）、卢仁祥（2020）等进行了相关研究。对农产品增加值贸易进行研究的很少，但仍有少数学者涉猎了这一领域。张华等（2016）认为大多数农产品的生产环节在价值链对应着增值最为微薄的节点，导致农产品供应者在价值链中利润低。崔宏芳（2017）基于TIVA数据库的出口增加值数据，测算比较了2000年以来包括中国在内的金砖国家的农产品出口竞争力；郎郸妮、刘宏曼（2019）测度了38个国家的农业全球价值链分工地位，并按照行业来源分解了出口增加值，实证检验了生产性服务对农业参与全球价值链分工的影响；王星宇（2019）针对金砖国家研究了以贸易增加值为基础的包括农产品在内的几类产品的RCA指数。汤碧、常月（2019）利用增加值数据对中国农产品在亚太区域生产网络中的价值链地位进行了测算，发现中国农产品在价值链上整体表现出短、弱、窄的状况。张恪渝等（2020）运用了全球贸易分析模型与贸易增加值分解模型的链接模型，研究了贸易摩擦对中美农业贸易增加值的重塑效应。

已有文献在农产品增加值贸易领域做出了积极的探索和贡献，但仍未能就中国农产品增加值贸易在全球的地位和变化状况进行整体刻画。当然，也有文献对农产品的贸易进行了整体刻画，为农产品贸易的研究提供了积极的思路，比如马述忠等（2016）曾对全球农产品贸易网络特征进行了整体刻画，并检验了一国农产品贸易网络特征对其农业价值链分工地位的影响。但是该研究存在两个缺憾。①未使用农产品增加值贸易数据进行研究。若能对农产品增加值贸易进行分析可以很好地解决前文提到的传统贸易数据统计中"所见非所得"的问题。②未能专门针对中国农产品贸易的变化进行分析。中国的农产品贸易是动态变化的，若能针对中国农产品贸易中的增加值贸易的变化进行研究能更好地观察和理解中国的农产品贸易在不同时期贸易网络中地位和获利状况。

社会网络分析（Social Network Analysis，SNA）主要分析的是不同社会单位的关系结构及其属性，且作为一种相对独立的研究社会结构的方法，已发展成为一种具有专门的概念体系和测量工具的研究范式。社会网络分析的概念最早出现于1950年一些社会学家和人类学家在对社会结构的描述上使用的形式化语言，随着图论和矩阵等数学工具被更多地应用于社会网络分析研究中，社会网络分析取得重大突破（Scott，2012）。20世纪90年代以后，社会网络分析方法逐渐开始运用在国际经济贸易领域，如Rauch（1999）探索了跨国网络对国际贸易的影响。汪云林等（2007）、刘宝全等（2007）在国内较早地将该研究方法运用到国际经济贸易研究领域，但是所选用的指标有所差异。农产品增加值贸易拥有遍布全球的贸易网络，且是世界贸易的重要组成部分，增加值出口是全球价值链研究领域的一个重要研究内容，但将社会网络分析方法运用到全球价值链研究领域的极其稀少。本章拟运用社会网络分析方法专门针对中国农产品增加值出口的状况进行探索。世界农产品贸易环境在不断变化，中国在世界农产品增加值出口中的状况和地位也是动态变化的，因此本章在运用社会网络分析方法测算世界农产品增加值出口网络的结构时，分两个时间阶段实证对比中国在世界农产品增加值出口中的地位变化，并从增加值出口视角对结果进行解读。这有助于全面理解和把握全球价值链演进下中国农产品贸易的状况，进而有助于厘清我国农产品贸易国际地位和贸易利益提升的路径和思路。

3.3 中国农产品增加值出口概况

图3-3为中国农产品增加值出口额及增加值出口占比的情况。增加值出口额数据显示，2000—2014年❶，中国农产品增加值出口除2009年之外总体上是逐年上升的，但2009年的增加值出口有所下降，这可能跟2008年世界性的金融危机有关，金融危机导致中国农产品出口额有较大幅度下降，从而增加值出口也相应出现下滑。中国农产品增加值出口占比（农产品增加值出口额/农产品出口总额×100%）却未出现逐年上升的状况，呈现波动的状态，但是波动幅度不大，占比维持在90%~94%。2009年的占比出现明显的跃升，与2009年增加值出口下降的状况形成明显的反差。

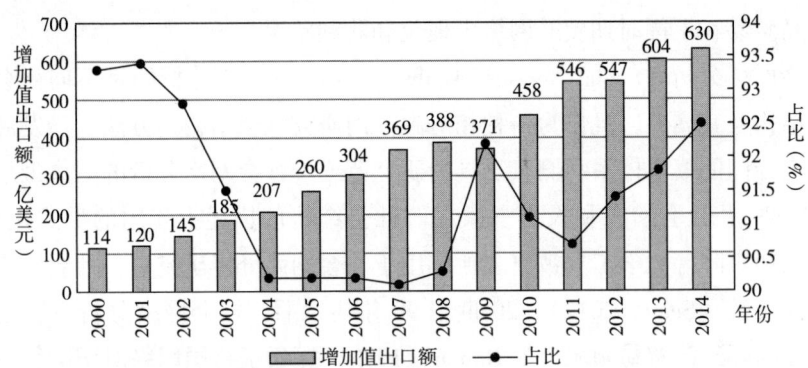

图3-3 中国农产品增加值出口额及增加值出口占比（2000—2014年）

注 占比=农产品增加值出口额/农产品出口总额×100%。

资料来源：根据UIBE GVC Indicators数据库统计数据整理计算得到。

---

❶ 由于该增加值数据来源于对外经济贸易大学的UIBE GVC Indicators数据库，该数据库基于WIOD2016的投入产出数据表得到的全球价值链的相关数据时间段为2000—2014年，即该数据的最新年份截至2014年。

3.4 农产品增加值出口网络的实证分析

对外经济贸易大学根据世界主要的投入产出数据构建了 UIBE GVC Indicators 数据库，避免了全球价值链研究中大量基础数据的重复计算，为全球价值链的研究提供了重要的数据支撑。UIBE GVC Indicators 数据库包括了根据 WIOD2016 的投入产出数据表得到的全球价值链的相关数据，该数据的时间段为 2000—2014 年。数据涉及 2000—2014 年的 43 个经济体的 56 个部门。本章则以 UIBE GVC Indicators 数据库中 WIOD2016 的 43 个经济体为研究样本（表 3-1），对 2000—2014 年的农产品增加值出口数据进行整理和计算。根据作者的测算，2000—2014 年期间该 43 个经济体的农产品增加值出口总额占全球农产品增加值出口总额的比重达到 85%，能够有效解读全球农产品增加值出口状况。

表 3-1 被选为研究样本的 43 个经济体

1	2	3	4	5	6	7	8	9	10
澳大利亚	奥地利	比利时	保加利亚	巴西	加拿大	瑞士	中国大陆	塞浦路斯	捷克
11	12	13	14	15	16	17	18	19	20
德国	丹麦	西班牙	爱沙尼亚	芬兰	法国	英国	希腊	克罗地亚	匈牙利
21	22	23	24	25	26	27	28	29	30
印度尼西亚	印度	爱尔兰	意大利	日本	韩国	立陶宛	卢森堡	拉脱维亚	墨西哥
31	32	33	34	35	36	37	38	39	40
马耳他	荷兰	挪威	波兰	葡萄牙	罗马尼亚	俄罗斯	斯洛伐克	斯洛文尼亚	瑞典
41	42	43							
土耳其	中国台湾	美国							

由于 WTO 的商品分类标准与 WIOD2016 不一样，为了使农产品增加值的产品统计范畴与图 3-2 中的产品统计范畴一致，本章在农产品增加值的计算中将 WIOD2016 的产品分类的 C01、C02、C03 和 C05 这 4 类加总作为农产品，这样对农产品的统计基本上相当于 WTO 的《农业协议》定义的农产品再加上鱼及鱼产品，简单而言即"WTO 农产品+鱼及鱼产品"。

为了了解世界以及中国农产品增加值出口状况的动态变化，本章以2008年为界分为两个不同阶段进行社会网络分析。一方面，是考虑到2008年的全球金融危机可能对世界的农产品增加值贸易产生较大的影响，可能导致前后不同时期的增加值贸易特征有所不同；另一方面，若对每一个年份均进行社会网络分析则会导致分析篇幅非常大。因此分为两个阶段进行分析是更趋合理的选择。本章将时间分成了如下两个阶段：2000—2007年为第一个阶段，2008—2014年为第二个阶段，并对两个阶段的世界农产品增加值出口网络数据进行纵向对比。本章整理了上述43个经济体在两个阶段的农产品增加值出口的统计数据，分别构建了两个阶段的43×43的1-模多值邻接矩阵（简称为邻接矩阵）。其中，矩阵中的行表示行经济体对列经济体的农产品增加值出口额。由于一个经济体的出口其实是其他若干经济体的进口，因此矩阵的列表示列经济体从行经济体的农产品增加值进口额。本章使用UCINET软件为辅助进行农产品增加值出口的网络结构测度。

3.4.1 贸易网络图与网络密度分析

要直观地观察世界农产品增加值出口状况，网络图是最直接的呈现方式。网络图的观察虽然直接，但它呈现的网络结构状态比较粗略，并且若每个年份均绘制网络图则占用篇幅太多，因此本章分别绘制了2000—2007年和2008—2014年这两个阶段的世界农产品增加值出口网络图。图3-4和图3-5分别为通过邻接矩阵分别得到的43个经济体在两个阶段的世界农产品增加值出口网络图。为了使各个国家和地区之间的农产品增加值出口的连线更为清晰和简洁，本章将增加值出口额达到10亿美元以上的出口才显示到网络图中。网络图中连线的粗细与各个经济体之间农产品增加值出口额的多少相对应，连线越粗表示两个经济体之间农产品增加值出口额越多，连线越细表示两个经济体之间农产品增加值出口额越少。网络图中的连线均带有箭头，箭头表示了增加值贸易的方向性，箭头末端是农产品增加值的进口经济体，箭头起始端是农产品增加值的出口经济体。

图3-4中有5个经济体（分别为保加利亚、塞浦路斯、爱沙尼亚、拉脱维亚、马耳他）在2000—2007年与其他经济体发生10亿美元级别以上农产品增加值贸易；图3-5中有3个经济体（分别为塞浦路斯、爱沙尼亚、马耳他）在2008—2014年未与其他经济体发生10亿美元级别以上农产品增加值贸易。

第3章 全球价值链演进下中国农产品增加值出口变化的社会网络分析

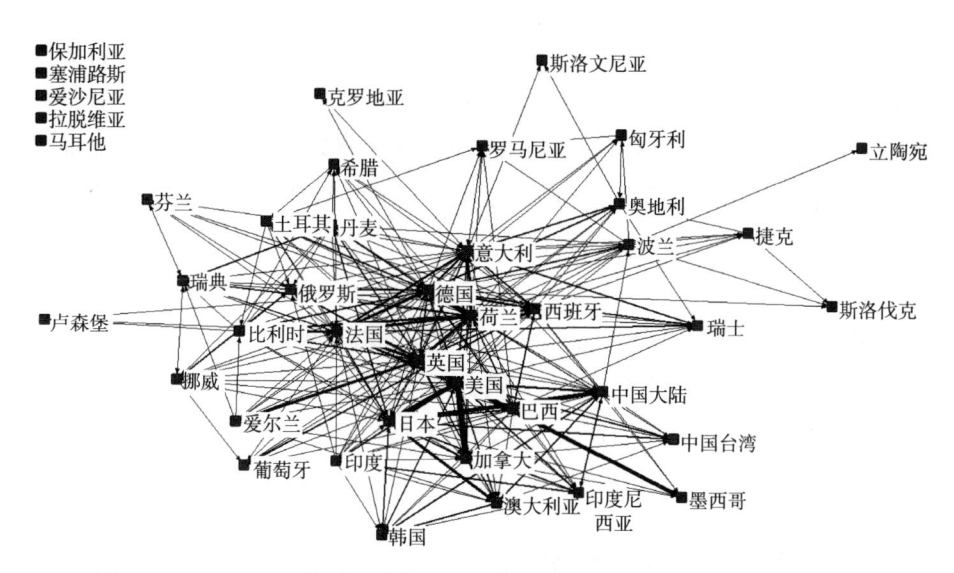

图 3-4 2000—2007 年世界农产品增加值出口网络图（10 亿美元级别以上）

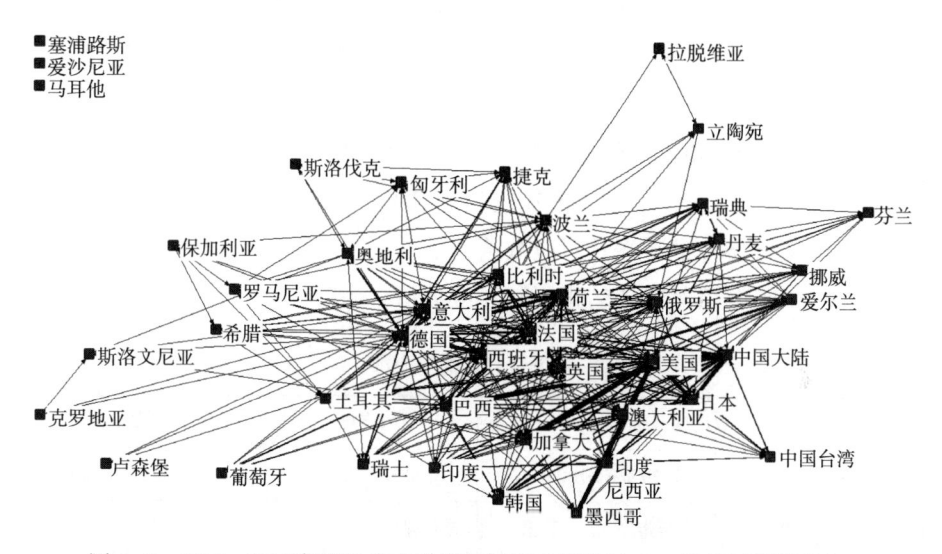

图 3-5 2008—2014 年世界农产品增加值出口网络图（10 亿美元级别以上）

图 3-4 显示，在 2000—2007 年，美国、荷兰、德国、巴西、中国、法国、西班牙、加拿大、日本等处于网络的中心，且连线均较粗，说明这些经济体的农产品增加值贸易额较大。图 3-5 显示：在 2008—2014 年，上述这些经济体仍处于网络的中心，但一些增加值出口额偏低的经济体，如俄罗斯、印度尼西亚等经济体也处于网络中心。以俄罗斯为例进行说明：俄罗斯并不是一个农产品增加值出口的大国，2008—2014 年俄罗斯农产品增加值出口仅占全球农产品增加值出

口的0.7%,但是俄罗斯有较大金额的农产品增加值进口,该国的农产品增加值进口占全球农产品增加值进口达到3.6%[1],在全球有较高的份额。一国的进口其实就是其他若干国家的出口,经济体在网络图中所处的位置会受到该经济体的农产品增加值出口和农产品增加值进口的综合影响,并不仅仅反映增加值出口的影响,导致出现俄罗斯在第一阶段偏向于网络中心的外围而在第二阶段处于网络中心的状况。

网络密度的具体数值由2000—2007年期间的1.4595上升为2008—2014年的3.7782,反映出经济体之间的农产品增加值贸易联系变得更为紧密。并且未与其他经济体发生在10亿美元级别以上农产品增加值贸易的经济体由5个缩减为3个,这也同样反映出增加值贸易联系增强了。

3.4.2 贸易网络的中心性分析

点度中心度、中间中心度、特征向量中心度是测度一个经济体在贸易网络中的中心性的最主要的几项结构指标,用于评价节点重要性、地位优越性和社会声望的结构位置。

为了便于不同年份期间的比较,均采用标准化的中心性指标数值(实际上是一种百分率,避免了绝对数值不能比较的问题)。表3-2为点度中心度指标数值最高的前10名经济体的排序及对应数值,表3-3为中间中心度和特征向量中心度数值最高的前10名经济体的排序和对应数值。

表3-2 点度中心度

点度中心度—点出度(标准化)				点度中心度—点出度(标准化)				
2000—2007年		2008—2014年		2000—2007年		2008—2014年	
成员排序	数值	成员排序	数值	成员排序	数值	成员排序	数值
美国	8.224	美国	9.511	西班牙	3.446	中国	4.206
荷兰	6.713	德国	6.361	巴西	3.415	西班牙	3.604
法国	5.494	巴西	5.025	意大利	3.329	意大利	3.491
德国	5.386	法国	4.857	中国	3.221	加拿大	3.074
加拿大	3.532	荷兰	4.653	英国	2.965	澳大利亚	2.27

---

[1] 根据 UIBE GVC Indicators 数据库统计数据整理计算得到。

第3章 全球价值链演进下中国农产品增加值出口变化的社会网络分析

表3-3 中间中心度和特征向量中心度

中间中心度（标准化）				特征向量中心度（标准化）			
2000—2007年		2008—2014年		2000—2007年		2008—2014年	
成员排序	数值	成员排序	数值	成员排序	数值	成员排序	数值
德国	0.954	德国	0.528	美国	65.772	美国	74.427
荷兰	0.954	荷兰	0.528	日本	48.913	中国	58.611
意大利	0.954	比利时	0.528	荷兰	43.826	日本	49.686
英国	0.954	意大利	0.528	德国	42.235	加拿大	45.372
美国	0.846	英国	0.528	加拿大	41.506	巴西	34.826
瑞典	0.682	法国	0.528	法国	39.915	墨西哥	27.908
法国	0.682	西班牙	0.528	英国	33.555	德国	27.664
西班牙	0.682	爱尔兰	0.489	中国	30.270	法国	23.863
丹麦	0.634	美国	0.455	意大利	29.976	荷兰	22.506
希腊	0.620	捷克	0.369	墨西哥	22.822	意大利	20.081

注 中国的中间中心度的排名及数值：2000—2007年排名21（数值：0.337），2008—2014年排名22（数值：0.236）。

（1）点度中心度。点度中心度能较直观地反映网络中某经济体与其他经济体间发生关系的数量，点度中心度越高，则该经济体就越居于中心地位，在该网络中就拥有较大的权力。点度中心度分为点出度和点入度，分别表示每个经济体农产品增加值的出口和进口的点度中心度。由于本章主要关注中国农产品增加值出口，因此只研究点出度，略去对点入度的计算和分析。表3-2显示，在点出度方面：2000—2007年，美国、荷兰、法国、德国出口了最多的农产品增加值；2008—2014年，美国、德国、巴西出口了最多的农产品增加值。在这两个阶段，美国一直占据第1位。中国的排名和数值也均有所上升，第一个阶段排在第9位（数值为3.221），第二个阶段上升到第6位（数值为4.206）。中国的点出度与美国的指标相比仍存在较大的差距，但差距有所缩小，表现出第二个阶段中国的农产品增加值出口在加强，且与世界主要国家如美国、德国等之间的差距在缩小。

（2）中间中心度。中间中心度表示该经济体的控制能力，或起到"守门员"作用的概率。可以理解为：某经济体对网络中的其他经济体相互作用的控制能力，若中间中心度较高，则可以通过控制信息的传递影响群体。表3-3显示，

2000—2007年和2008—2014年排名在前面的均是德国、荷兰、意大利、英国等这些经济体，但在第二个阶段这些经济体的中间中心度数值均有较大幅度下降。显示出世界主要的农产品出口国在世界农产品增加值出口网络中控制其他经济体之间贸易的能力有较大幅度下降。中国的中间中心度排名未进入前10位，在全球处于中等地位：2000—2007年排名21（数值：0.337），2008—2014年排名22（数值：0.236），说明中国在世界农产品增加值出口网络中对世界其他经济体的控制能力较弱。

（3）特征向量中心度。特征向量中心度是对网络中某个经济体重要性的度量。一个经济体的特征向量中心度一般与其所连接的经济体的点度中心度正相关。在农产品增加值贸易网络中，特征向量中心度高的经济体通常会更多地融入世界农产品增加值贸易（包括出口和进口）中。表3-3的数据显示，美国的特征向量中心度在2000—2007年以及2008—2014年均排名第1位，日本在这两个阶段分别排名第2位和第3位，这表明美国、日本高度融入了世界农产品增加值贸易。需要说明的是，日本的农产品增加值出口并不大，因此日本高度融入增加值贸易主要通过农产品增加值进口来获得的。中国的排名出现较大的跃升，由第8位上升到第2位，特征向量中心度数值也出现较大幅度的增长，由30.270上升到58.611，这表明随着时间的推移中国在世界农产品增加值贸易中的融入程度有较大提高，而且中国的融入程度的提高来自农产品增加值出口和进口状态的共同提升。

3.4.3 贸易网络的核心—边缘结构分析

一般认为，整个世界贸易网络是由核心地带、半边缘地带和边缘地带组成。在农产品增加值贸易网络中可以通过核心度指标判断贸易网络是否存在核心地带、半边缘地带和边缘地带。判断规则如下：

（1）当核心度>0.1，则属于核心地带。

（2）当核心度为0.01~0.1，则属于半边缘地带。

（3）当核心度<0.01，则属于边缘地带。

中心度高的经济体核心度不一定高，这是因为中心度高的经济体之间可能没有关系，导致其核心度低，而核心度较高的经济体一定有较高的中心度。因此贸易量大的国家核心度并不一定高，而核心度大的国家一定是贸易大国。

表3-4为核心、半边缘及边缘区域经济体的数量汇总。数据显示，2000—2007年全球农产品增加值贸易网络中存在核心—半边缘—边缘结构，其中14个

经济体处于核心地带、21个经济体处于半边缘地带、8个经济体处于边缘地带。2008—2014年期间仍存在核心—半边缘—边缘结构，其中5个经济体处于核心地带、29个经济体处于半边缘地带、9个经济体处于边缘地带。第二个阶段中处于核心地带的经济体大量缩减，而处于半边缘地带的经济体则大量增加，说明随着时间的推移，全球农产品增加值贸易网络存在向少数经济体集中的倾向，更多的经济体有向贸易网络外围发展的趋势。

表3-4 核心、半边缘及边缘区域经济体的数量

项目	2000—2007年	2008—2014年	项目	2000—2007年	2008—2014年
核心	14	5	边缘	8	9
半边缘	21	29			

表3-5为核心度排名前列的经济体及其核心度数值（由于2000—2007年中国的核心度排名为第11位，为便于说明，该表格选取了排名前11位的经济体）。

2008—2014年处于核心地带的5个经济体分别为：美国、加拿大、中国、墨西哥、日本，这5个经济体在2000—2007年也处于核心地带。2000—2007年和2008—2014年美国的核心度均排名第1位。中国在2000—2007年的核心度排名虽然仅第11位，但核心度数值达到0.151，超过了0.1，中国在此期间属于核心地带。中国在2008—2014年的核心度排名上升到第3位，核心度数值达到0.252，同样属于核心地带。这表明中国在全球农产品增加值贸易网络中的核心地位越趋突出和稳定，而且包括中国在内的少数经济体在该贸易网络中的核心地位总体上比较稳定。

表3-5 核心度

2000—2007年		2008—2014年		2000—2007年		2008—2014年	
成员排序	数值	成员排序	数值	成员排序	数值	成员排序	数值
美国	0.529	美国	0.813	英国	0.222	印度尼西亚	0.071
加拿大	0.366	加拿大	0.373	意大利	0.210	韩国	0.070
德国	0.317	中国	0.252	墨西哥	0.181	德国	0.066
荷兰	0.302	墨西哥	0.245	西班牙	0.156	法国	0.064
法国	0.298	日本	0.170	中国	0.151	澳大利亚	0.061
日本	0.243	巴西	0.088				

注 2000—2007年中国排名第11位。

3.4.4 块模型下贸易网络的角色地位分析

（1）网络分区。在世界农产品增加值出口网络中，块模型可以测度网络中是否存在小群体以及小群体的组成。所谓小群体，一般指相对稳定、数量不多、有共同目标、相互接触较多的联合体。本章运用迭代相关收敛法对世界农产品增加值出口网络进行了块模型的相关分析。表3-6和表3-7分别为2000—2007年和2008—2014年世界农产品增加值出口网络的分区结果。两个阶段的世界农产品增加值出口网络均被分成8个区。

表3-6 2000—2007年世界农产品增加值出口网络的分区结果

分区	名称	成员
1区	其他群体1	澳大利亚、印度尼西亚、中国大陆
2区	其他群体2	印度、巴西
3区	北美群体	墨西哥、加拿大、美国
4区	亚洲群体	中国台湾、韩国、日本
5区	西欧群体1	匈牙利、比利时、奥地利、丹麦、意大利、克罗地亚、西班牙、德国、荷兰、爱尔兰、波兰、土耳其、法国
6区	西欧群体2	马耳他、塞浦路斯、瑞士、希腊、葡萄牙、英国、卢森堡
7区	东欧群体1	保加利亚、罗马尼亚、斯洛文尼亚、俄罗斯、捷克、斯洛伐克
8区	东欧群体2	爱沙尼亚、拉脱维亚、瑞典、芬兰、立陶宛、挪威

表3-7 2008—2014年世界农产品增加值出口网络的分区结果

分区	名称	成员
1区	其他群体	澳大利亚、印度、巴西、印度尼西亚
2区	北美群体1	美国
3区	北美群体2	墨西哥、加拿大
4区	亚洲群体	中国大陆、中国台湾、俄罗斯❶、日本、韩国
5区	东欧群体1	捷克、斯洛伐克、波兰、克罗地亚、罗马尼亚、斯洛文尼亚、奥地利、匈牙利、保加利亚

---

❶ 为了便于群体的命名，且由于俄罗斯3/4的国土面积属于亚洲，因此本章将表3-7中的4区命名为"亚洲群体"。

续表

分区	名称	成员
6区	西欧群体1	瑞士、葡萄牙、意大利、比利时、德国、法国、卢森堡、希腊、塞浦路斯、马耳他、丹麦、爱尔兰、西班牙、荷兰、土耳其、英国
7区	东欧群体2	爱沙尼亚、拉脱维亚、立陶宛
8区	西欧群体2	芬兰、瑞典、挪威

2000—2007年的1区和2区中的经济体是由拉丁美洲、亚洲、大洋洲的不同经济体混杂在一起的，因此被归入"其他群体1"和"其他群体2"，中国大陆属于"其他群体1"。墨西哥、加拿大、美国作为北美自由贸易区的成员构成了"北美群体"。中国台湾、韩国、日本作为地理位置上临近的经济体构成"亚洲群体"。剩余的经济体构建了2个西欧群体和2个东欧群体。

2008—2014年，1区的经济体也是由不同洲的经济体混杂在一起，因此命名为"其他群体"。美国从墨西哥、加拿大所在的北美群体中分离出来了，表明美国在农产品增加值出口中的独立性在提高。中国从第一个阶段的"其他群体1"中分离出来进入第二个阶段的"亚洲群体"，"亚洲群体"的经济体数量由第一个阶段的3个扩大到5个，显示中国在农产品增加值出口中与亚洲经济体之间的联系在增强。"西欧群体1"和"东欧群体1"的经济体数量在第二个阶段明显增加，表明西欧经济体、东欧经济体在农产品增加值出口中的群体内的联系更为密切，且群体中的意大利、西班牙、德国、荷兰、法国等核心力量稳定。

（2）交互性与自反性。在交互性和自反性的分析中需要使用贸易网络的密度矩阵，表3-8和表3-9分别为2000—2007年和2008—2014年的世界农产品增加值出口网络的密度矩阵。两个阶段的整体密度值分别为14.6204和22.0394。将密度矩阵中的各个单元格的密度值与整体密度值进行比较。如果某个单元格密度值大于整体密度值，说明该单元格所关联的两个分区存在较强的交互性，反之则表明存在较弱的交互性。以表3-8的2区对3区的单元格为例说明，2区对3区的单元格密度大于整体密度值14.6204，表明2区向3区的农产品增加值出口多。关于自反性的分析是针对同一个分区自行交叉的单元格，例如，表3-8的1区与1区相交叉的单元格就是同一分区自行交叉的单元格，该1区单元格密度值大于整体密度值，说明该分区存在显著的自反性，即1区内部的经济体之间相互进行农产品增加值出口的贸易行为比较显著。为了容易辨认，本章特将两个表格中密度值高于整体密度值的单元格涂为灰色。

表 3-8　2000—2007 年世界农产品增加值出口网络的密度矩阵

分区	1 区	2 区	3 区	4 区	5 区	6 区	7 区	8 区
1 区	59.802	19.091	48.500	140.960	9.017	5.745	4.663	0.818
2 区	38.591	9.972	45.901	32.483	24.668	10.723	17.38	2.633
3 区	42.613	8.684	483.669	139.956	10.750	7.280	4.112	1.507
4 区	5.877	0.499	8.424	40.396	0.614	0.265	0.925	0.152
5 区	4.861	2.473	21.158	11.227	50.755	29.848	9.383	7.811
6 区	2.108	1.554	7.869	4.158	11.053	2.733	1.251	1.331
7 区	2.134	0.242	0.527	3.594	2.516	0.579	2.597	1.421
8 区	0.894	1.263	3.114	2.393	2.784	1.585	3.384	5.575

表 3-9　2008—2014 年世界农产品增加值出口网络的密度矩阵

分区	1 区	2 区	3 区	4 区	5 区	6 区	7 区	8 区
1 区	51.205	150.184	17.167	145.976	2.438	24.662	0.717	4.451
2 区	65.871	无	1138.355	438.744	2.353	36.396	2.268	6.631
3 区	9.937	939.666	64.018	53.676	0.390	6.572	0.290	1.390
4 区	14.278	84.144	13.006	85.695	1.045	6.581	0.839	3.387
5 区	0.609	5.293	0.915	3.025	11.097	10.661	1.888	2.191
6 区	6.331	54.116	10.602	17.306	11.437	54.123	2.591	16.027
7 区	0.047	1.598	0.110	2.616	0.651	1.653	10.691	4.912
8 区	2.383	15.129	2.297	22.13	1.652	6.123	3.037	28.906

数据显示，2000—2007 年具有较强交互性或自反性的单元格共计 16 个，2008—2014 年具有较强交互性或自反性的单元格共计 17 个，两个阶段中具有较高交互性或自反性的群体数量基本维持稳定。

对于这两个阶段，本章主要针对中国所在的分区进行分析。第一个阶段中，中国所在的 1 区与 2 区、3 区、4 区之间存在较强的交互性，表明 1 区（澳大利亚、印度尼西亚、中国大陆）对 2 区（印度、巴西）、3 区（墨西哥、加拿大、美国）、4 区（中国台湾、韩国、日本）的农产品增加值出口较多。同时，1 区存在显著的自反性，表明 1 区的三个经济体，即澳大利亚、印尼、中国之间存在比较显著的相互进行农产品增加值出口的贸易行为。第二个阶段中，中国所在的 4 区与 2 区之间存在较强的交互性，表明 4 区（中国大陆、中国台湾、俄罗斯、日本、韩国）对2区（美国）的农产品增加值出口较多。同时，4区存在显著的自反性，表明4区的五个经济体，即中国大陆、中国台湾、俄罗斯、日本、韩国之间存在比较显著的相互进行农产品增加值出口的贸易行为。上述交互性和自反性的状况表明，随着时间向后推移，中国的农产品增加值出口方向从对北美、大洋洲的经济体以及亚洲中低收入经济体的出口转向对亚洲内部的中高收入经济体（如中国台湾、日本、韩国等）的高额出口。

3.5 研究结论及政策建议

3.5.1 研究结论

本章以2000—2007年和2008—2014年两个阶段的世界农产品增加值出口网络为研究对象，构建了两个43×43的1-模邻接矩阵，使用社会网络分析方法，对世界农产品增加值出口网络结构进行了测度，并根据网络结构的测度结果对中国在世界农产品增加值出口中的状况变化进行了分析，得出如下研究结论。

（1）美国、荷兰、德国、巴西、中国、法国等世界主要农产品出口成员长期处于农产品增加值出口网络的中心。其中，中国的农产品增加值出口在加强，且与世界主要国家如美国、德国等之间的差距在缩小。

（2）中国在世界农产品增加值贸易中的融入程度有较大提高，但与美国高度融入的状况相比仍存在较大差距，且中国对其他经济体的控制能力较弱。

（3）世界农产品增加值贸易网络存在向少数经济体（美国、加拿大、中国、墨西哥、日本）集中的倾向，更多的经济体有向贸易网络外围发展的趋势。中国一直处于贸易网络的核心地带，且核心地位越趋突出和稳定，但与核心度排名第1的美国相比差距明显。

（4）中国的农产品增加值出口从对北美、大洋洲的经济体以及亚洲中低收入经济体的出口转向对亚洲内部的中高收入经济体（如日本、韩国等）的高额出口，但是对美国仍维持了较高额度的农产品增加值出口。西欧经济体、东欧经济体的群体内的联系更趋密切，而美国却从北美群体中分离出来。

3.5.2 政策建议

总体上，2008—2014年中国在世界农产品增加值出口中的表现优于2000—

2007年，中国的地位和作用日趋突出，表现良好，但是中国作为世界农产品出口排名第5的成员，在部分中心性指标上的表现甚至弱于排名位于中国之后。为了维护我国农产品增加值出口的可持续发展、获取更多的贸易利益，提出如下政策建议。

3.5.2.1 利用RCEP的有利条件，充分发展对亚洲内部国家的出口

2020年11月15日，中国、日本、韩国、澳大利亚、新西兰以及东盟十国正式签署了RCEP（区域全面经济伙伴关系协定），从而形成了目前全球最大的自由贸易。中国农产品增加值出口逐渐转向对亚洲内部的中高收入经济体，这将会是以后长期维持的一种状态，因此中国应当积极利用RCEP减免关税的有利政策，充分发展对亚洲内部的韩国、日本等中高收入经济体的农产品增加值出口，这是实现我国农产品增加值出口可持续发展的重要条件。

3.5.2.2 重视和协调中美之间的农产品贸易关系，增加农产品互补性的开发

美国对世界其他经济体的控制能力有所下降，但美国仍然高度融入世界农产品增加值贸易网络，并且中国对美国仍维持了较高的农产品增加值出口。中美两国农产品既存在竞争性也存在互补性，中国要维持农产品增加值出口的可持续性，就一定需重视和协调中美之间的农产品贸易关系，增加农产品互补性的开发。

3.5.2.3 以"一带一路"倡议的实施为契机，积极开发西欧和东欧市场

"一带一路"倡议给中国向世界推广自己的农产品提供了更多的机会，"一带一路"沿线上有许多西欧和东欧经济体，我们应当以该倡议的实施为契机，逐步扩展中国农产品增加值对西欧经济体、东欧经济体的出口，减弱由于西欧经济体、东欧经济体呈现群体内联系更趋密切的状态而对中国增加值出口带来的负面效应。

3.6 本章小结

本章运用社会网络分析方法测算世界农产品增加值出口网络的结构，实证对比了2000—2007年和2008—2014年这两个时间阶段中国在世界农产品增加值出

口中的地位变化，并从增加值出口视角对结果进行解读。研究结果显示：总体上，2008—2014年中国在世界农产品增加值出口中的表现优于2000—2007年，中国的地位和作用越趋突出，表现良好；中国处于世界农产品增加值出口网络的中心，且与美国、德国等之间的差距在缩小；中国与美国高度融入的状况相比仍存在较大差距，且中国对其他经济体的控制能力较弱；中国逐渐转向对亚洲内部的中高收入经济体的高额出口。本章还提出了维护中国农产品增加值出口的可持续发展、获取更多的贸易利益的若干政策建议，包括充分发展对亚洲内部国家的出口、协调中美之间的农产品贸易关系等多方面的建议。

第4章
全球价值链演进下中国工业品增加值出口变化的社会网络分析

中国遭受反倾销数量排名前3位的产品是贱金属、化工产品、机电设备，这3类工业品是本章的研究对象。另外，中国的纺织品服装遭受的反倾销数量虽然排名第5（中国各类产品遭受反倾销的数量和占比详见第2章中的表2-4和表2-5），但是该类产品遭受的反倾销曾经长期排名第4，而且中国的纺织品服装的出口额非常大，在中国出口总额中的占比很高，因此本章也将纺织品服装作为研究对象。本章选定的研究对象共计4个大类的工业品，分别是贱金属、化工产品、机电设备、纺织品服装。本章将分析中国在这些产品的世界增加值出口网络中的贸易地位变化状况。

4.1 中国纺织品服装增加值出口变化的社会网络分析

中国是全球规模最大的纺织品服装生产国，同时中国纺织服装业创造了大量的就业岗位。而且，国内纱线的生产大量使用国产天然纤维，为增加我国农民收入做出了重要贡献。中国纺织品服装出口额排名第一，出口额大，占中国货物出口比例很高（2020年中国纺织品服装出口占中国出口总额的比例高达24.6%）。同时，我国纺织品服装出口占世界市场的比例很高，如2020年中国在世界占比高达44.0%（图4-1）。图4-1列出了2020年全球纺织品服装出口最多的15个经济体及占比数据，中国仍排名第1位，占比远超过其他经济体。例如：德国、越南虽然排名分别为第2位和第3位，但占比仅分别为5.9%和5.8%。中国的占比超过排名第2位至排名第15位的占比总和（该14个经济体的占比总和为41.3%）。

中国纺织品服装面临频繁的反倾销贸易摩擦，出口形势严峻。1995—2020年中国纺织品服装遭受到的国外倾销调查数量排第5位，占中国遭受反倾销总量的 7.8%❶。

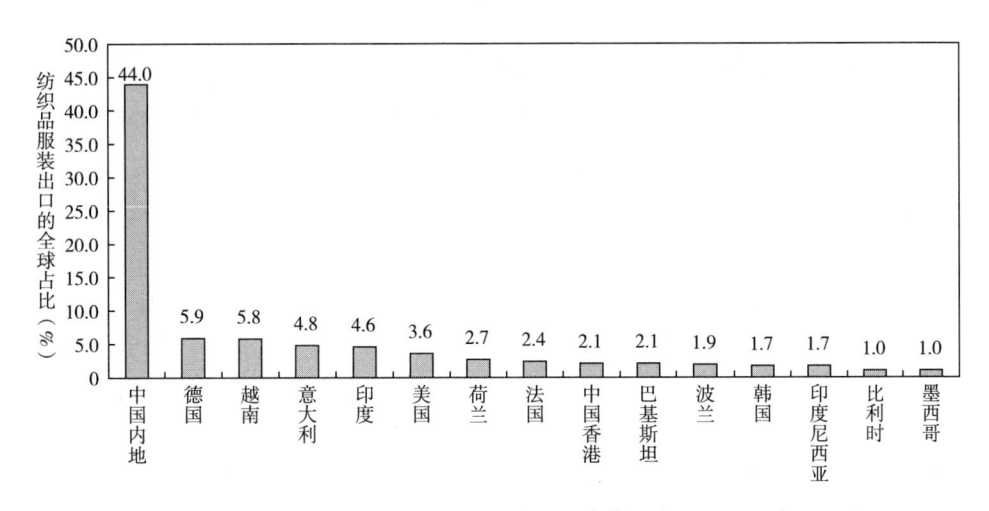

图 4-1 全球纺织品服装出口最多的经济体及占比（2020年）

资料来源：根据联合国 UNcomtrade 数据库统计数据计算。

商务部提出"推动出口迈向中高端"❷，可见中国参加全球价值链分工是贸易发展过程中无法回避的问题。传统贸易额核算面临严重的重复计算问题。比如：本国出口的最终产品（例如服装）中使用了从国外进口的中间产品（例如高档面料），或者本国出口到国外的中间产品（例如高支纱线）被国外生产加工为最终产品（例如服装）再返回本国。诸如此类的情况导致传统的贸易统计数据无法准确反映一国国内创造的增加值的真实贸易情况，凸显"所见非所得"的问题，也使双边贸易差额出现偏差，扭曲了分工和贸易利益。

在全球价值链背景下，为提升贸易分析的有效性，使用增加值贸易的相关统计数据进行贸易流量与贸易利益的分析是更为合理的选择。因此，研究中国纺织品服装的增加值出口变化情况，有利于准确反映中国纺织品服装的真实出口状况和提升获利能力，对促进中国纺织服装行业利润增加、保护纺织服装企业生存等方面具有重要意义。

---

❶ 根据 WTO 反倾销统计数据计算得到。
❷ 中国商务部在《对外贸易发展"十三五"规划》文件中提出的要求。

4.1.1 纺织服装产业价值链环节及总出口分解

4.1.1.1 纺织服装产业价值链环节

纺织服装产业的产品包括各类纺织品、各类服装，既涉及各类原材料、中间产品，也涉及服装、非服装类的最终产品。该产业的价值链可以划分为上游、中游、下游三个环节，具体的产业环节见图4-2。

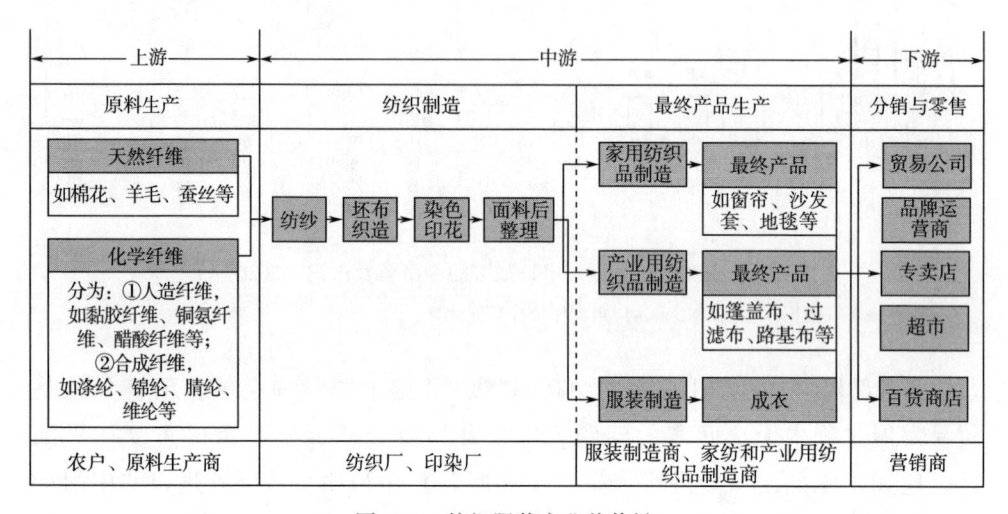

图4-2 纺织服装产业价值链

上游为原料生产环节，主要提供各类纺织原料。纺织原料包括天然纤维和化学纤维，天然纤维为来源于动植物天然产出的棉花、羊毛、蚕丝等，需要通过种植或养殖来生产。化学纤维又分为人造纤维和合成纤维。

中游为中间产品和最终产品的生产制造环节，可细分为两个环节：纺织制造环节和最终产品生产环节。在纺织制造环节，通过对各种原料纤维进行纺纱得到纱线，用纱线进行织造得到坯布，再对坯布进行染色印花，最后进行各种后整理之后才能得到可以使用的面料。面料进入到最终产品生产环节，由于最终产品有不同的用途，因此分别涉及家用纺织品制造（比如生产窗帘）、产业用纺织品制造（比如生产路基布等）、服装制造。

下游则是销售环节，由贸易公司、品牌运营商、专卖店、超市和百货商店等不同规模和销售环节的销售商来完成最终产品的销售。

各个环节均会产生一定量的增加值，这些环节连在一起就形成纺织服装产业的价值链。一个国家的纺织服装产业无法靠自己一国的力量构建全产业链，因此整个产业的各个增加值产生的环节分散在世界各地，一部分环节放在国内，另一部分环节分布在世界其他众多的国家（或地区），这样本国和其他国家（或地区）在不同的阶段和环节对该产业都有增加值的贡献，这就形成了纺织服装产业的全球价值链。纺织服装产业的全球价值链会导致一国出口的纺织品服装中，既包含了来自本国的增加值，也包括了来自外国的增加值。

在纺织服装产业的价值链环节的选择中，各国存在差异。例如日本作为发达国家在高科技面料开发上有较大优势和利润，1993年其面料出口额全球第一，但是服装生产几乎全部转移到了东亚的其他国家。中国也曾是发达国家进行服装产业转移的目标国，但是由于中国人口红利逐渐消失以及其他各类投入的成本攀升，近几年中国的服装生产不断转移到东南亚、非洲等地。

4.1.1.2 总出口的分解

一国传统的总出口额统计中既包含了各类增加值的统计，也包括了其他一些贸易金额的统计。一国产品的增加值出口只是整个出口的一部分。要准确分析本国创造的增加值出口状况，就需要将增加值出口额从传统贸易出口额中分离出来。一国的总出口额可按照第3章的图3-2所示进行分解，本节以及本章不再复述。本章标题中的"增加值出口"是指最终被国外吸收的国内增加值的出口，在图3-2中对应的部分即"被国外吸收的国内增加值（DVA）"（为便于本节和本章的表述，文中均称为"增加值出口"），也即本节和本章的研究对象。

王直等（2015）发现以前的文献对增加值出口的定义存在一定的缺陷，并对指标进行了改进，指出只有DVA与总出口的比例才能作为度量增加值出口的综合统计指标，因此本章使用了王直提出的改进后的增加值出口指标进行研究。在按传统方法统计的一国出口总额中，被国外吸收的国内增加值仅是其中的一部分而已。但是被国外吸收的国内增加值能真实地反映一国产品出口中的实际所得，能更真实地反映实际的贸易利益的大小。

4.1.2 中国纺织品服装增加值出口概况

图4-3为中国纺织品服装在2000—2014年[1]的增加值出口额及增加值出口占比情况。数据显示，中国纺织品服装增加值出口总体逐年上升，但2009年是一

---

[1] 由于该增加值数据来源于对外经济贸易大学的 UIBE GVC Indicators 数据库，该数据库基于 WIOD2016 的投入产出数据表得到的全球价值链的相关数据时间段为2000—2014年，即该数据的最新年份截至2014年。

个例外，2009年的增加值出口较2008年出现了较大的下降，这可能由于2008年金融危机导致全球贸易需求萎缩，中国纺织品服装贸易也同样萎缩，因此2009年中国纺织品服装增加值出口也相应出现下滑。

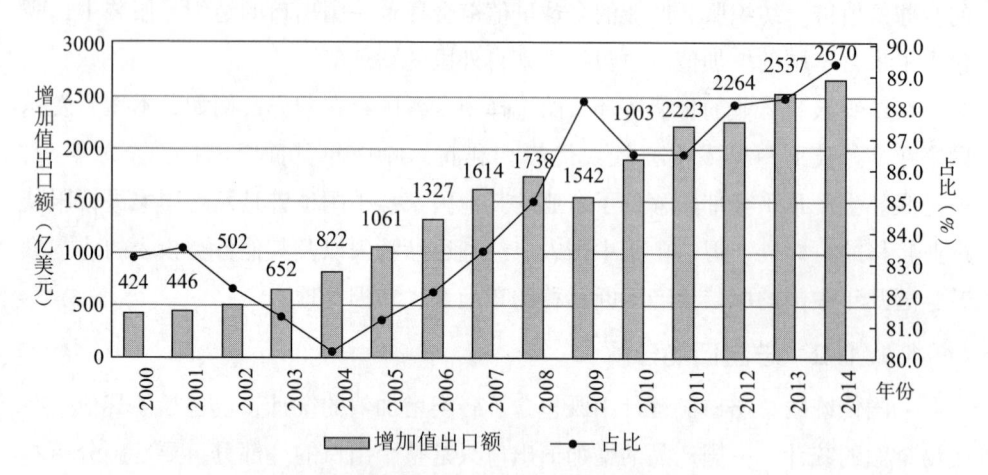

图4-3 中国纺织品服装增加值出口额及增加值出口占比（2000—2014年）

注 占比=中国纺织品服装增加值出口额/中国纺织品服装出口额×100%。

资料来源：UIBE GVC Indicators数据库。

中国纺织品服装增加值出口占比（中国纺织品服装增加值出口额/中国纺织品服装出口额×100%）的变化以2004年为界可粗略分为两个阶段：第一个阶段为2004年之前，占比下降是主要状态；第二个阶段为2004年之后，占比上升是主要状态，但2009年的占比出现一个明显的跃升，这个跃升可能也与2008年的金融危机有关，由于金融危机导致全球纺织品服装出口萎缩，但中国纺织品服装增加值出口的萎缩相对更小，因此导致2009年的占比出现较大幅度上升。

为了对比中国与世界其他主要纺织品服装出口成员的增加值出口状况，特选取了德国、印度、意大利、土耳其、美国进行对比。包括中国在内的6个样本中3个为发达国家（德国、意大利、美国），另外3个为发展中国家（中国、印度、土耳其）❶，这使增加值的对比具有更强的比较意义。本节主要对比了这6个样本的纺织品服装增加值出口的占比差（见图4-4，占比差的计算也见图4-4中的说明）。"占比差"主要反映了一国增加值出口占比与传统总值贸易出口占比之

---

❶ 越南排名第2，之所以没有选择越南作为研究对象，是因为本章后面使用了UIBE GVC Indicators数据库，但该数据库中所涉及43个经济体未将越南包含在内。

间的背离状况。从图 4-4 中可看出，在 2000—2004 年，中国与其他 5 个样本的增加值出口占比差指标虽存在差距，但总体上没有出现明显的层次划分；2004 年以后，中国的增加值出口占比差明显地逐年上升，2014 年达到 6.6%，而其他 5 个国家的增加值出口占比差逐渐往一个比较低的水平（-0.5%~0.6% 的范围）进行汇聚。6 个样本的该指标很明显划分为两个层次，中国为一个层次，其他 5 个样本为另一个层次，且中国的该指标远远高于其他成员，显示出中国纺织品服装增加值出口与传统总值贸易出口的背离状况越趋明显。这种状况说明了：中国纺织品服装增加值出口在全球纺织品服装增加值出口拥有了越来越重的分量，扮演着越趋重要的角色。

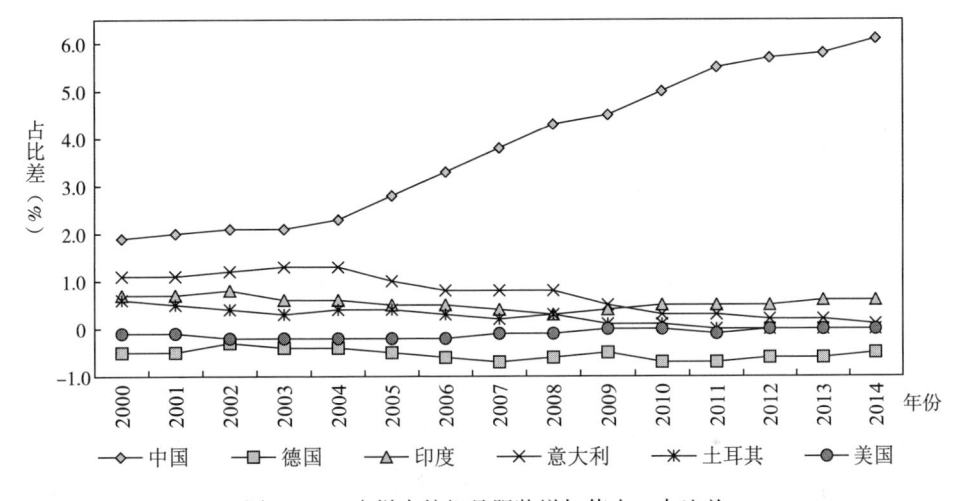

图 4-4　6 个样本纺织品服装增加值出口占比差

注　各国的占比差 = 占比 1 - 占比 2

各国的占比 1 = 该国纺织品服装增加值出口额/全球纺织品服装增加值出口额×100%

各国的占比 2 = 该国纺织品服装出口额/全球纺织品服装出口额×100%

资料来源：UIBE GVC Indicators 数据库。

本节还测算了各个样本的纺织品服装增加值出口额及增加值出口占比，发现中国的纺织品服装增加值出口占比长期高于其他样本，特别是高于美国、德国、意大利这 3 个发达国家。例如，2000 年中国的该占比为 83.2%，美国的该占比为 70.6%，2014 年中国和美国分别为 89.4% 和 73.9%[1]。这似乎与我们所想象的不太一样，传统上认为发达国家出口的纺织品服装的附加值或增加值应该比较

---

[1] 来源于 UIBE GVC Indicators 数据库。

高，因此中国的纺织品服装增加值出口占比应该比美国等发达国家的增加值出口占比低。本节以美国、德国、中国 2000 年的数据为例对此进行解读（三个样本相关具体数据见表 4-1），发现美国、德国的增加值出口占比偏低的原因存在一定差异。

表 4-1　2000 年美国、德国、中国的纺织品服装增加值出口数据对比

项目	美国	德国	中国
最终产品出口额/中间产品出口额（倍）	1.0	1.0	4.8
最终产品增加值出口/最终产品出口额（%）	87.8	69.0	83.8
中间产品增加值出口/中间产品出口额（%）	53.6	61.3	80.4
增加值出口占比（%）	70.6	65.1	83.2
返回并被本国吸收的国内增加值占比（%）	16.4	2.9	0.4
国外增加值占比（%）	8.9	22.6	14.9

注　增加值出口占比=该国纺织品服装增加值出口额/该国纺织品服装出口额

返回并被本国吸收的国内增加值占比=该国纺织品服装出口包含的返回并被本国吸收的国内增加值/该国纺织品服装出口额

国外增加值占比=该国纺织品服装出口包含的国外增加值/该国纺织品服装出口额

资料来源：UIBE GVC Indicators 数据库

美国的主要原因为：①美国最终产品出口额/中间产品出口额大约等于 1，与中国的情况比较而言，美国中间产品出口多，同时美国中间产品增加值出口占比偏低（53.6%），最终产品增加值出口占比偏高（87.8%），且差距较大，这导致美国纺织品服装增加值出口占比被大幅度拉低，降到 70.6%。②美国出口的中间产品中最终返回美国的比重较高，表 4-1 中美国的返回并被本国吸收的国内增加值占比高达 16.4%，中国仅为 0.4%。

德国的主要原因为：德国对国外增加值的依赖偏大，国外增加值占比高达22.6%，远超过中国的 14.9%。德国研究机构的研究结果也印证了德国的出口中的确存在对国外增加值较高程度的依赖，与本节的测算一致。德国伊福经济研究所（IFO）2013 年 3 月 27 日曾发布了一份研究报告，显示德国出口产品中在国外实现的增加值占比在近年有显著增加，在德国的制造业领域，这一比例较高，其中纺织品生产部门这一比例大约是 25%[1]。本节测算出 2014 年德国纺织品服装

---

[1] 中国驻法兰克福总领馆经商处. 中国和中东欧国家是德国出口产品中国外增加值主要来源地［EB/OL］. http://frankfurt.mofcom.gov.cn/article/xgjg/201303/20130300071065.shtml.

出口中的国外增加值占比达到26.0%，与德国研究机构的研究结果相匹配。德国在纺织品和服装上均有较高的出口率，2015年德国纺织品和服装的外销比重分别达到49.1%和37.3%[①]，同时为了生产成本更低，德国进行了生产全球化布局，这就导致德国的出口包含了较高的国外增加值。

这也反映出在劳动密集程度高的纺织服装产业中，总体上，中国由于人口红利的原因在增加值的创造上仍占有比较明显的优势。

4.1.3 研究概况

现有文献对制造业的增加值贸易给予了很高的关注，因此对制造业增加值方面的研究较为丰富。其中，部分学者的研究涉及制造业中的纺织品服装行业：邓军（2013）基于增加值贸易数据评估了中国纺织品、皮革和制鞋行业的实际出口竞争力；聂聆、李三妹（2014）发现中国纺织品、皮革与鞋类在GVC分工中具有比较优势；尚涛（2015）认为中国纺织品、皮革等产业链布局中对于境外中间品的依赖相对较低；牛建国、张世贤（2019）研究了中国纺织、鞋等行业在全球价值链中的位阶。

这些研究对于研究中国纺织品服装的增加值贸易的状况进行了积极的探索，但是未能将纺织品服装单独作为一个大类产品进行研究，由于混杂了其他产品（如皮革、鞋），因此分析结果并不能完全解读中国纺织品服装增加值贸易状况。

文献检索显示，仅有少量文献专门针对纺织品服装的增加值进行了研究。Gereffi和Memedovic（2003）对此的研究较早，发现全球服装价值链中不同类型服装企业在竞争驱动下各自加强了附加值较高的一些环节，在价值链内进行了利益的重新分配。卓越和张珉（2008）认为以跨国采购商为主导的模式导致中国纺织服装业处于低附加值环节。马风涛、李俊（2014）计算了纺织品中最终产品增加值的贡献率，发现日本、美国等一些发达国家贡献的增加值较高。上述研究对纺织品服装的增加值研究做出了重要的贡献，但是目前已有的研究成果未能就中国在全球纺织品服装增加贸易中的网络地位变化状况进行整体刻画。

本节研究拟运用社会网络分析（SNA）方法专门针对中国纺织品服装增加

[①] 中国商务部. 德国纺织服装行业发展经验借鉴 [EB/OL]. http://trb.mofcom.gov.cn/article/zuixindt/201701/20170102498000.shtml.

值出口的状况进行研究，分析该网络中我国地位的变化。全球纺织品服装的增加值贸易也构成了一种贸易网络，若能对该贸易网络进行研究，剖析中国在该网络中的网络地位变化状况，这对于从不同层面了解中国纺织品服装增加值贸易状况有积极的作用，有利于对中国纺织品服装增加值贸易状况的理解和准确判断。

4.1.4　中国纺织品服装增加值出口网络的实证分析

本节挖掘出对外经济贸易大学构建的 UIBE GVC Indicators 数据库中基于 WIOD2016 投入产出数据表得到的全球纺织品服装增加值出口的相关基础数据。该增加值数据涉及 2000—2014 年的 43 个经济体，本节则以该 43 个经济体为研究样本❶，对 2000—2014 年的纺织品服装增加值出口数据进行了整理和计算。全球最主要的参与纺织品服装贸易的经济体均包含在这 43 个经济体中，并且地理位置分布广泛；另外，这些经济体的纺织品增加值出口总额占到全球纺织品服装增加值出口总额的绝大多数，能够有效分析中国在全球纺织品服装增加值出口的贸易网络地位变化状况。

为了准确分析中国在全球纺织品服装增加值出口的贸易网络地位变化状况，对 2000—2014 年所涉及的 15 个年份均进行了社会网络相关指标的测度，并对各年度的指标进行时间序列上的纵向比较分析和经济体之间的横向比较分析。本节依据上述 43 个经济体在 2000—2014 年的纺织品服装增加值出口数据，分别构建了 15 个年份的 43×43 的邻接矩阵。其中，矩阵中的行表示行经济体对列经济体的纺织品服装增加值出口额，矩阵中的列表示列经济体对来自行经济体的纺织品服装增加值进口额。书中使用 UCINET 软件辅助进行纺织品服装增加值出口的网络结构测度。

4.1.4.1　贸易网络图与网络密度分析

若每个年份均绘制网络图则占用篇幅太多，因此本节以 2007 年为界，只绘制了两个阶段（2000—2007 年为第一个阶段，2008—2014 年为第二个阶段）的全球纺织品服装增加值出口网络图（分别见图 4-5 和图 4-6）。为了使网络图的连线更易识别，特设定增加值出口额达到 10 亿美元以上的出口才显示连线。连

---

❶ 澳大利亚、奥地利、比利时、保加利亚、巴西、加拿大、瑞士、中国大陆、塞浦路斯、捷克、德国、丹麦、西班牙、爱沙尼亚、芬兰、法国、英国、希腊、克罗地亚、匈牙利、印度尼西亚、印度、爱尔兰、意大利、日本、韩国、立陶宛、卢森堡、拉脱维亚、墨西哥、马耳他、荷兰、挪威、波兰、葡萄牙、罗马尼亚、俄罗斯、斯洛伐克、斯洛文尼亚、瑞典、土耳其、中国台湾、美国。

线的粗细与纺织品服装增加值出口额相对应。连线均具有方向性，因此带有箭头。箭头末端是纺织品服装增加值的进口经济体，箭头起始端是纺织品服装增加值的出口经济体。

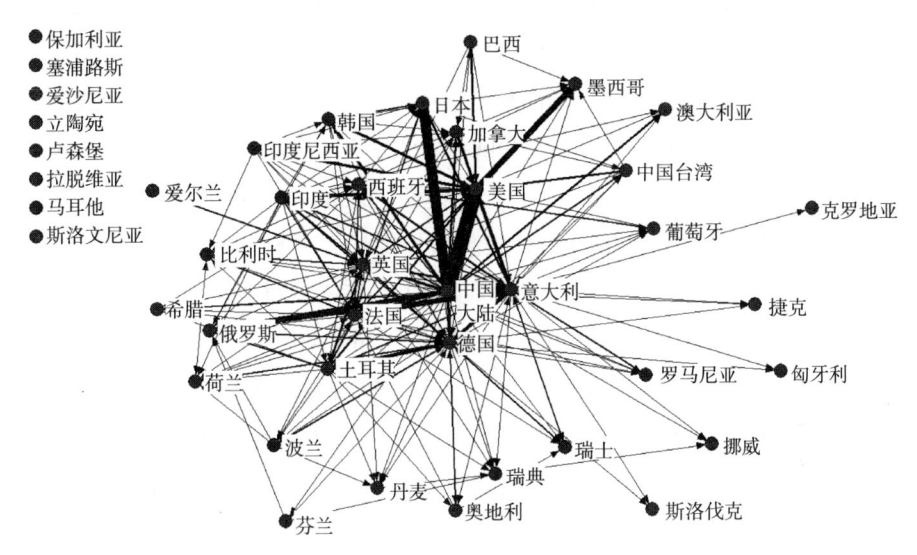

图 4-5 2000—2007 年全球纺织品服装增加值出口网络图（10 亿美元以上出口额）

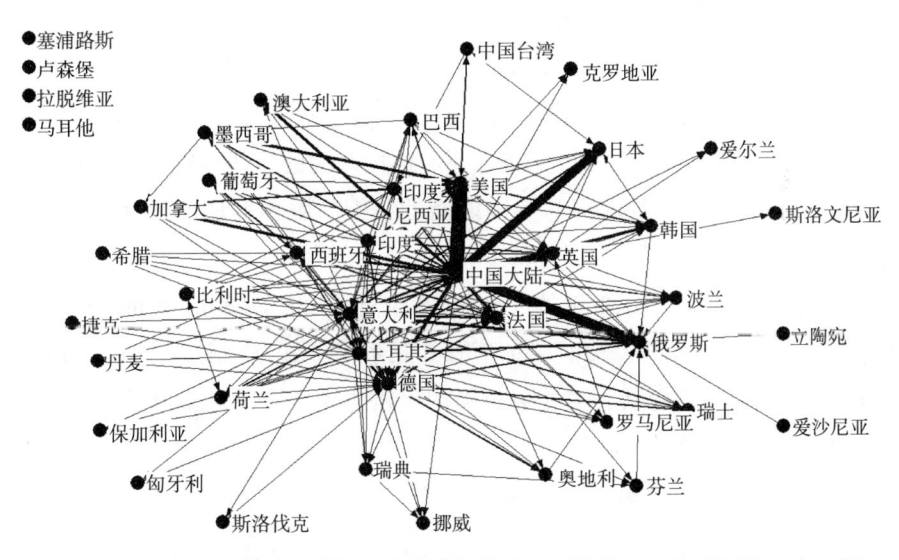

图 4-6 2008—2014 年全球纺织品服装增加值出口网络图（10 亿美元以上出口额）

在 2000—2007 年有 8 个经济体（经济体具体名称见图 4-5 左上角）未与其他经济体发生纺织品服装增加值贸易；在 2008—2014 年有 4 个经济体（经济体

具体名称见图4-6左上角）未与其他经济体发生纺织品服装增加值贸易。

图4-5显示：在2000—2007年，中国、德国、意大利、美国、土耳其、法国、英国等纺织品服装增加值出口的主要国家处于贸易网络的中心，且连线均较粗，说明这些经济体的纺织品服装增加值贸易额较大。另外，日本、俄罗斯虽然没有处于网络中心，但也有较粗的连线，这两个经济体在纺织品服装增加值出口中排名并不靠前，较粗的连线是由于日本和俄罗斯是主要的增加值进口成员，有很大的增加值进口（如2000—2007年，增加值进口中日本排名第3位、俄罗斯排名第6位）。以日本为例说明：2000—2007年日本纺织品服装增加值出口仅占43个经济体纺织品服装增加值出口总额的1.4%，但是日本的纺织品服装增加值进口占43个经济体纺织品服装增加值进口总额的8.7%，进口占比是出口占比的6倍。墨西哥也未处于网络中心，且与美国的连线较粗，但是墨西哥的情况与日本、俄罗斯并不一样。墨西哥虽然是主要的增加值出口成员，但没有位于网络中心，这主要是由于北美自由贸易区内部成员贸易的关税减免，使得大量的增加值贸易发生在墨西哥与美国之间，而墨西哥与世界其他经济体之间的增加值贸易较少，因此墨西哥与美国之间的连线较粗，但却没有位于网络中心。

图4-6显示：在2008—2014年，中国、德国、意大利、美国、土耳其、法国、英国等纺织品服装增加值出口的主要成员仍处于贸易网络的中心；日本、俄罗斯虽没有处于网络中心，但有较粗的连线，这些状况与2000—2007年的状况相似。另外，处于贸易网络外围的墨西哥与美国之间的连线很细，表明墨西哥在2008年以后在北美贸易区内部与美国之间的纺织品服装增加值贸易偏少，北美自由贸易区的作用在降低。

网络密度由2000—2007年的999.3770上升为2008—2014年的1320.4034，反映出经济体之间的纺织品服装增加值贸易联系变得更为紧密。并且未与其他经济体发生10亿美元级别以上增加值贸易的经济体由8个缩减为4个，这也同样反映出增加值贸易联系增强了。

4.1.4.2 贸易网络的中心性分析

本节仍以前文选定的6个样本作为比较分析的对象，计算了6个样本在2000—2014年每个年份纺织品服装增加值出口的中心性指标。中心性指标的具体数值见表4-2和表4-3，为了便于不同年份间的比较，均采用标准化的中心性指标数值。

表4-2　2000—2014年纺织品服装贸易网络中心性指标——点度中心度

点出度（标准化）

年份	中国 数值	排序	德国 数值	排序	印度 数值	排序	意大利 数值	排序	土耳其 数值	排序	美国 数值	排序
2000	7.212	1	2.542	4	2.325	5	5.648	2	3.050	3	2.170	8
2001	7.668	1	2.451	4	2.164	5	5.776	2	2.769	3	1.905	7
2002	7.682	1	2.422	4	2.145	5	5.262	2	2.517	3	1.614	9
2003	7.862	1	2.209	3	1.690	5	4.834	2	2.170	4	1.278	9
2004	7.928	1	1.987	3	1.544	5	4.245	2	1.887	4	1.043	9
2005	7.601	1	1.408	4	1.240	5	2.933	2	1.415	3	0.749	8
2006	7.744	1	1.28	3	0.789	5	2.565	2	1.278	4	0.631	9
2007	8.264	1	1.278	3	0.917	5	2.570	2	1.171	4	0.528	10
2008	9.329	1	1.356	3	0.877	5	2.803	2	1.243	4	0.535	10
2009	8.940	1	1.150	4	0.985	5	2.227	2	1.195	3	0.489	9
2010	8.806	1	0.887	4	0.876	5	1.824	2	1.052	3	0.452	8
2011	9.507	1	0.947	4	0.938	5	1.952	2	1.156	3	0.457	8
2012	9.076	1	0.797	5	0.931	4	1.827	2	1.149	3	0.368	10
2013	9.403	1	0.775	5	1.106	4	1.833	2	1.221	3	0.377	10
2014	9.337	1	0.756	5	1.049	4	1.817	2	1.216	3	0.371	10

表4-3　2000—2014年纺织品服装贸易网络中心性指标——中间中心度和特征向量中心度

中间中心度（标准化）

年份	中国 数值	排序	德国 数值	排序	印度 数值	排序	意大利 数值	排序	土耳其 数值	排序	美国 数值	排序
2000	0.772	14	2.390	1	0.455	20	1.746	6	0.813	13	1.814	3
2001	0.731	15	1.775	2	0.552	18	1.775	4	0.957	10	1.333	7
2002	0.867	11	1.509	2	0.529	17	1.508	4	0.811	12	1.150	8
2003	0.789	12	1.228	2	0.421	21	1.227	4	0.659	14	1.173	6
2004	0.805	12	1.138	2	0.346	23	1.137	4	0.781	13	0.920	8
2005	0.725	12	1.099	3	0.470	19	1.098	4	0.867	9	0.899	8
2006	0.559	16	1.042	2	0.473	19	1.041	4	0.818	9	0.993	7
2007	0.525	17	0.914	3	0.401	19	0.913	5	0.765	9	0.768	8

续表

中间中心度（标准化）

年份	中国 数值	中国 排序	德国 数值	德国 排序	印度 数值	印度 排序	意大利 数值	意大利 排序	土耳其 数值	土耳其 排序	美国 数值	美国 排序
2008	0.700	8	0.898	5	0.371	20	1.741	1	0.815	7	0.899	3
2009	0.863	8	1.076	3	0.423	19	2.615	1	0.831	9	0.895	6
2010	0.923	6	1.155	3	0.325	22	2.055	1	1.054	4	0.975	5
2011	0.814	12	1.340	3	0.408	20	1.330	4	1.087	7	1.136	5
2012	0.890	8	1.154	3	0.353	19	2.161	1	0.939	5	0.960	4
2013	0.933	6	1.095	3	0.320	23	1.094	4	0.869	11	0.897	7
2014	0.797	10	1.285	4	0.402	19	1.286	3	1.056	6	0.972	8

特征向量中心度（标准化）

年份	中国 数值	中国 排序	德国 数值	德国 排序	印度 数值	印度 排序	意大利 数值	意大利 排序	土耳其 数值	土耳其 排序	美国 数值	美国 排序
2000	69.679	2	22.58	7	19.779	9	34.755	5	18.961	11	79.385	1
2001	74.821	2	22.092	7	18.335	10	35.760	4	17.531	12	76.568	1
2002	76.862	2	20.512	8	20.715	7	33.735	4	16.600	13	78.738	1
2003	82.063	1	20.873	7	17.132	12	33.460	4	14.754	13	76.343	2
2004	85.885	1	20.015	7	17.173	11	31.313	4	13.315	13	76.088	2
2005	91.037	1	18.535	6	16.823	9	25.712	4	10.815	13	78.314	2
2006	92.560	1	18.437	6	15.495	9	25.004	5	10.916	13	78.383	2
2007	94.074	1	20.361	6	11.561	12	24.742	5	10.241	13	75.035	2
2008	94.046	1	22.437	6	9.963	12	27.126	5	9.774	14	69.334	2
2009	95.289	1	20.231	6	11.272	10	22.338	5	8.980	14	70.980	2
2010	96.126	1	18.051	6	10.534	10	20.613	5	9.729	12	71.759	2
2011	95.917	1	19.927	6	10.537	13	20.657	5	11.154	11	69.067	2
2012	96.162	1	15.960	6	10.845	11	18.255	5	10.714	11	70.232	2
2013	96.225	1	16.308	6	12.004	9	18.065	5	10.916	12	68.334	2
2014	96.288	1	16.015	6	11.958	9	17.845	5	10.250	14	70.036	2

（1）点度中心度。点度中心度分为点出度和点入度，分别表示每个国家纺织品服装增加值的出口和进口的点度中心度。由于本节主要关注中国纺织品服装

增加值出口，因此只研究点出度，略去对点入度的计算和分析。表4-2显示：在点出度方面，中国一直排名第1位，中国的点出度总体上不断上升。意大利虽然排名第2位，但是意大利的点出度远低于中国，例如，2014年，中国为9.337，意大利仅为1.817。且意大利的点出度总体上不断下降，导致意大利的点出度与中国相比差距越来越大。美国排名是6个样本中最靠后的，点出度总体上也不断下降。点出度数据显示，中国在世界纺织品服装增加值出口中拥有极广泛的贸易伙伴，并且贸易伙伴的广泛性相对于其他成员在不断加强，其他主要成员与中国大陆的差距在不断扩大。

（2）中间中心度。表4-3显示：中间中心度指标排名位于前面的是德国和意大利，美国、土耳其的排名总体上也好于中国。中国在6个样品中的排名靠后，排名仅高于印度，但是2008年后中国的排名和中间中心度指标总体上均有所上升。中间中心度数据显示出德国、意大利在世界纺织品服装增加值出口网络中控制其他经济体之间贸易的能力较强，中国在该增加值出口网络中控制其他经济体之间贸易的能力总体表现一般，但是2008年后中国的该能力有所增强。

（3）特征向量中心度。在纺织品服装增加值贸易网络中，特征向量中心度高的经济体通常会更多地融入世界纺织品服装增加值贸易（包括出口和进口）中。表4-3显示：特征向量中心度排名位于前面的是中国和美国，其中2003年以后中国就一直排名第1位。中国的特征向量中心度指标总体上逐年上升，美国的该指标总体上逐年下降，中国与美国在该指标上的差距在2003年后逐渐扩大，如2014年中国为96.288，美国虽排名第2位，但只有70.036。特征向量中心度数据显示出，长期以来中国、美国均高度融入了世界纺织品服装增加值贸易，长期是世界纺织品服装增加值贸易网络的主要出口经济体和进口经济体，但是2002年以前中国融入增加值贸易的程度低于美国。

4.1.4.3 贸易网络的核心——边缘结构分析

图4-7为各个年份的核心、半边缘及边缘区域经济体的数量汇总，表4-4为所选取的6个样本各个年份的网络核心度数值。数据显示，世界纺织品服装增加值贸易网络中存在核心—半边缘—边缘结构，大量经济体属于半边缘、边缘区域，仅有少数经济体处于核心区域。中国、美国、日本3个经济体在所有年份均处于核心区域，2007年以后处于核心区域的经济体由于俄罗斯的加入变为4个，显示出核心区域成员的稳定性。选取的6个样品中，意大利有6个年份处于核心

区域，印度仅有1个年份处于核心区域，而德国、土耳其在所有年份均在核心区域之外。另外，2003年以后，中国的核心度一直排名第1位，美国的核心度一直排名第2位，且中国和美国核心度的差距总体上逐渐扩大，如2003年中国和美国差距为0.136，2014年差距达到0.644。

核心度数据显示出，世界纺织品服装增加值贸易网络存在向少数经济体集中的倾向，核心区域的经济体的构成很稳定，且中国长期处于最为核心的地位。

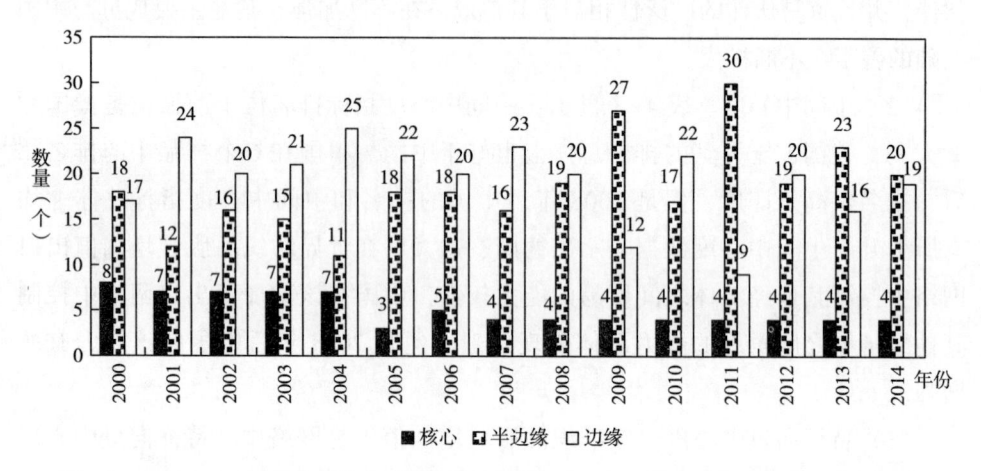

图4-7 2000—2014年全球纺织品服装贸易中核心、半边缘及边缘区域的经济体数量

表4-4 2000—2014年纺织品服装贸易的网络核心度

年份	中国 数值	中国 排序	德国 数值	德国 排序	印度 数值	印度 排序	意大利 数值	意大利 排序	土耳其 数值	土耳其 排序	美国 数值	美国 排序
2000	0.347	3	0.074	12	0.102	8	0.128	7	0.081	11	0.779	1
2001	0.465	2	0.076	14	0.094	8	0.160	5	0.076	12	0.723	1
2002	0.527	2	0.076	12	0.095	8	0.157	5	0.062	15	0.693	1
2003	0.685	1	0.092	9	0.074	12	0.149	5	0.056	14	0.549	2
2004	0.762	1	0.088	9	0.068	12	0.134	4	0.041	14	0.484	2
2005	0.802	1	0.069	9	0.058	11	0.094	4	0.024	18	0.486	2
2006	0.827	1	0.079	7	0.05	12	0.100	5	0.032	16	0.444	2
2007	0.871	1	0.076	6	0.034	12	0.085	7	0.026	16	0.377	2
2008	0.882	1	0.068	7	0.022	16	0.085	5	0.001	39	0.347	2
2009	0.866	1	0.071	6	0.030	14	0.067	7	0.028	15	0.38	2
2010	0.889	1	0.056	6	0.032	16	0.061	5	0.039	13	0.337	2

续表

年份	中国 数值	中国 排序	德国 数值	德国 排序	印度 数值	印度 排序	意大利 数值	意大利 排序	土耳其 数值	土耳其 排序	美国 数值	美国 排序
2011	0.887	1	0.075	5	0.021	16	0.063	7	0.026	14	0.33	2
2012	0.922	1	0.052	6	0.021	16	0.047	7	0.018	17	0.275	2
2013	0.901	1	0.057	7	0.037	11	0.06	5	0.015	19	0.305	2
2014	0.921	1	0.047	7	0.031	13	0.048	6	0.023	17	0.277	2

4.1.4.4 贸易网络的网络分区分析

在世界纺织品服装增加值出口网络中，块模型可以测度出口网络中是否存在小群体以及小群体的组成。表4-5为2000—2014年世界纺织品服装增加值出口网络的分区结果，每个年份的世界纺织品服装增加值出口网络均被分成8个区，为了简化分区情况，5区至8区共计4个区综合在一起，表中主要详细列出1区至4区的情况。

表4-5 2000—2014年纺织品服装贸易网络的分区结果

年份	1区	2区	3区	4区	其他4个区
2000	澳大利亚、日本	美国	印度、巴西、加拿大、中国台湾、中国大陆、墨西哥、韩国、印度尼西亚	土耳其、意大利	剩余30个
2001	澳大利亚、日本	美国	印度、巴西、加拿大、中国台湾、墨西哥	中国大陆、韩国、意大利	剩余32个
2002	澳大利亚、日本	美国	印度、巴西、加拿大、中国台湾、中国大陆、墨西哥、韩国、印度尼西亚	土耳其、意大利	剩余30个
2003	澳大利亚、日本	美国	印度、巴西、加拿大、墨西哥、印度尼西亚	中国大陆、韩国、中国台湾、意大利	剩余31个

续表

年份	1区	2区	3区	4区	其他4个区
2004	澳大利亚、日本	美国	印度、巴西、加拿大、墨西哥、印度尼西亚	中国大陆、韩国、中国台湾	剩余32个
2005	澳大利亚、日本、韩国	美国、加拿大	印度、墨西哥、巴西、印度尼西亚	中国大陆、中国台湾	剩余32个
2006	澳大利亚、日本、韩国	美国、加拿大	印度、中国台湾、中国大陆、墨西哥、巴西、印度尼西亚	意大利	剩余31个
2007	澳大利亚、日本、韩国、俄罗斯	加拿大、美国	印度、中国大陆、中国台湾、印度尼西亚、墨西哥、巴西	意大利	剩余30个
2008	澳大利亚、挪威、英国、日本	巴西、加拿大、韩国、美国	印度、中国大陆、墨西哥、印度尼西亚、中国台湾	意大利	剩余29个
2009	澳大利亚、挪威、英国、日本、俄罗斯	巴西、加拿大、美国、韩国	中国大陆、中国台湾	印度、墨西哥、印度尼西亚	剩余29个
2010	澳大利亚、丹麦、意大利、日本、巴西、加拿大、美国、西班牙、瑞典、马耳他、德国、荷兰、挪威、俄罗斯、芬兰、韩国	爱沙尼亚、英国	中国大陆、中国台湾	印度、墨西哥、印度尼西亚	剩余20个
2011	澳大利亚、爱沙尼亚、挪威、日本、巴西、加拿大、英国、马耳他、瑞典、丹麦、俄罗斯、韩国、美国	比利时、西班牙、意大利、芬兰、法国、德国、荷兰	中国大陆、中国台湾	墨西哥、印度、印度尼西亚	剩余18个

续表

年份	1区	2区	3区	4区	其他4个区
2012	澳大利亚、丹麦、西班牙、日本、巴西、加拿大、美国、挪威、瑞典、马耳他、荷兰、俄罗斯、芬兰、韩国	英国、爱沙尼亚	中国台湾、中国大陆	墨西哥、印度、印度尼西亚	剩余22个
2013	澳大利亚、爱沙尼亚、巴西、西班牙、日本、英国、加拿大、韩国、马耳他、美国	比利时、瑞典、斯洛文尼亚、西班牙、德国、芬兰、挪威、丹麦、荷兰、俄罗斯	中国台湾、中国大陆	墨西哥、印度、印度尼西亚	剩余19个
2014	澳大利亚、挪威、巴西、日本、美国、加拿大、荷兰、马耳他、芬兰、俄罗斯、韩国	斯洛文尼亚、比利时、英国、瑞典、丹麦、西班牙、德国、爱沙尼亚	意大利、中国大陆、中国台湾	墨西哥、印度、印度尼西亚	剩余18个

网络分区状况显示出以下特点。

（1）小群体的划分中，美国在2004年之前表现都非常独立，2区这个小群体仅有美国一个国家；2004年以后美国所在的小群体中经济体的数量不断增加，最初几年主要是加拿大加入，然后巴西、韩国加入；2010年之后美国融入1区，所在小群体中经济体数量众多。

（2）中国所属群体在2008年之前包含的经济体的数量相对较多，且中国大陆、中国台湾、韩国、意大利等几个经济体长期处于同一小群体。但2008年之后包含的经济体数量明显减少，主要包括中国大陆、中国台湾。

（3）中国在纺织品服装增加值出口中与较多世界主要经济体（如韩国、印度等）之间的联系在逐渐减弱；美国在增加值出口中与很多世界主要经济体（如加拿大、韩国等）之间的联系在加强。很明显北美自由贸易区在纺织品服装增加值出口中未发挥显著的作用。

4.1.5 研究结论及政策建议

4.1.5.1 研究结论

本节以 2000—2014 年的世界纺织品服装增加值出口网络为研究对象，构建了 15 个年份的 43×43 的 1-模邻接矩阵，使用社会网络分析方法，对世界纺织品服装增加值出口网络结构进行了测度，并根据网络结构的测度结果对中国在世界纺织品服装增加值出口中的地位状况变化进行了分析，得出如下研究结论。

（1）世界纺织品服装增加值贸易网络是一种不均衡贸易网络，经济体之间的纺织品服装增加值贸易联系在第二个阶段变得更为紧密。

（2）中国在世界纺织品服装增加值出口中拥有极其广泛的贸易伙伴，并且中国贸易伙伴的广泛性不断加强，但是中国控制其他经济体之间贸易的能力总体表现一般，而德国、意大利控制其他经济体之间贸易的能力较强。

（3）中国、美国均高度融入了世界纺织品服装增加值贸易，长期以来既是该贸易网络的主要出口成员，也是主要的进口成员。

（4）中国长期处于世界纺织品服装增加值贸易网络中最为核心的地位，且贸易网络存在向少数核心区域成员集中的倾向，核心区域成员长期稳定为中国、美国、日本、俄罗斯。

（5）中国所在小群体呈现收缩的特征，美国所在的小群体呈现为扩张的特征，但是北美自由贸易区未发挥显著的作用，导致墨西哥未能融入该小群体。

4.1.5.2 政策建议

总体上，2000—2014 年中国在世界纺织品服装增加值出口网络中的地位和作用突出，但是中国控制其他经济体之间贸易的能力总体表现一般，且中国与部分主要经济体之间的联系呈现逐渐减弱的状况。为了实现我国纺织品服装增加值出口的可持续发展，提出如下政策建议。

（1）需重视和增大中间产品的出口。为了能增强中国在纺织服装增加值出口网络中的控制能力，中国需重视和增大中间产品的出口，特别是增加高质量、高附加值的中间产品的出口，比如高性能的长短丝，差别化、多功能的面料等。2000—2014 年，中国的纺织品服装中最终产品出口额/中间产品出口额的比例在 3.7~5.1 波动，中间产品的出口明显偏低。

（2）需为高质量、高附加值中间产品提供技术服务支撑。Macpherson（2008）发现中小制造业的创新效率可以通过引入外部的技术服务这种方式得以提升。袁征宇等（2020）认为中国出口产品质量的提升可以通过投入服务化来实现。因此，中国纺织服装产业应该通过自身或外部的技术服务来提升中间产品的质量和附加值。虽然发达国家在高性能产品上整体领先，但中国有大量的高水平的纺织行业科研人员，因此部分领域仍有机会突破，比如，武汉纺织大学研发的，2009年获得国家科技进步一等奖的"高效短流程嵌入式复合纺纱"技术，实现了超高支纺纱，为技术的合作开发方——如意集团增加利润4.3亿元、出口创汇2.1亿元。同样为武汉纺织大学研发的"柔洁纺"技术，比国际类似先进技术降低成本一半以上❶。我国于2020年提出了"创新要素投入""优化出口产品结构，提高出口产品质量"❷，我国纺织服装产业正好以此为契机，在对外贸易创新政策的支撑下，实现产品优化和产业升级，提升中间产品的质量和附加值。

（3）通过"微创新"和国际营销公共平台开拓东欧市场。东欧市场与中国的联系长期较为薄弱，中国在维持与亚洲、北美国家联系的同时，以"一带一路"倡议的实施为契机，注意开拓东欧市场。东欧国家的收入总体低于西欧国家，中国的中低档纺织品服装有较多潜在机会进入该市场。东欧国家的气候、消费习惯相近，打进一个市场就很容易打开一片市场，经过一定时间的沉淀，有较大机会培育出目标消费者对中国品牌的忠诚度。一方面，通过非科技类的"微创新"增加产品的吸引力。比如，有的企业就通过开发与Hip-Hop文化相关联的肥大牛仔裤而赢得市场；有的企业直接在纺织环节将金丝线织进布料中，然后生产出金属感的牛仔裤赢得市场。另一方面，我国也指出要推进国际营销公共平台建立❸，助力企业开拓国际市场。我国的纺织服装产业应积极利用国际营销平台提升增加值贸易中的东欧市场开拓效率。

（4）充分利用贸易协定参与全球价值链，抑制中国所在小群体的收缩态势。Lee（2019）发现贸易协定的各类条款对发展中国家参与全球价值链的作用，认为关税减让条款、服务贸易自由化条款均有利于发展中国家参与全球价值链。张玉兰等（2020）的研究也认为贸易政策显著促进全球价值链地位上升，但产业政策的作用不大。2020年区域全面经济伙伴关系协定（RCEP）的正式签署标志着全球最大的自由贸易区正式启动，对于提升中国纺织服装产业参与全球价值链

---

❶ 中国产业经济信息网．湖北柔洁纺技术通过专家鉴定［EB/OL］．http://www.cinic.org.cn/zgzz/cx/138390.html?from=timeline.

❷ 来源于我国国务院办公厅于2020年10月发布的《关于推进对外贸易创新发展的实施意见》。

❸ 同❷。

的状况正好是一个机遇。协议生效后，成员之间大量的货物贸易会享受到零关税以及各方面的贸易便利化，中国可以充分利用 RCEP 的贸易政策更深入地参与全球价值链，同时这有利于抑制增加值贸易中我国所在小群体的收缩态势，有利于中国对东亚市场和大洋洲市场的开拓。

4.2 中国化工产品增加值出口变化的社会网络分析

化工产业为新材料、新能源、生物医药等产业提供重要支撑，是我国的支柱性产业，同时化工产品也与人们的日常生活密切相关。在世界化工产品出口中，中国长期是世界主要的化工产品出口国。图4-8列出了2020年全球化工产品出口最多的15个经济体及占比数据，中国排第3位，我国化工产品出口占世界化工产品出口的9.0%❶，仅低于德国和美国（占比分别为13.2%和10.9%）。印度的占比为3.2%，远低于中国的占比。

中国化工产品面临频繁的反倾销贸易摩擦，出口形势严峻。1995—2020年中国化工产品遭受到的国外倾销调查数量排第2位，占中国遭受反倾销总量的18.1%（排第1位的是贱金属，占中国遭受反倾销总量的31.1%）❷。

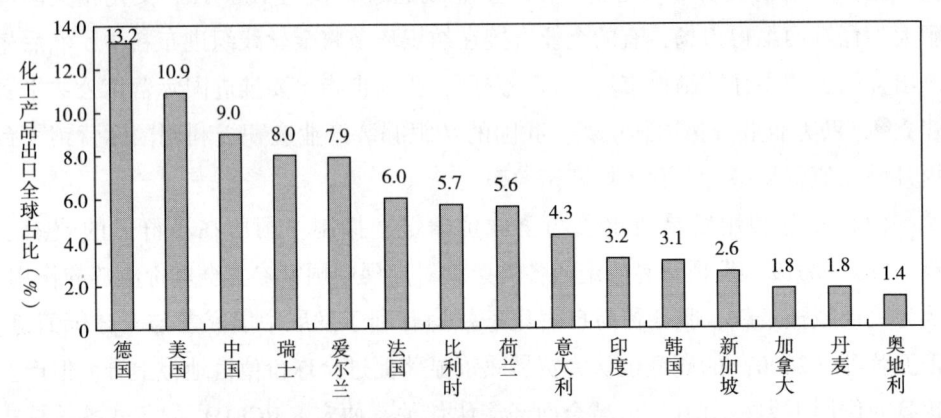

图 4-8 全球化工产品出口最多的国家及占比（2020年）

资料来源：根据联合国 UNcomtrade 数据库统计数据计算。

---

❶ 根据联合国 UNcomtrade 数据库统计数据计算得到。
❷ 根据 WTO 反倾销统计数据计算得到。

在全球价值链分工模式下，传统的贸易额核算面临着严重的重复计算问题。以下面这条产业链为例进行说明：原油→石脑油→丁二烯→合成树脂、尼龙等。本国从国外进口丁二烯，以进口的丁二烯为投入品生产出尼龙，并将尼龙出口到国外；或者本国从国外进口了原油，用进口原油生产出中间产品丁二烯，然后将丁二烯出口到国外，国外生产出尼龙又被本国进口返回国内。诸如此类错综复杂的情况导致传统的贸易统计数据无法准确反映一国国内创造的增加值的真实贸易情况。传统的贸易统计数据也使各国之间的贸易不平衡状况严重失真，明显扭曲各国所获得的分工和贸易利益。

在全球价值链背景下，为提升贸易分析的有效性，使用增加值贸易的相关统计数据进行贸易流量与贸易利益的分析是更为合理的选择。研究中国化工产品的增加值出口变化情况，有利于准确反映中国化工产品的真实出口状况和提升获利能力，对促进中国化工产业利润增加以及在反倾销贸易摩擦频繁发生的状况下保护中国化工企业的生存等方面具有重要意义。

4.2.1 研究概况

现有文献对制造业增加值方面的研究较为丰富。有的是以制造业整体为主进行了分析，如李平等（2010）对中国制造业增加值增速、增加值率、机械电子产业增加值占制造业的比重等有关中国制造业可持续发展的多种目标进行了预测研究。唐泽地等（2020）对世界各国制造业增加值率的一般规律、中国制造业增加值率的变化特征进行了研究。也有专门针对制造业中的某些子行业或子行业的汇聚类别进行了分析，如王直等（2015）对中日电气和光学设备的增加值进行了测算，发现中国高端制造业的竞争优势并不明显。聂聆、李三妹（2014）对中国纺织品、皮革与鞋类产品的增加值收入状况进行了分析，发现该行业在 GVC 分工中具有比较优势。余丽丽、潘安（2021）对中国的中高/高技术制造业这种汇聚类别的增加值出口进行了研究。除了针对制造业增加值进行研究外，还有少量研究扩展到农业（崔宏芳，2017）和服务业（陈丽娴等，2016；杨坤鹏、戴翔，2016）。

文献检索显示仅有极少的相关研究将社会网络分析（SNA）方法运用到增加值贸易研究领域。孙天阳等（2018）用社会网络分析法对 2000—2015 年制造业出口增加值的网络相关性、网络拓扑结构和社团演化等特征进行了研究，但是该研究是将制造业作为一个整体进行分析，并未专门针对化工产品（或化工产业）进行研究。邓光耀（2019）对 2000—2014 年 44 个国家（或地区）的 56 个行业的增加值贸易数据进行了社会网络分析，该文献仅在展示增加值贸易数据时进行了行业细分，在社会网络分析时仍采用所有行业加总后的增加值贸易总量进行研究。

上述文献对于中国的制造业、农业、服务业等不同产业的增加值贸易进行了积极的探索，但是未能将化工产品单独作为一个大类产品进行增加值贸易的研究。不同的产业或不同的产品有其独特的贸易状况和特征，制造业的整体状况也无法代表所有产业的独特状况，因此要完整解读中国化工产品的增加值贸易状况则需要对该产品进行专门分析。

中国在化工产品增加值贸易网络中的网络地位不是一成不变的，因此本节拟运用社会网络分析方法专门针对中国化工产品增加值出口的状况进行研究，分析我国的贸易网络地位的变化。该方法在贸易网络的研究方面有独特的优势，若能专门对化工产品增加值贸易网络进行研究，剖析中国在该网络中的网络地位变化状况，这对于从不同层面了解中国化工产品增加值贸易状况有积极的作用，有利于对中国化工产品增加值贸易状况的理解和准确判断。

本节的边际贡献主要在于：
（1）从全球价值链的视角专门研究化工产品的增加值贸易；
（2）将社会网络分析方法运用于化工产品增加值贸易的研究；
（3）从时间序列的动态变化分析中国的网络地位的纵向变动；
（4）对发达国家（德国、美国）和发展中国家（中国、印度）的网络地位进行横向对比，分析中国的网络地位与他国的横向差距。

4.2.2 中国化工产品增加值出口概况

全球价值链的关键数据是增加值，一国产品增加值出口只是整个出口的一部分，本节所研究的"增加值出口"是指最终被国外吸收的国内增加值的出口。该指标由两个部分构成：最终产品出口中的包含的增加值和中间产品出口中包含的增加值（包括进口国直接吸收的和再生产过程中被第三国间接吸收的）。按传统方法统计的一国出口总额中，被国外吸收的国内增加值仅是其中的一部分而已，但是被国外吸收的国内增加值能真实地反映一国产品出口中的实际所得，能更真实地反映实际的贸易利益的大小。

图 4-9 为中国化工产品在 2000—2014 年❶的增加值出口额及增加值出口占比

---

❶ 由于该增加值数据来源于对外经济贸易大学的 UIBE GVC Indicators 数据库，该数据库基于 WIOD2016 的投入产出数据表得到的全球价值链的相关数据时间段为 2000—2014 年，即该数据的最新年份截至 2014 年。

第4章 全球价值链演进下中国工业品增加值出口变化的社会网络分析

情况。数据显示，中国化工产品增加值出口总体上逐年上升，但 2009 年是一个例外，2009 年的增加值出口较 2008 年出现了较大的下降（这种情况在中国的贱金属、纺织品服装、机电设备等的增加值出口中均同样存在，是一种共性状况）。这可能由于 2008 年金融危机导致全球贸易需求萎缩，导致化工产品贸易也同样萎缩，因此 2009 年中国化工产品增加值出口也相应出现下滑。

中国化工产品增加值出口占比的变化呈现 W 形的状态，分为四个阶段：第一个阶段为 2006 年之前，主要呈下降状态；第二个阶段为 2006—2009 年，主要呈上升状态；第三个阶段为 2009—2011 年，主要呈下降状态；第四个阶段为 2011—2014 年，主要呈上升状态。

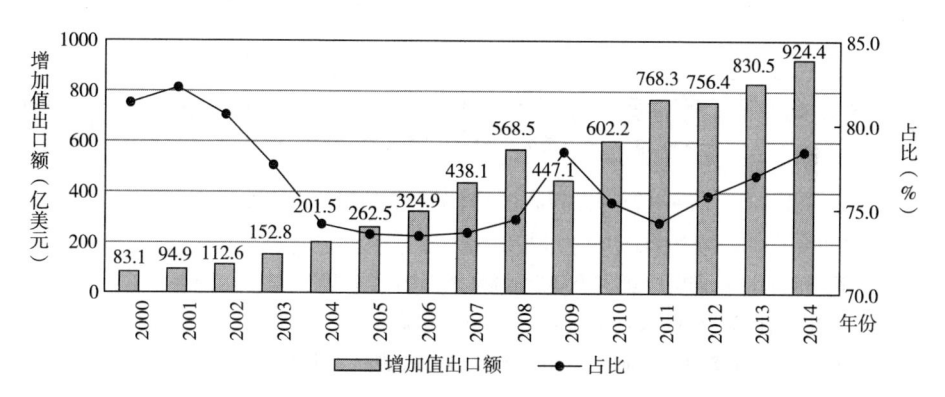

图 4-9　中国化工产品增加值出口额及增加值出口占比（2000—2014 年）

注　占比＝中国化工产品增加值出口额/中国化工产品出口额×100%。

资料来源：根据 UIBE GVC Indicators 数据库统计数据整理计算得到。

为了对比中国与世界其他主要的化工产品出口成员的增加值出口状况，从世界最主要的化工产品出口成员中选取了德国、美国、中国、印度共 4 个样品。其中 2 个为发达国家（德国、美国），另外 2 个为发展中国家（中国、印度）。本节主要对比了这 4 个样品的化工产品增加值出口的占比差（图 4-10），"占比差"主要表现了一国增加值出口占比与传统总值贸易出口占比之间的背离状况。从图 4-10 中可看出，在 2000—2014 年，美国的占比差指标明显地高于其他 3 个成员。中国的占比差指标持续增长，与美国的差距逐渐缩小。德国的占比差指标在 2005 年之后总体上呈向下趋势，且与中国的差距逐渐增大。印度的占比差指标接近于 0，且很稳定，没有明显波动，几乎是一条直线。

在 4 个样品中，美国的该指标明显高于其他成员，显示出美国化工产品增加值出口与传统总贸易出口的正向背离状况最为明显。这说明美国化工产品增加值出口在全球化工产品增加值出口一直拥有较高的占比，并扮演着重要的角色。中国的占比差指标在2006年后领先德国、印度的差距明显加大，这种状况说明中国化工产品增加值出口在全球化工产品增加值出口中占有了越来越大的比例，扮演着越趋重要的角色。

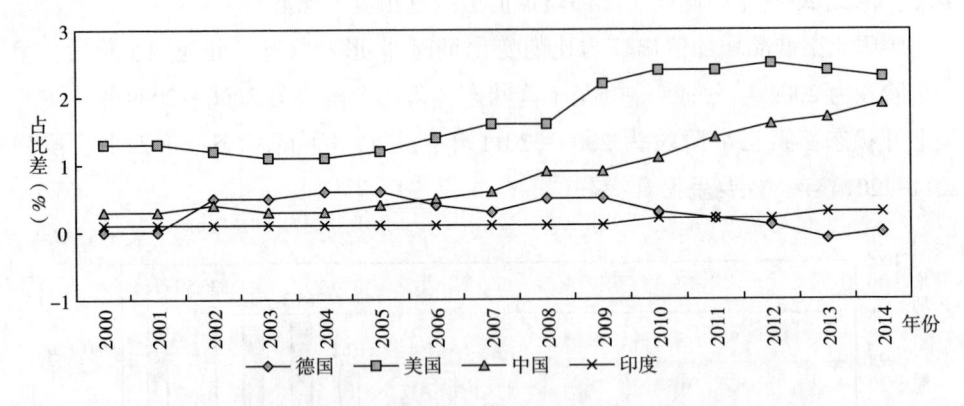

图4-10 4个样品化工产品增加值出口占比差

注 各国的占比差=占比1-占比2
各国的占比1=该国化工产品DVA出口额/全球化工产品DVA出口额×100%
各国的占比2=该国化工产品出口额/全球化工产品出口额×100%
资料来源：根据UIBE GVC Indicators数据库统计数据整理计算得到。

本节还测算了4个样本的化工产品增加值出口额/该国化工产品出口额的占比指标（图4-11），中国的化工产品增加值出口占比与美国比较接近，2004—2012年中国的该占比略低于美国，其余年份中国高于美国。印度的占比居中，且在绝大多数年份都低于中国。该占比最低的是德国，且与其他3个国家有较大差距，德国作为全球化工产品出口最多的国家并不是化工产品增加值出口占比最高的国家。2014年数据显示，中国排第1位（占比为78.4%），美国排2位（占比为75.9%），印度排第3位（占比为72.2%），德国排第4位（占比为62.2%）。这似乎与我们所想象的不太一样，我们传统上认为发达国家出口的化工产品的附加值或增加值应该比较高。本节用表4-6的数据对此进一步解读。表4-6显示这4个国家均以中间产品的出口为主。美国的最终产品增加值出口/最终产品出口总额在绝大多数年份（2014年除外）均高于中国，说明美国最终产品中包含的增加值较多；但是美国的中间产品增加值出口/中间产品出口总额在大多数年份是低于中国的，说明美国中间产品中包含的增加值相对于中国偏少，最终导致图4-11中在整个化工产品的增加值出口占比上中国与美国较为接近。中国在最终产品和中间产品表现均好于印度，因此导致图4-11中中国的线条高于印度。德国无论最终产品还是中间产品的状况均低于中国和美国较多，最终导致图4-11中在整个化工产品的增加值出口占比上表现不佳。这可能跟德国在生产上大量使用了包含较高比例的国外增加值的产品、对国外增加值较高程度的依赖等原因有关。德国研究机构的研究结果也印证了德国的出口中的确存在对国外增加值较高程度的依赖，2013年德国伊福经济研究所（IFO）发布的研究报告中指出：德国出口产品中在国外实现的增加值比重有显著增加，1995年德国出口产品中的国外增加值比例为13.5%，在2008年增长为20%，是美国和日本（分别为9.3%和10.8%）的2倍❶。

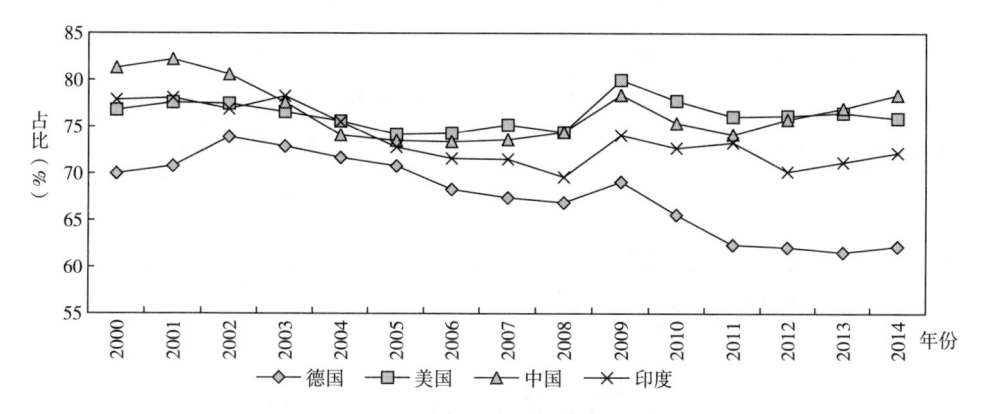

图4-11 4个样品化工产品增加值出口占比（%）

注 各国的占比＝该国化工产品增加值出口额/该国化工产品出口额×100%

资料来源：根据UIBE GVC Indicators数据库统计数据整理计算得到。

表4-6 4个样本化工产品出口的各类占比

年份	最终产品出口额/中间产品出口额（倍）				最终产品增加值出口/最终产品出口总额（%）				中间产品增加值出口/中间产品出口总额（%）			
	德国	美国	中国	印度	德国	美国	中国	印度	德国	美国	中国	印度
2000	0.3	0.3	0.2	0.1	79.0	89.0	86.7	78.8	67.6	73.1	80.3	77.8
2001	0.3	0.3	0.2	0.1	79.1	90.0	87.4	78.9	68.0	73.7	81.2	78.0
2002	0.3	0.3	0.2	0.1	81.1	90.0	86.6	77.9	71.5	73.6	79.5	76.8
2003	0.3	0.3	0.2	0.1	80.8	88.3	84.3	79.2	70.3	73.0	76.2	78.1

---

❶ 中国驻法兰克福总领馆经商处．中国和中东欧国家是德国出口产品中国外增加值主要来源地［EB/OL］．http://frankfurt.mofcom.gov.cn/article/xgjg/201303/20130300071065.shtml．

续表

年份	最终产品出口额/中间产品出口额（倍）				最终产品增加值出口/最终产品出口总额（%）				中间产品增加值出口/中间产品出口总额（%）			
	德国	美国	中国	印度	德国	美国	中国	印度	德国	美国	中国	印度
2004	0.3	0.3	0.2	0.1	80.0	87.0	81.0	76.6	68.8	72.3	72.5	75.4
2005	0.3	0.3	0.2	0.1	79.6	85.4	80.6	74.0	67.7	71.0	72.0	72.7
2006	0.4	0.3	0.2	0.1	77.3	85.5	81.1	73.0	65.1	71.2	71.9	71.4
2007	0.4	0.3	0.2	0.1	76.0	85.5	81.1	73.1	64.2	72.4	72.0	71.3
2008	0.4	0.3	0.2	0.1	76.5	83.7	82.9	71.4	63.4	71.9	72.8	69.4
2009	0.4	0.3	0.2	0.1	77.9	88.6	86.1	75.8	65.8	77.2	76.7	73.9
2010	0.4	0.3	0.2	0.1	75.5	86.7	84.2	74.6	62.5	75.4	73.7	72.4
2011	0.3	0.2	0.2	0.1	73.5	84.8	83.4	75.2	59.1	73.9	72.5	73.1
2012	0.3	0.3	0.2	0.1	73.3	85.1	84.6	72.5	58.8	73.9	74.2	69.9
2013	0.3	0.3	0.2	0.1	72.7	85.5	85.4	73.6	58.3	74.1	75.4	70.9
2014	0.3	0.3	0.2	0.1	73.5	85.6	86.8	74.6	59.0	73.5	76.9	71.9

资料来源：根据 UIBE GVC Indicators 数据库统计数据整理计算得到。

4.2.3 中国化工产品增加值出口网络的实证分析

本节对 UIBE GVC Indicators 数据库中基于 WIOD2016 投入产出数据表得到的基础数据进行了挖掘，得到了本节所需的化工产品增加值出口数据。该增加值数据涉及 2000—2014 年的 43 个经济体，本节则以该 43 个经济体为研究样本，对 2000—2014 年的化工产品增加值出口数据进行了整理和计算。全球最主要的参与化工产品贸易的经济体均包含在这 43 个经济体中，并且地理位置分布广泛。另外，这些经济体的化工产品增加值出口总额占到全球化工产品增加值出口总额的绝大多数，能够有效分析中国在全球化工产品增加值出口的贸易网络地位变化状况。

为了准确分析中国在全球化工产品增加值出口的贸易网络地位变化状况，本节依据上述 43 个经济体在 2000—2014 年的化工产品增加值出口数据，构建了 43×43 的邻接矩阵（每个年份一个矩阵，共计 15 个）。本节对 15 个年份均进行了社会网络相关指标的测度，并对各年度的指标进行时间序列上的纵向比较分析和经济体之间的横向比较分析。文中使用 UCINET 软件辅助进行化工产品增加值出口的网络结构测度。

4.2.3.1 贸易网络图与网络密度分析

若每个年份均绘制网络图则占用篇幅太多,因此本节以 2007 年为界,只绘制两个阶段(2000—2007 年为第一个阶段,2008—2014 年为第二个阶段)的全球化工产品增加值出口网络图(分别见图 4-12 和图 4-13)。为了使连线更易识别,本节设定增加值出口额达到 10 亿美元以上才显示连线。连线的粗细与增加值出口额相对应,且连线均具有方向性。

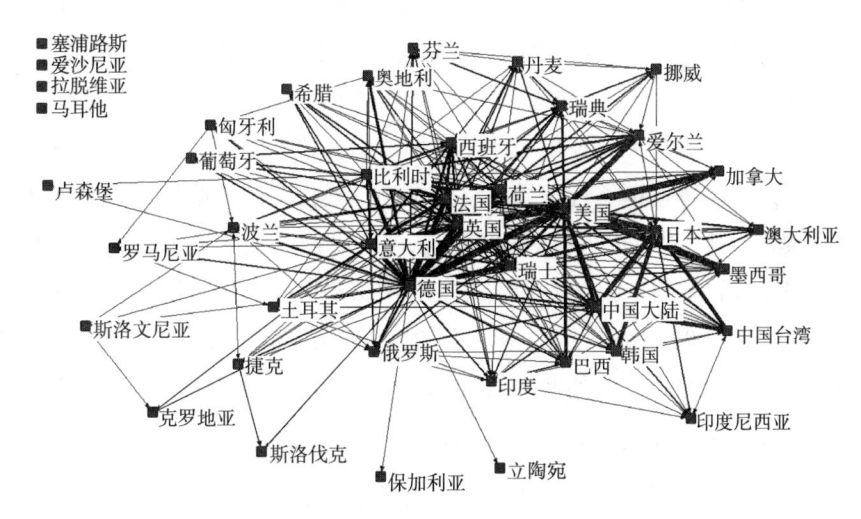

图 4-12 2000—2007 年全球化工产品增加值出口网络图(10 亿美元以上出口额)

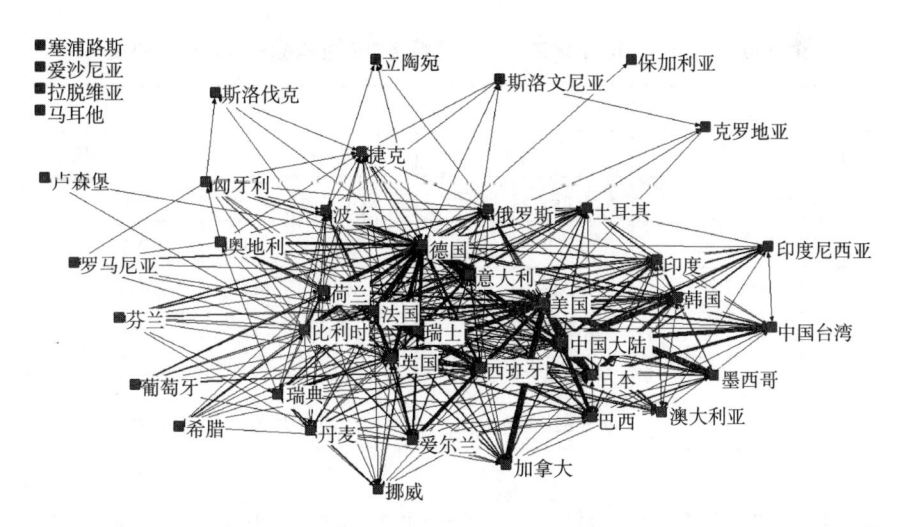

图 4-13 2008—2014 年全球化工产品增加值出口网络图(10 亿美元以上出口额)

在2000—2007年和2008—2014年均有4个经济体未与其他经济体发生化工产品增加值贸易（见图4-12和图4-13左上角）。图4-12显示：在2000—2007年，英国、法国、德国、瑞士、美国、意大利、日本、中国、比利时、西班牙等化工产品增加值出口的主要国家处于贸易网络的中心，且连线均较粗，说明这些经济体的化工产品增加值贸易额较大；另外，爱尔兰虽是主要的化工产品增加值出口成员，但增加值进口不多，这导致爱尔兰有较粗的连线但在网络图中偏向外围。2000—2007年美国是全球最大的化工产品增加值出口成员和进口成员，因此将爱尔兰与美国进行对比：爱尔兰的出口约为美国的26.2%，爱尔兰的进口仅为美国的7.7%。若将中国与美国进行对比，该数据分别为28.2%和35.3%。图4-13显示：在2008—2014年，美国、中国、日本、西班牙、瑞士、英国、法国、德国、意大利等化工产品增加值出口的主要成员仍处于贸易网络的中心。中国大陆的位置更靠近贸易网络的中心，其化工产品增加值贸易的排名较第一个阶段有所提高❶。也可以观察到，在两个阶段，加拿大、墨西哥分别与美国之间均明显存在较粗的连线，说明北美自由贸易区的作用长期存在。

网络密度由2000—2007年的1805.9095上升为2008—2014年的2539.5825，反映出经济体之间的化工产品增加值贸易联系变得更为紧密。

4.2.3.2 贸易网络的中心性分析

表4-7为4个样品本的点度中心度年度数值，表4-8为4个样本的中间中心度和特征向量中心度年度数值。表中的数值均进行了标准化处理。

表4-7 2000—2014年化工产品贸易网络中心性指标——点度中心度

年份	德国 数值	德国 排序	美国 数值	美国 排序	中国大陆 数值	中国大陆 排序	印度 数值	印度 排序
	\multicolumn{8}{c	}{点出度（标准化）}
2000	12.545	2	15.759	1	2.178	11	0.946	19
2001	13.115	2	16.025	1	2.695	11	1.073	18
2002	13.927	2	16.163	1	3.101	11	1.229	18
2003	15.727	1	15.569	2	3.640	11	1.203	18
2004	17.101	1	15.628	2	4.213	11	1.359	18

---

❶ 在第二阶段，出口排名前三位的分别为美国、德国、中国。在第一个阶段，出口排名前三位分别是美国、德国、英国，中国仅排名第10位；进口排名前三位分别是美国、德国、法国，中国排名第4位。

续表

年份	点出度（标准化）							
	德国		美国		中国大陆		印度	
	数值	排序	数值	排序	数值	排序	数值	排序
2005	17.699	1	16.586	2	5.487	9	1.615	18
2006	16.657	1	15.722	2	5.738	7	1.661	16
2007	17.771	1	16.163	2	6.743	6	1.417	19
2008	18.494	1	16.143	2	8.088	5	1.393	18
2009	19.483	1	18.762	2	7.845	5	1.604	18
2010	17.468	2	18.154	1	8.884	3	1.780	18
2011	17.257	2	17.673	1	10.296	3	2.033	17
2012	15.313	2	16.282	1	9.212	3	2.100	15
2013	15.812	2	15.942	1	9.745	3	2.396	14
2014	15.529	1	15.263	2	10.256	3	2.110	15

表4-8　2000—2014年化工产品贸易网络中心性指标——中间中心度和特征向量中心度

年份	中间中心度（标准化）							
	德国		美国		中国		印度	
	数值	排序	数值	排序	数值	排序	数值	排序
2000	1.732	1	1.194	6	0.410	21	0.496	18
2001	1.392	3	1.392	4	0.277	23	0.319	21
2002	0.977	5	1.276	1	0.235	25	0.366	22
2003	0.889	6	0.889	5	0.339	23	0.218	30
2004	0.976	1	0.688	5	0.340	19	0.269	25
2005	0.937	1	0.497	13	0.345	19	0.256	25
2006	0.807	1	0.487	9	0.275	22	0.405	13
2007	0.534	1	0.413	7	0.463	5	0.211	24
2008	0.416	1	0.320	13	0.363	10	0.172	26
2009	0.641	1	0.385	9	0.525	4	0.244	23
2010	0.431	1	0.335	11	0.383	9	0.212	22
2011	0.382	1	0.276	11	0.336	8	0.191	26
2012	0.350	1	0.272	14	0.299	11	0.168	28

续表

| 年份 | 中间中心度（标准化） ||||||||
| | 德国 || 美国 || 中国 || 印度 ||
	数值	排序	数值	排序	数值	排序	数值	排序
2013	0.342	1	0.256	15	0.284	8	0.142	28
2014	0.326	1	0.277	12	0.326	8	0.115	32

特征向量中心度（标准化）

| 年份 | 德国 || 美国 || 中国 || 印度 ||
	数值	排序	数值	排序	数值	排序	数值	排序
2000	56.803	2	76.592	1	16.590	13	4.878	24
2001	57.430	2	75.153	1	16.961	13	5.504	23
2002	55.955	2	74.622	1	19.306	13	5.648	24
2003	59.581	2	71.449	1	21.059	12	5.515	25
2004	62.312	2	68.668	1	25.131	9	5.975	25
2005	61.611	2	68.511	1	28.772	7	7.213	23
2006	61.212	2	69.261	1	29.172	6	7.437	21
2007	62.708	2	66.841	1	30.973	5	7.299	24
2008	62.750	2	68.525	1	34.997	5	8.096	22
2009	58.357	2	69.800	1	37.556	5	7.986	23
2010	53.719	2	71.443	1	46.444	3	11.182	18
2011	54.123	2	71.275	1	47.922	3	12.431	18
2012	53.179	2	73.241	1	48.571	3	13.769	18
2013	54.914	2	71.742	1	50.087	3	15.021	17
2014	55.547	2	72.200	1	51.187	3	15.313	17

（1）点度中心度。点度中心度分为点出度和点入度，分别表示每个经济体化工产品增加值的出口和进口的点度中心度。由于本节主要关注中国化工产品增加值出口，因此只研究点出度，略去对点入度的计算和分析。表4-7显示：在点出度方面，德国和美国的点出度一直最高，轮流排名第1位或第2位。中国的点出度低于德国、美国较多，但是中国点出度总体上不断上升，由2000年的第11位攀升到2014年的第3位，与德国、美国的差距不断缩小。印度的点出度排名最低，排名仅有少量上升，且点出度远低于其他3个样本，例如：2014年，中国为10.256，印度仅为2.110。

点出度数据显示，虽然德国、美国在世界化工产品增加值出口中的贸易伙伴最为广泛，但中国大陆在出口中贸易伙伴的广泛性不断加强，与德国、美国的差距不断缩小。

（2）中间中心度。表4-8显示：中间中心度指标表现最好的是德国，除了3个年份外，其余所有年份均排名第1位。美国的排名存在较大波动，但总体上呈现下降状况（2014年排名第12位）。中国的排名呈现波动中上升的状况，且2007年以后排名上升明显（2014年排名第8位，超过美国）。印度的排名呈现波动中缓慢下降的状况（2014年排名第32位）。

中间中心度数据显示出德国在世界化工产品增加值出口网络中控制其他经济体之间贸易的能力最强，美国的该能力有所下降。中国在该增加值出口网络中控制其他经济体之间贸易的能力在2007年后明显增强，且强于美国。印度在网络中控制其他经济体之间贸易的能力表现不佳。

（3）特征向量中心度。在化工产品增加值贸易网络中，特征向量中心度高的经济体通常会更多地融入世界化工产品增加值贸易（包括出口和进口）中。表4-8显示：特征向量中心度排名位于最前面的是美国，一直排名第1位，德国紧随其后，一直排名第2位。中国的特征向量中心度指标逐年上升，由2000年的第13位上升到2014年的第3位。印度的特征向量中心度总体上呈现波动上升的状况，2014年排名第17位，但较之中国仍存在较大差距。美国在该指标上的优势明显，在指标数值上比排名第2位的德国高出较多。中国在2010年开始排名第3位，与德国相比在指标数值上差距不大，如2014年中国为51.187，德国稍高一些，达到55.547。

特征向量中心度数据显示出，长期以来美国、德国高度融入世界化工产品增加值贸易，长期是世界化工产品增加值贸易网络的主要出口国和进口国。中国融入增加值贸易的程度不断增加，2010年以后与德国的差距明显缩小，越趋接近德国的水平。印度在融入增加值贸易的程度方面表现一般，与其他3个样本存在较大差距。

4.2.3.3 贸易网络的核心—边缘结构分析

图4-14为各个年份的核心、半边缘及边缘区域经济体的数量汇总，表4-9为所选取的4个样本各个年份的网络核心度数值。数据显示，世界化工产品增加值贸易网络中存在核心—半边缘—边缘结构。约70%的经济体属于半边缘、边缘区域，约30%的经济体处于核心区域。处于核心区域的经济体数量变化不大，维

持在14个左右。

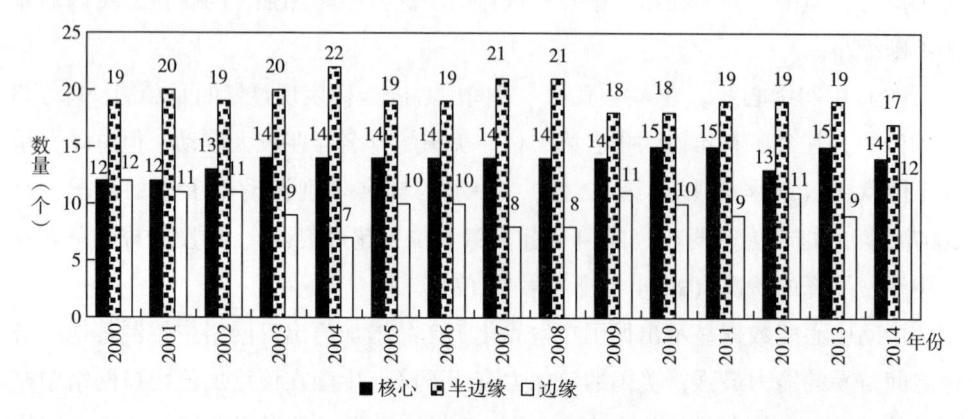

图4-14 2000—2014年全球化工产品核心、半边缘及边缘区域的经济体数量

表4-9 2000—2014年化工产品贸易的网络核心度

年份	德国 数值	德国 排序	美国 数值	美国 排序	中国 数值	中国 排序	印度 数值	印度 排序
2000	0.342	2	0.706	1	0.081	13	0.027	23
2001	0.355	2	0.688	1	0.093	13	0.035	20
2002	0.353	2	0.661	1	0.106	13	0.035	21
2003	0.417	2	0.612	1	0.123	12	0.033	20
2004	0.477	2	0.547	1	0.145	11	0.043	19
2005	0.457	2	0.572	1	0.172	8	0.045	20
2006	0.462	2	0.583	1	0.177	6	0.050	19
2007	0.514	2	0.540	1	0.185	6	0.049	19
2008	0.505	2	0.551	1	0.221	5	0.047	20
2009	0.448	2	0.599	1	0.223	5	0.049	18
2010	0.367	2	0.662	1	0.291	3	0.062	18
2011	0.363	2	0.655	1	0.314	3	0.066	18
2012	0.337	2	0.683	1	0.309	3	0.073	18
2013	0.386	2	0.612	1	0.329	3	0.089	16
2014	0.381	2	0.631	1	0.336	3	0.081	17

注 为了便于识别，本表中将处于核心区域的成员用灰色背景标注。

美国、德国在所有年份均处于核心区域，中国从 2002 年开始所有的年份也均处于核心区域。美国、德国的核心度一直分别排名第 1 位和第 2 位，中国的核心度排名不断提升，2010 年开始稳定到第 3 位。中国与德国的核心度越来越接近（如 2014 年德国为 0.381，中国为 0.336），但是中国和德国的核心度数值与美国相比仍存在较明显的差距。印度一直位于半核心区域，核心度排名呈现波动中缓慢上升的状况，而且核心度数值远低于其他 3 个样本。

核心度数据显示出，世界化工产品增加值贸易网络核心区域的经济体的数量较多，构成较稳定，且中国 2002 年开始一直处于核心地位。

4.2.3.4 贸易网络的分区分析

本节运用迭代相关收敛法对世界化工产品增加值出口网络进行了块模型的网络分区分析，测度网络中是否存在小群体以及小群体的组成。表 4-10 为 2000—2014 年的分区结果，每个年份的世界化工产品增加值出口网络均被分成 8 个区。为了简化分区情况，6 区~8 区共计 3 个区综合在一起，表中主要详细列出 1 区~5 区的情况。

（1）小群体的划分中，美国所属群体非常稳定，群体成员基本上稳定维持为 5 个成员：澳大利亚、美国、巴西、墨西哥、加拿大（其中仅 2 个年份中加拿大脱离了该群体）。

（2）德国所属群体中包含的成员较多，且全部为欧洲国家及地区（主要包括荷兰、法国、西班牙等核心成员）。群体包含的成员数量呈现逐渐增多的状况，2000 年为 7 个成员，2014 年增加到 11 个成员。

（3）中国所属群体包含的经济体数量较少，全部为亚洲经济体。成员呈现阶段性稳定的状况，基本上维持为 3~4 个经济体：2000—2004 年的成员包括中国大陆、印度尼西亚、韩国、中国台湾；2005—2014 年的成员包括中国大陆、印度、印度尼西亚。

（4）印度所属群体包含的经济体数量少，且呈现阶段性特征，2005 年前印度主要是与日本构成小群体，从 2005 年开始印度与中国大陆、印度尼西亚构成小群体。

网络分区的状况显示，中国在化工产品增加值出口中主要是与印度尼西亚、韩国、印度、中国台湾这些亚洲经济体构成小群体，小群体成员比较稳定；美国在增加值出口中主要与北美自由贸易区成员以及澳大利亚、巴西构成小群体，北美自由贸易区在化工产品增加值出口中发挥着显著的作用，且小群体成员稳定；

德国所处的小群体全部为欧洲国家及地区,且数量较多。印度仅与少数亚洲成员如日本、中国大陆、印度尼西亚构成小群体,且有明显的阶段性特征,2005年印度开始融入中国大陆所在的小群体。

表4-10 2000—2014年化工产品贸易网络的分区结果

年份	1区	2区	3区	4区	5区	其他3个区
2000	澳大利亚、美国、巴西、墨西哥、加拿大	印度、英国、爱沙尼亚	印度尼西亚、中国大陆、中国台湾、韩国	日本	荷兰、法国、意大利、比利时、德国、西班牙、瑞士	剩余23个
2001	澳大利亚、美国、巴西、墨西哥、加拿大	英国、荷兰、爱沙尼亚	中国大陆、韩国、中国台湾、印度尼西亚	印度、日本	德国、比利时、意大利、法国、瑞士、西班牙	剩余23个
2002	澳大利亚、美国、巴西、墨西哥、加拿大	英国、荷兰、爱沙尼亚	中国大陆、韩国、中国台湾、印度尼西亚	印度、日本	德国、比利时、意大利、法国、瑞士、西班牙	剩余23个
2003	澳大利亚、美国、巴西、墨西哥、加拿大	英国、爱沙尼亚	中国大陆、印度尼西亚、韩国、中国台湾	印度、日本	荷兰、比利时、意大利、法国、瑞士、西班牙、德国	剩余23个
2004	澳大利亚、美国、巴西、墨西哥、加拿大	英国、爱沙尼亚	中国大陆、印度尼西亚、韩国、中国台湾	印度、日本	意大利、荷兰、比利时、西班牙、法国、瑞士、斯洛文尼亚、德国	剩余22个
2005	澳大利亚、美国、巴西、墨西哥、加拿大	英国、爱沙尼亚	印度、印度尼西亚、中国大陆	日本、韩国、中国台湾	荷兰、德国、意大利、比利时、马耳他、法国、瑞士、西班牙	剩余22个

续表

年份	1区	2区	3区	4区	5区	其他3个区
2006	澳大利亚、美国、巴西、墨西哥、加拿大	英国、爱沙尼亚	印度、印度尼西亚、中国大陆	日本、韩国、中国台湾	荷兰、德国、马耳他、法国、瑞士、西班牙	剩余24个
2007	澳大利亚、美国、巴西、墨西哥	爱沙尼亚、加拿大	印度、中国大陆、印度尼西亚	中国台湾、日本、韩国	法国、德国、意大利、比利时、马耳他、西班牙、英国	剩余24个
2008	澳大利亚、美国、巴西、墨西哥、加拿大	英国、爱沙尼亚	印度、印度尼西亚、中国大陆	日本、韩国、中国台湾	荷兰、德国、意大利、比利时、马耳他、法国、瑞士、西班牙	剩余22个
2009	澳大利亚、美国、巴西、墨西哥、加拿大	英国、德国、爱沙尼亚	印度、中国大陆、印度尼西亚	日本、中国台湾、韩国	荷兰、意大利、比利时、马耳他、法国、瑞士、西班牙	剩余22个
2010	澳大利亚、美国、巴西、墨西哥、加拿大	英国、德国、爱沙尼亚	印度、中国大陆、印度尼西亚	日本、中国台湾、韩国	荷兰、意大利、比利时、法国、西班牙、瑞士	剩余23个
2011	澳大利亚、美国、巴西、墨西哥	爱沙尼亚、加拿大	印度、中国大陆、印度尼西亚	中国台湾、日本、韩国	比利时、意大利、瑞士、西班牙、德国、英国、奥地利、法国、荷兰	剩余22个
2012	澳大利亚、美国、巴西、墨西哥、加拿大	爱沙尼亚	印度、中国大陆、印度尼西亚	中国台湾、日本、韩国	比利时、意大利、瑞士、西班牙、德国、英国、奥地利、法国、荷兰	剩余22个

续表

年份	1区	2区	3区	4区	5区	其他3个区
2013	澳大利亚、美国、巴西、墨西哥、加拿大	爱沙尼亚	印度、中国大陆、印度尼西亚	中国台湾、日本、韩国	比利时、意大利、瑞士、斯洛文尼亚、德国、英国、西班牙、法国、俄罗斯、奥地利、荷兰	剩余20个
2014	澳大利亚、美国、巴西、墨西哥、加拿大	爱沙尼亚	印度、中国大陆、印度尼西亚	中国台湾、日本、韩国	比利时、意大利、瑞士、斯洛文尼亚、德国、英国、西班牙、法国、俄罗斯、奥地利、荷兰	剩余20个

4.2.3.5 贸易网络的交互性与自反性分析

在交互性和自反性的分析中需要先对贸易网络进行分区，然后使用贸易网络的密度矩阵，但若要分析 2000—2014 年每个年份的情况，分区结果和密度矩阵的篇幅太大，因此本节仅使用 2000—2007 年、2008—2014 年两个阶段的分区结果和密度矩阵的对比状况来分析交互性和自反性。两个阶段的分区结果均为 8 个区（即 8 个小群体），各个分区的命名情况见表 4-11。

表 4-11　两个阶段化工产品增加值出口网络的分区命名

分区	名称
1区	大洋洲和南美北美群体
2区	欧洲群体1
3区	亚洲群体1
4区	亚洲群体2
5区	欧洲群体1
6区	欧洲群体2
7区	欧洲群体3
8区	欧洲群体4

注　中国大陆所在小群体为 3 区（即亚洲群体 1），2000—2007 年成员为 4 个：中国大陆、印度尼西亚、韩国、中国台湾，2008—2014 年成员为 3 个：中国大陆、印度、印度尼西亚。由于本节主要针对中国大陆所在的分区进行分析，因此其他分区的成员不再一一列出。

表 4-12 和表 4-13 分别为 2000—2007 年和 2008—2014 年的世界化工产品增加值出口网络的密度矩阵。两个阶段的整体密度值分别为 1805.9095 和 2539.5825。交互性和自反性是通过单元格密度值与整体密度值的对比进行判断，总体而言，若该单元格密度值>整体密度值，则说明存在较强的交互性或显著的自反性。以表 4-12 的中国大陆所属的 3 区对 1 区的单元格为例说明交互性，3 区对 1 区的单元格密度 3348.469 大于整体密度值 1805.9095，表明 3 区向 1 区的化工产品增加值出口多。关于自反性的分析是针对同一个分区自行交叉的单元格，例如，表 4-12 的 3 区与 3 区相交叉为一个单元格，该单元格密度值 8324.116 大于整体密度值，说明存在显著自反性，即 3 区内部的经济体之间相互进行化工产品增加值出口的贸易行为比较显著。交互性和自反性强的单元格见表 4-12 和表 4-13 中的灰色区域。

表 4-12　2000—2007 年化工产品增加值出口网络的密度矩阵

项目	1 区	2 区	3 区	4 区	5 区	6 区	7 区	8 区
1 区	13372.780	4300.455	3687.464	5131.245	144.753	172.584	4325.604	369.989
2 区	12785.670	11438.350	1171.170	2866.617	600.535	989.679	13521.380	1964.960
3 区	3348.469	640.834	8324.1160	5172.866	161.234	243.847	1160.975	110.700
4 区	7406.445	1765.866	14925.640	2243.487	114.592	272.858	2512.387	226.675
5 区	302.893	247.814	172.701	92.1780	255.031	108.663	537.422	125.885
6 区	70.072	125.989	31.519	21.210	33.586	139.155	242.724	23.882
7 区	6725.270	8456.597	1948.643	3078.363	1618.555	1871.466	16528.97	2240.587
8 区	1529.510	1655.967	283.615	676.365	238.295	140.925	1674.192	2454.964

表 4-13　2008—2014 年化工产品增加值出口网络的密度矩阵

项目	1 区	2 区	3 区	4 区	5 区	6 区	7 区	8 区
1 区	19445.630	2357.583	6002.496	7340.015	5525.979	622.475	281.527	124.113
2 区	11816.230		772.349	1214.908	8940.660	567.513	461.386	281.584
3 区	11186.300	525.899	10694.770	11305.710	3865.978	1125.934	1222.533	270.176
4 区	5805.388	628.979	21445.240	16059.150	1617.836	403.241	364.437	116.978
5 区	8283.300	3195.640	3219.411	4024.573	16436.310	2717.938	2001.652	1631.471
6 区	2391.586	683.980	1785.154	803.689	2104.399	2446.357	358.666	405.586
7 区	130.012	26.446	138.964	30.685	372.721	122.350	193.841	63.401
8 区	134.381	58.223	72.488	37.858	605.928	204.267	115.065	394.659

注　2008—2014 年的 2 区只有一个成员——爱尔兰，因此 2 区对 2 区的单元格没有密度值。

数据显示，2000—2007年具有较强交互性或自反性的单元格共计25个，2008—2014年具有较强交互性或自反性的单元格共计19个，第二个阶段中具有较高交互性或自反性的群体数量明显减少。

对于这两个阶段，本节主要针对中国大陆所在的分区进行分析。第一个阶段中，中国大陆所在的3区与1区、4区之间存在较强的交互性，表明3区（中国大陆、印度尼西亚、韩国、中国台湾）对1区（澳大利亚、美国、巴西、墨西哥、加拿大）、4区（印度、日本）的化工产品增加值出口较多。同时，3区存在显著的自反性，表明3区的四个经济体，即中国大陆、印度尼西亚、韩国、中国台湾之间存在比较显著的相互进行化工产品增加值出口的贸易行为。第二个阶段中，中国大陆所在的3区与1区、4区、5区之间存在较强的交互性，表明3区（中国大陆、印度、印度尼西亚）对1区（澳大利亚、美国、巴西、墨西哥、加拿大）、4区（中国台湾、日本、韩国）、5区（比利时、意大利、瑞士、西班牙、德国、英国、奥地利、法国、荷兰）的化工产品增加值出口较多。同时，3区存在显著的自反性，表明3区的三个经济体，即中国大陆、印度、印度尼西亚之间存在比较显著的相互进行化工产品增加值出口的贸易行为。上述交互性和自反性的状况表明，随着时间向后推移，中国的化工产品增加值出口方向在扩大，一方面维持了对大洋洲、北美南美以及亚洲经济体的出口，另一方面增加了对西欧国家的出口。

对德国、美国、印度所在分区的密度矩阵进行了观察，这三个成员的化工产品增加值出口方向未发生明显变化，较为稳定。

4.2.4 研究结论及政策建议

4.2.4.1 研究结论

通过对世界化工产品增加值出口概况的分析和对15个年份的网络结构的测度，得出如下研究结论。

（1）美国化工产品增加值出口与传统总贸易出口的正向背离状况最为明显，中国在中间产品的增加值出口上表现更好，而美国在最终产品的增加值出口上表现更好。

（2）世界化工产品增加值贸易网络是一种不均衡贸易网络，中国在出口中贸易伙伴的广泛性不断加强，与德国、美国的差距不断缩小。德国控制其他经济体之间贸易的能力最强，中国的该能力在2007年后明显增强，且强于美国。印度的贸易伙伴广泛性以及控制其他经济体之间贸易的能力表现均不佳。

（3）美国、德国高度融入了世界化工产品增加值贸易，中国融入增加值贸易的程度不断增加，越趋接近德国的水平。印度与其他三个成员相比存在较大差距。

（4）德国、美国一直处于贸易网络最为核心的地位，中国的核心度不断提高，且逐渐接近德国的核心度水平，但与美国相比仍存在较明显的差距。印度一直存于核心区域之外。

（5）中国与亚洲经济体构成小群体，成员比较稳定。美国的小群体成员稳定，北美自由贸易区发挥着显著作用。德国的小群体全部为欧洲成员，且数量较多。印度从2005年开始融入中国所在的小群体。

（6）中国的化工产品增加值出口方向在扩大，一方面维持了对大洋洲、北美、南美以及亚洲经济体的出口，另一方面增加了对西欧成员的出口。而德国、美国、印度的出口方向较为稳定。

4.2.4.2 政策建议

总体上，2000—2014年，美国和德国在世界化工产品增加值出口网络中的地位和作用最为突出，中国在网络中的地位和作用落后于美国、德国，但差距在不断缩短，且中国的地位与作用越趋突出。中国的出口方向不断扩大，展现出更多潜力。美国的最终产品中包含的增加值较多，且最终产品的比重高于中国，这导致中国在最终产品的增加值出口上表现弱于美国。为了维护我国化工产品增加值出口的可持续发展、提高获利能力、进一步缩小与美国、德国的差距，提出如下政策建议。

（1）需重视和增大最终产品的出口。在2000—2014年化工产品出口中，中国的最终产品增加值出口/最终产品出口总额指标平均为84.2%，而中间产品增加值出口/中间产品出口总额指标平均为75.2%，最终产品的增加值占比远高于中间产品的增加值占比。另外，中国的最终产品出口额/中间产品出口额指标为0.2倍，美国为0.3倍，比中国高50%，中国的最终产品出口明显偏低。中国需重视最终产品的出口，特别是增加高质量、高附加值的最终产品的出口，从而缩小与美国在化工产品出口上的差距。

（2）通过国际营销公共平台开拓东欧市场。虽然中国化工产品增加值的出口方向扩展到西欧国家，但是要警惕北美市场的政治经济的多变带来市场突然萎缩，还要警惕贸易摩擦带来的市场阻碍增加。毕竟在全球反倾销中，中国是最大的反倾销受害国，而且化工产品遭受的反倾销在中国排第二位（中国化工产品遭受的反倾销数量/中国遭受反倾销总量达到 17.9%❶）。对中国进行反倾销的主要国家就包括美国以及西欧国家，因此中国化工产品出口的北美市场和西欧市场的稳定可持续方面存在较大的不确定性，对东欧市场的开拓就显得很重要。东欧国家对中国化工产品的反倾销很少，贸易摩擦的风险较低，因此中国在维持与亚洲、北美、西欧国家联系的同时，以"一带一路"倡议的实施为契机，注意开拓东欧市场。东欧国家地理位置接近、产业发展比较类似，打进一个市场就很容易打开一片市场。国务院办公厅发布的《关于推进对外贸易创新发展的实施意见》也在对外贸易的创新服务方面提出了具体举措，指出要加快建立国际营销体系，推进国际营销公共平台建立，助力企业开拓国际市场。我国的化工产业应积极利用国际营销平台提升增加值贸易中的东欧市场开拓效率。

（3）充分利用贸易协定参与全球价值链，扩大中国所在小群体的亚洲经济体数量。中国所属群体包含的经济体数量较少，而且 2005 年以后韩国、中国台湾脱离了该小群体。根据 Lee（2019）和张玉兰等（2020）的研究结果，贸易协定或贸易政策在全球价值链中发挥积极的作用。区域全面伙伴关系协定（RCEP）对于提升中国化工产业参与全球价值链的状况正好是一个机遇。RCEP 已于 2020 年 11 月 15 日由中国、日本、韩国、澳大利亚、新西兰以及东盟十国正式签署，标志着全球最大的自由贸易区正式启动，这是抵制逆全球化的希望。协议生效后，成员之间大量的货物贸易会享受到零关税以及各方面的贸易便利化，中国可以充分利用 RCEP 的贸易政策更深入地参与全球价值链。日本、韩国在化工产品的进出口上与中国有竞争性的同时也存在产品的互补性，因此若能利用该贸易协定的积极作用使日本、韩国等经济体扩充到中国所在小群体，这不仅有利于中国对日本、韩国等东亚市场的开拓，而且还有利于中国进一步加大对大洋洲市场的开拓和维持。

4.3 中国贱金属增加值出口变化的社会网络分析

贱金属主要包括钢铁、铜、镍、铝、铅、锌、锡等金属及其制品，为其他很多行业（如飞机、船舶、汽车、机电设备等）提供重要支撑。在世界贱金属出口中，中国长期是世界主要的贱金属出口国。图 4-15 列出了 2020 年全球贱金属出口最多的 15 个经济体及占比数据，中国排名第 1 位，中国贱金属出口占世界

---

❶ 根据 WTO 反倾销统计数据计算得到。

贱金属出口的 19.9%❶，远高于排名第 2 位和第 3 位的德国和美国（占比分别为 11.0%和 6.5%），且中国的占比高于德国和美国的占比总和。

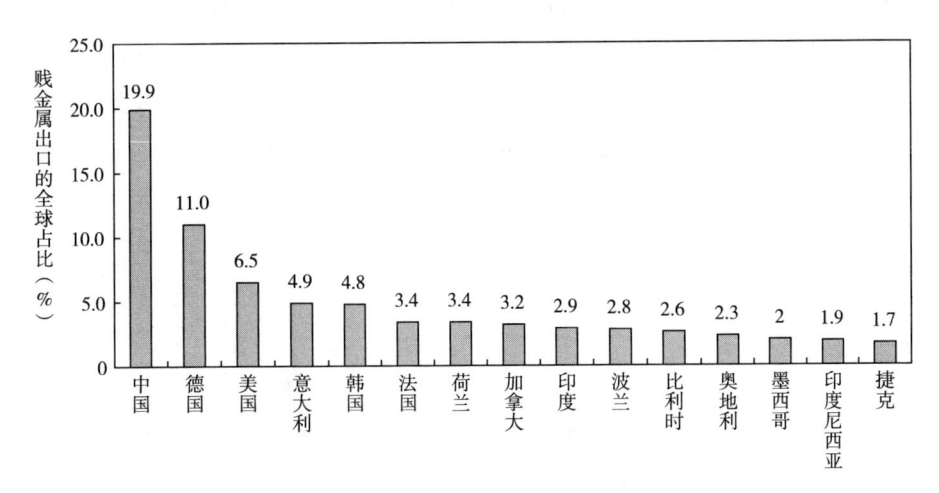

图 4-15　全球贱金属出口最多的国家和地区及占比（2020 年）

资料来源：根据联合国 UNcomtrade 数据库统计数据计算。

中国贱金属面临非常频繁的反倾销贸易摩擦，出口形势严峻。1995—2020 年中国贱金属遭受到的国外倾销调查数量排第 1 位，占中国遭受反倾销总量的 31.1%❷。

本节的边际贡献主要在于：

（1）从全球价值链的视角专门研究贱金属的增加值贸易；

（2）将社会网络分析方法运用于贱金属增加值贸易的研究；

（3）从时间序列的动态变化分析中国的网络地位的纵向变动；

（4）对发达国家（德国、美国、日本）和发展中国家（中国、俄罗斯、波兰）的网络地位进行横向对比，分析中国的网络地位与其他经济体的横向差距。

4.3.1　中国贱金属增加值出口概况

图 4-16 为中国贱金属在 2000—2014 年❸的增加值出口额及增加值出口占比

---

❶ 根据联合国 UNcomtrade 数据库统计数据计算。

❷ 根据 WTO 反倾销统计数据计算得到。

❸ 由于该增加值数据来源于对外经济贸易大学的 UIBE GVC Indicators 数据库，该数据库基于 WIOD2016 的投入产出数据表得到的全球价值链的相关数据时间段为 2000—2014 年，即该数据的最新年份截至 2014 年。

情况。数据显示，中国贱金属增加值出口总体上逐年上升，但2009年和2010年是例外，2009年的增加值出口较2008年出现了很大的下降（这种情况在中国的化工产品、纺织品服装、机电设备等的增加值出口中均同样存在，是一种共性状况）。这可能由于2008年金融危机导致全球贸易需求萎缩，贱金属贸易也同样萎缩，因此2009年中国贱金属增加值出口也相应出现下滑。2010年的出口虽然有较大增长，但增加值出口额还是没能超过2008年的出口额。

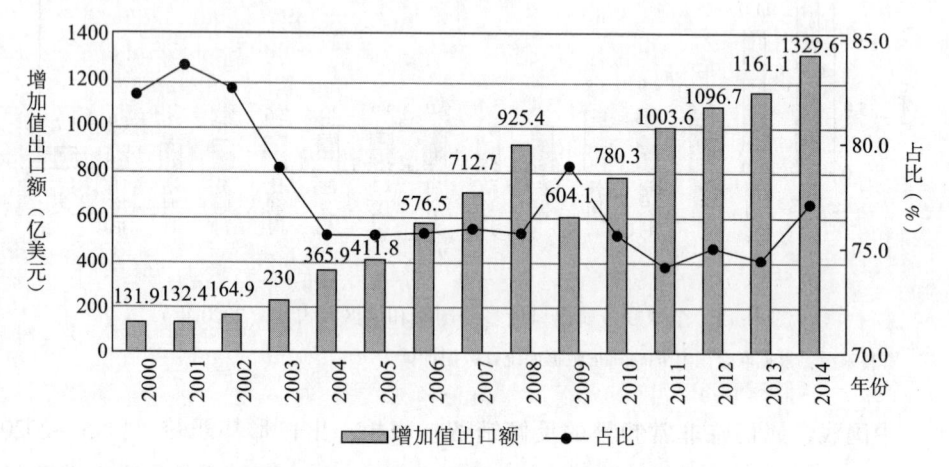

图4-16 中国贱金属增加值出口额及增加值出口占比（2000—2014年）

注 占比=中国贱金属增加值出口额/中国贱金属出口额×100%

资料来源：根据UIBE GVC Indicators数据库统计数据整理计算得到。

中国贱金属增加值出口占比的变化呈现W形的状态，分为四个阶段：第一个阶段为2004年之前，主要呈下降状态；第二个阶段为2004—2009年，主要呈上升状态；第三个阶段为2009—2011年，主要呈下降状态；第四个阶段为2011—2014年，主要呈上升状态。

为了对比中国与世界其他主要的贱金属出口国的增加值出口状况，从世界最主要贱金属出口国中选取了中国、德国、美国、日本、俄罗斯、波兰共6个样本。其中3个为发达国家（德国、美国、日本），另外3个为发展中国家（中国、俄罗斯、波兰）。本节主要对比了这6个样本的贱金属增加值出口的占比差（图4-17），"占比差"主要表现了一国增加值出口比重与传统总值贸易出口比重之间的背离状况。从图4-17中可看出，2000—2014年，中国的占比差指标呈现明显的上升状态，日本呈现明显的下降状态。2006年之后，中国的占比差高于其他5个样本，而在2006年之前，日本的占比差指标则高于其他剩余样本。

德国、美国、俄罗斯、波兰这4个样本的占比差指标变化不大，总体比较稳定。

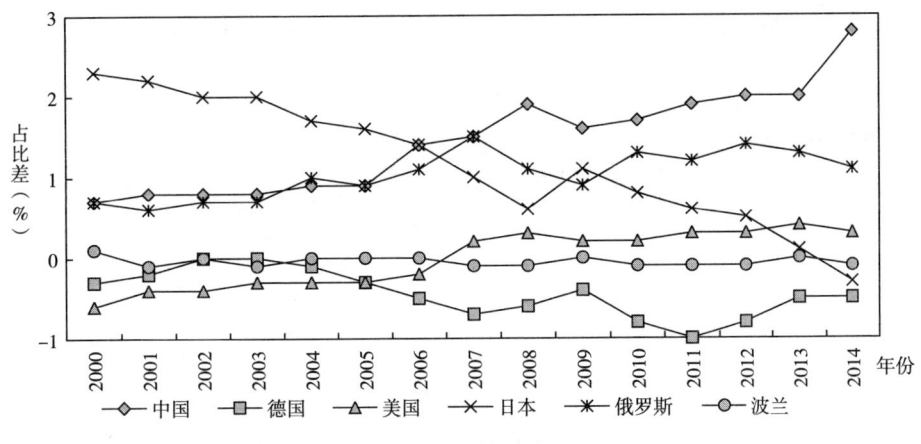

图4-17　6个样本贱金属增加值出口占比差

注　各国的占比差＝占比1－占比2

各国的占比1＝该国贱金属DVA出口额/全球贱金属DVA出口额×100%

各国的占比2＝该国贱金属出口额/全球贱金属出口额×100%

资料来源：根据UIBE GVC Indicators数据库统计数据整理计算得到。

中国的占比差指标在2006年后领先其他国家的差距明显加大，这种状况说明中国贱金属增加值出口在全球贱金属增加值出口拥有了越来越重的分量，扮演着越来越重要的角色。日本的该指标走势则显示出2006年后日本在全球贱金属增加值出口拥有了越来越少的分量，角色地位越趋弱化。

本节还测算了6个样本的贱金属增加值出口额/该国贱金属出口额的占比指标（图4-18），俄罗斯的贱金属增加值出口占比最高（维持在90%左右），且比较平稳，波动不大。中国的贱金属增加值出口占比2004年之前以下降趋势为主，2004年之后比较平稳（基本维持在75%左右），且2007年开始位居第2位。日本总体呈现下降趋势，且下降较为迅速，2007年开始就低于中国。其余3个样本国的增加值出口占比变化不大，且差异不大，总体偏低。

2014年数据显示，俄罗斯排第1位（占比为89.2%），中国排2位（占比为77.1%），美国排第3位（占比为67.3%），日本排第4位（占比为61.7%），波兰排第5位（占比为59.7%），德国排第6位（占比为59.1%）。俄罗斯、中国两个发展中国家的贱金属的附加值或增加值最高。本节以表4-14的数据对此进一步解读。表4-14显示这6个样本均以中间产品的出口为主，且中间产品的比

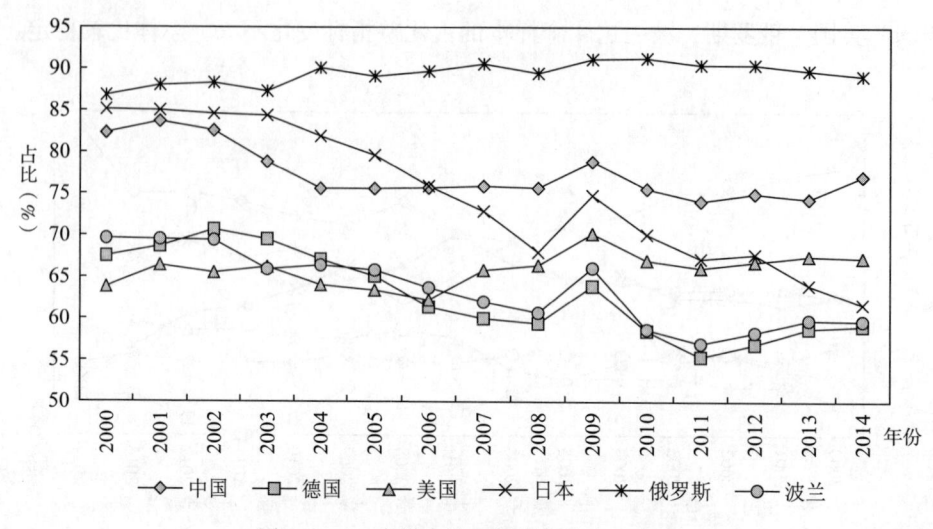

图 4-18　6个样本贱金属增加值出口占比

注　各国的占比＝该国贱金属增加值出口额/该国贱金属出口额×100%

资料来源：根据 UIBE GVC Indicators 数据库统计数据整理计算得到。

重非常高，其中俄罗斯尤为突出（该国最终产品出口额/中间产品出口额的倍数最高仅为0.01）。在最终产品的出口中，俄罗斯和美国的最终产品增加值出口/最终产品出口总额指标最高，分别达到年均90.7%和85.9%，但是美国的中间产品的表现上并不突出。在中间产品增加值出口/中间产品出口总额的指标上，俄罗斯和中国的指标最高，分别达到年均 89.5% 和 76.5%（美国仅为年均62.9%），这最终导致俄罗斯和中国的贱金属增加值出口占比最高。

表 4-14　6个样本贱金属出口的各类占比比较

年份	最终产品出口额/中间产品出口额（倍）						最终产品增加值出口/最终产品出口总额（%）						中间产品增加值出口/中间产品出口总额（%）					
	中国	德国	美国	日本	俄罗斯	波兰	中国	德国	美国	日本	俄罗斯	波兰	中国	德国	美国	日本	俄罗斯	波兰
2000	0.2	0.1	0.2	0.2	0.010	0.1	84.5	79.4	89.2	91.3	87.3	73.6	81.9	66.0	60.1	83.9	86.8	69.0
2001	0.2	0.1	0.2	0.2	0.006	0.2	86.0	79.9	90.3	91.2	88.7	73.8	83.2	67.4	62.2	83.8	88.0	68.6
2002	0.2	0.1	0.2	0.2	0.003	0.2	85.3	81.2	90.0	90.8	89.0	72.5	82.1	69.3	61.4	83.4	88.3	68.8
2003	0.2	0.1	0.2	0.2	0.004	0.2	82.4	80.8	89.8	90.6	88.1	69.5	78.1	68.2	62.8	83.3	87.3	65.1
2004	0.2	0.1	0.2	0.2		0.2	80.3	78.8	87.0	88.8	91.0	69.6	74.8	65.8	60.6	80.7	90.1	65.9
2005	0.2	0.1	0.2	0.2	0.005	0.2	80.1	77.1	86.5	87.3	90.1	69.3	74.8	63.7	60.5	78.4	89.1	65.1

续表

年份	最终产品出口额/中间产品出口额（倍）						最终产品增加值出口/最终产品出口总额（%）						中间产品增加值出口/中间产品出口总额（%）					
	中国	德国	美国	日本	俄罗斯	波兰	中国	德国	美国	日本	俄罗斯	波兰	中国	德国	美国	日本	俄罗斯	波兰
2006	0.2	0.1	0.1	0.1	0.003	0.2	80.6	75.2	84.2	84.8	91.0	66.8	75	60.0	59.4	74.6	89.7	63.2
2007	0.2	0.1	0.1	0.1	0.004	0.2	80.5	72.8	82.5	82.7	92.1	64.7	75.2	58.6	62.4	71.7	90.6	61.5
2008	0.2	0.1	0.1	0.1	0.003	0.2	80.5	72.9	80.9	80.6	91.3	66.0	74.9	58.1	63.2	66.8	89.5	59.7
2009	0.2	0.1	0.1	0.1	0.003	0.2	83.3	76.4	87.3	85.0	92.3	70.4	77.7	62.4	67.8	73.8	91.2	65.3
2010	0.3	0.1	0.1	0.1	0.003	0.2	80.6	74.3	85.2	82.8	92.7	65.1	74.3	56.8	64.8	69.0	91.3	57.3
2011	0.2	0.1	0.1	0.1	0.003	0.2	79.6	72.5	83.0	79.6	92.2	63.4	72.8	53.7	64.1	66.0	90.5	55.7
2012	0.3	0.1	0.1	0.1	0.002	0.2	80.5	73.3	83.8	79.9	92.2	64.3	73.4	55.3	64.3	66.3	90.5	57.1
2013	0.3	0.1	0.1	0.1	0.004	0.2	80.3	74.2	84.0	77.5	91.5	65.6	72.8	57.2	64.7	62.7	89.7	58.7
2014	0.2	0.1	0.1	0.1	0.006	0.2	82.3	74.7	83.5	75.5	90.8	65.2	75.7	57.5	64.5	60.4	89.2	58.5

资料来源：根据 UIBE GVC Indicators 数据库统计数据整理计算得到。

4.3.2 中国贱金属增加值出口网络的实证分析

本节研究拟运用社会网络分析（SNA）方法专门针对中国贱金属增加值出口的状况进行研究，分析该网络中我国地位的变化。全球贱金属的增加值贸易也构成了一种贸易网络，若能对该贸易网络进行研究，剖析中国在该网络中的网络地位变化状况，这对于从不同层面了解中国贱金属增加值贸易状况有积极的作用，有利于对中国贱金属增加值贸易状况的理解和准确判断。

本节挖掘出了 UIBE GVC Indicators 数据库中基于 WIOD2016 投入产出数据表得到的全球贱金属增加值出口的相关基础数据。该增加值数据涉及 2000—2014 年的 43 个经济体，本节同样以本节前文提到的 43 个经济体为研究样本，对 2000—2014 年的贱金属增加值出口数据进行了整理和计算。全球最主要的参与贱金属贸易的经济体均包含在这 43 个经济体中，并且地理位置分布广泛；另外，这些经济体的贱金属增加值出口总额占到全球贱金属增加值出口总额的绝大多数，能够有效分析中国在全球贱金属增加值出口的贸易网络地位变化状况。

为了准确分析中国在全球贱金属增加值出口的贸易网络地位变化状况，对 2000—2014 年所涉及 15 个年份均进行了社会网络相关指标的测度，并对各年度的指标进行时间序列上的纵向比较分析和经济体之间的横向比较分析。本节依据上述43个经济体在2000—2014年的贱金属增加值出口数据，分别构建了15个年份的43×43的邻接矩阵。其中，矩阵中的行表示行经济体对列经济体的贱金属增加值出口额，矩阵中的列表示列经济体对来自行经济体的贱金属增加值进口额。文中使用UCINET软件辅助进行贱金属增加值出口的网络结构测度。

4.3.2.1 贸易网络图与网络密度分析

若每个年份均绘制网络图则占用篇幅太多，因此本节以2007年为界，只绘制了两个阶段（2000—2007年为第一个阶段，2008—2014年为第二个阶段）的全球贱金属增加值出口网络图（分别见图4-19和图4-20）。为了使网络图的连线更易识别，特设定增加值出口额达到10亿美元以上的出口才显示连线。连线的粗细与贱金属增加值出口额相对应。连线均具有方向性，因此带有箭头。箭头末端是贱金属增加值的进口经济体，箭头起始端是贱金属增加值的出口经济体。

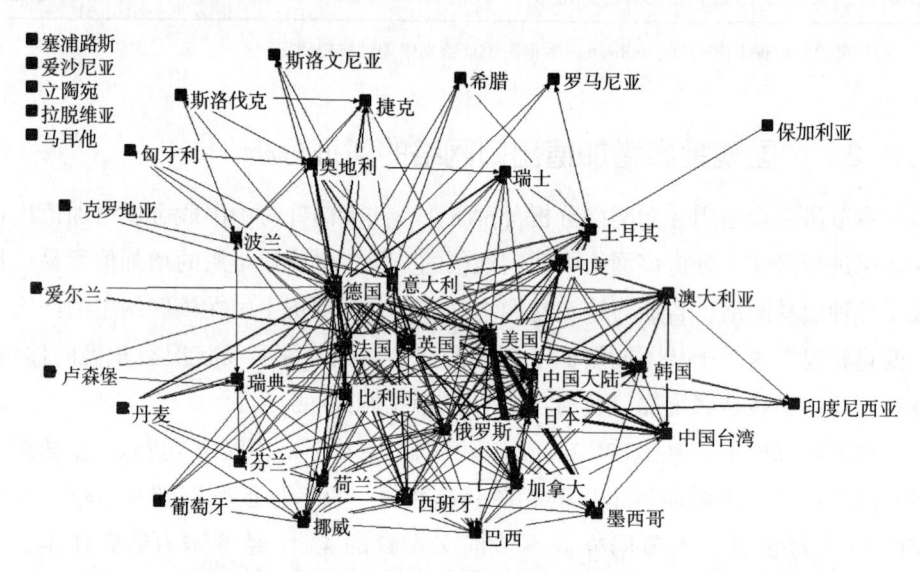

图4-19 2000—2007年全球贱金属增加值出口网络图（10亿美元以上出口额）

在2000—2007年有5个经济体（经济体具体名称见图4-19左上角）未与其他经济体发生贱金属增加值贸易；在2008—2014年有4个经济体（经济体具体名称见图4-20左上角）未与其他经济体发生贱金属增加值贸易。

图4-19显示：2000—2007年，中国、日本、俄罗斯、英国、法国、德国、

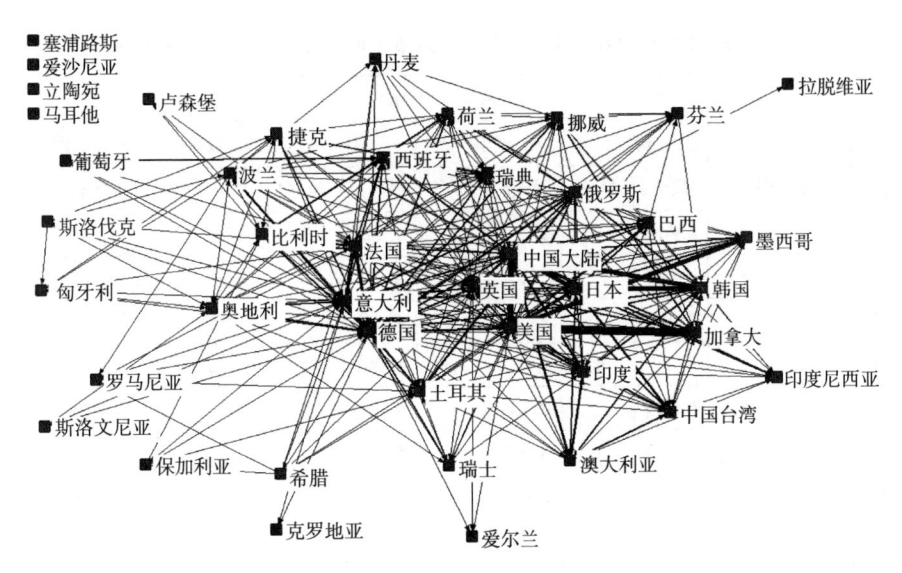

图 4-20　2008—2014 年全球贱金属增加值出口网络图（10 亿美元以上出口额）

意大利、比利时等贱金属增加值出口的主要成员处于贸易网络的中心，且连线均较粗，说明这些经济体的贱金属增加值贸易额较大。另外，加拿大、墨西哥虽然没有处于网络中心，但与美国有较粗的连线这主要是由于北美自由贸易区内部成员贸易的关税减免，使得大量的增加值贸易发生在加拿大与美国之间、墨西哥与美国之间。墨西哥与世界其他经济体之间的增加值贸易较少，因此墨西哥位于网络外围区域。图 4-20 显示：在 2008—2014 年，中国、日本、俄罗斯、英国、法国、德国、意大利等贱金属增加值出口的主要成员仍处于贸易网络的中心。日本、俄罗斯虽没有处于网络中心，但有较粗的连线，这些状况与 2000—2007 年的状况相似。

网络密度由 2000—2007 年的 1437.7565 上升为 2008—2014 年的 2010.5254，反映出经济体之间的贱金属增加值贸易联系变得更为紧密。并且未与其他经济体发生 10 亿美元级别以上增加值贸易的经济体由 5 个缩减为 4 个，这也同样反映出增加值贸易联系增强了。

4.3.2.2　贸易网络的中心性分析

仍以前文选定的 6 个样本作为比较分析的对象，计算了 6 个样本在 2000—2014 年每个年份的中心性指标，用于评价节点重要性、地位优越性和社会声望的结构位置。中心性指标的具体数值见表 4-15 和表 4-16，为了便于不同年份间的比较，均采用标准化的中心性指标数值。

表 4-15　2000—2014 年贱金属贸易网络中心性指标——点度中心度

点出度（标准化）

年份	中国 数值	中国 排序	德国 数值	德国 排序	美国 数值	美国 排序	日本 数值	日本 排序	俄罗斯 数值	俄罗斯 排序	波兰 数值	波兰 排序
2000	1.752	8	4.611	2	3.251	3	4.725	1	1.581	9	0.414	24
2001	1.818	8	4.980	1	3.261	3	4.821	2	1.395	9	0.471	22
2002	2.111	7	5.163	1	2.909	3	4.646	2	1.388	9	0.501	22
2003	3.012	4	6.239	1	3.072	3	5.061	2	1.646	9	0.657	22
2004	3.973	3	6.226	1	2.809	6	4.968	2	2.127	8	0.700	21
2005	4.214	3	6.349	1	3.045	5	5.134	2	2.019	8	0.721	20
2006	4.508	2	6.088	1	2.932	5	4.249	3	2.251	8	0.788	20
2007	5.275	2	6.919	1	3.280	6	4.388	3	2.773	7	0.910	20
2008	6.372	2	6.862	1	3.460	4	4.727	3	2.209	8	0.957	20
2009	6.214	3	7.575	1	4.396	4	6.278	2	2.379	9	1.003	20
2010	6.423	1	6.290	2	3.992	4	5.826	3	2.837	7	0.832	21
2011	7.368	1	6.576	2	3.730	4	5.626	3	2.727	7	0.960	19
2012	7.270	1	5.947	2	3.782	4	5.063	3	2.820	7	0.920	19
2013	8.132	1	6.457	2	4.003	4	5.060	3	2.948	7	1.064	19
2014	8.959	1	6.674	2	4.257	4	4.914	3	2.950	7	1.138	18

表 4-16　2000—2014 年贱金属贸易网络中心性指标——中间中心度和特征向量中心度

中间中心度（标准化）

年份	中国 数值	中国 排序	德国 数值	德国 排序	美国 数值	美国 排序	日本 数值	日本 排序	俄罗斯 数值	俄罗斯 排序	波兰 数值	波兰 排序
2000	0.404	21	2.448	1	1.098	4	0.475	19	0.888	7	0.601	15
2001	0.409	19	2.375	1	1.620	3	0.308	22	0.836	7	0.665	15
2002	0.391	23	1.606	3	0.829	5	0.505	19	0.824	6	0.609	13
2003	0.378	21	1.579	2	0.688	6	0.371	23	0.564	10	0.528	12
2004	0.330	22	1.627	1	0.810	3	0.361	17	0.347	21	0.377	16
2005	0.338	17	1.969	1	0.367	14	0.310	20	0.337	18	0.367	13
2006	0.302	20	1.268	1	0.328	16	0.191	25	0.327	17	0.328	15
2007	0.216	21	0.975	1	0.335	12	0.166	27	0.249	17	0.438	9
2008	0.183	20	0.892	1	0.263	13	0.183	21	0.198	17	0.532	7

续表

中间中心度（标准化）

年份	中国 数值	中国 排序	德国 数值	德国 排序	美国 数值	美国 排序	日本 数值	日本 排序	俄罗斯 数值	俄罗斯 排序	波兰 数值	波兰 排序
2009	1.165	11	2.045	2	1.423	7	0.501	20	0.516	19	1.210	10
2010	0.246	21	0.944	1	0.300	16	0.203	24	0.220	22	0.429	7
2011	0.273	16	0.836	1	0.273	15	0.228	18	0.210	21	0.488	6
2012	0.266	13	0.985	1	0.266	16	0.225	18	0.196	22	0.433	6
2013	0.280	17	0.938	1	0.280	15	0.232	20	0.211	22	0.497	6
2014	0.241	15	0.928	1	0.241	13	0.193	20	0.316	11	0.376	8

特征向量中心度（标准化）

年份	中国 数值	中国 排序	德国 数值	德国 排序	美国 数值	美国 排序	日本 数值	日本 排序	俄罗斯 数值	俄罗斯 排序	波兰 数值	波兰 排序
2000	30.087	4	25.678	7	86.024	1	54.590	3	16.620	10	2.782	25
2001	33.030	4	27.883	5	85.683	1	54.047	3	12.723	13	3.071	25
2002	38.217	4	26.995	6	84.794	1	53.295	3	12.309	14	3.085	25
2003	47.774	4	31.909	5	78.525	1	55.536	3	13.976	13	4.295	25
2004	51.620	4	31.596	5	78.922	1	52.573	3	17.391	11	4.240	25
2005	52.926	3	31.950	5	78.595	1	52.488	4	15.177	13	4.375	25
2006	53.005	3	32.299	5	80.922	1	46.260	4	18.137	9	4.978	25
2007	53.370	2	37.698	5	76.450	1	44.887	4	19.895	10	6.751	24
2008	62.279	2	33.114	6	74.262	1	47.973	4	15.237	12	6.227	22
2009	64.971	2	30.165	6	69.145	1	57.215	4	15.912	14	5.533	23
2010	63.824	2	27.273	6	71.278	1	55.634	3	17.960	11	4.915	24
2011	62.367	2	29.929	7	70.936	1	50.767	3	16.759	12	5.521	23
2012	61.939	2	28.407	7	77.044	1	46.627	4	16.940	9	4.829	22
2013	65.074	2	29.838	7	76.263	1	45.792	4	16.349	11	5.336	22
2014	66.001	2	30.333	7	76.971	1	43.960	4	17.446	9	5.778	22

（1）点度中心度。点度中心度分为点出度和点入度，由于本节主要关注中国贱金属增加值出口，因此只研究点出度，略去对点入度的计算和分析。表4-15显

示：在点出度方面，中国的排名总体不断上升，由2000年的第8位到2010年的第1位，且2010年以后一直维持第1位。中国的点出度数值总体上也不断上升。德国的排名长期维持在第1位或第2位，日本和美国的排名紧随其后。俄罗斯排名靠后，波兰的排名是6个样本中最靠后的。俄罗斯和波兰的点出度数据值在后期与中国相比存在较大的差距。以2014年数据为例，中国为8.959，俄罗斯和波兰仅分别为2.950和1.138。点出度数据显示，中国在世界贱金属增加值出口中贸易伙伴的广泛性不断提高，2010年以后拥有最广泛的贸易伙伴。

（2）中间中心度。表4-16显示：中间中心度指标排名位于最前面的是德国，排名较稳定地维持在第1～第3位，且大多数年份排名第1位。中国大陆和日本的排名是6个样本中最靠后的，且与德国的中间中心度数值相比有较大差距。中间中心度数据显示出德国在世界贱金属增加值出口网络中控制其他经济体之间贸易的能力很强，中国在该增加值出口网络中控制其他经济体之间贸易的能力较弱。

（3）特征向量中心度。在贱金属增加值贸易网络中，特征向量中心度高的经济体通常会更多地融入世界贱金属增加值贸易（包括出口和进口）中。表4-16显示：特征向量中心度排名位于最前面的是美国，一直排名第1位。中国的特征向量中心度指标总体上逐年上升，排名也不断上升，由2000年的第4位上升到2007年的第2位，且2007年以后一直维持第2位。日本的表现也比较好，其排名维持在第3～第4位，但数值和排名均不断波动。特征向量中心度数据显示出，长期以来美国、中国均高度融入了世界贱金属增加值贸易，长期是世界贱金属增加值贸易网络的主要出口经济体和进口经济体。日本也较高地融入了世界贱金属增加值贸易。其中美国的融入程度非常高，中国的融入程度不断加强，但与美国相比还存在较明显差距。

4.3.2.3　贸易网络的核心—边缘结构分析

在贱金属增加值贸易网络中可以通过核心度指标判断是否存在核心地带、半边缘地带和边缘地带[1]。图4-21为各个年份的核心、半边缘及边缘区域经济体的数量汇总，表4-17为所选取的6个国家各个年份的网络核心度数值。数据显示，世界贱金属增加值贸易网络中存在核心—半边缘—边缘结构，最大量数量的经济体属于半边缘区域，其次有较多经济体属于边缘区域，仅有少数经济体处于

---

[1] 判断规则如下：当核心度>0.1，则属于核心地带；当核心度为0.01~0.1，则属于半边缘地带；当核心度<0.01，则属于边缘地带。

第4章 全球价值链演进下中国工业品增加值出口变化的社会网络分析

核心区域。中国在绝大多数年份（2001年除外）均处于核心区域，德国、美国、日本3个成员在所有年份均处于核心区域，俄罗斯和波兰在绝大多数年份均处于半边缘区域（波兰在2000年处于边缘区域）。其中美国的核心度很高，一直排名第1位。中国的核心度排名总体上不断提高，由2000年的第6位上升到2014年的第2位。中国的核心度指标总体上不断上升，美国的核心度指标不断下降，导致两成员中间的核心度差距总体上逐渐缩小，如2000年中国和美国两成员差距为0.7，2014年差距达到0.243。

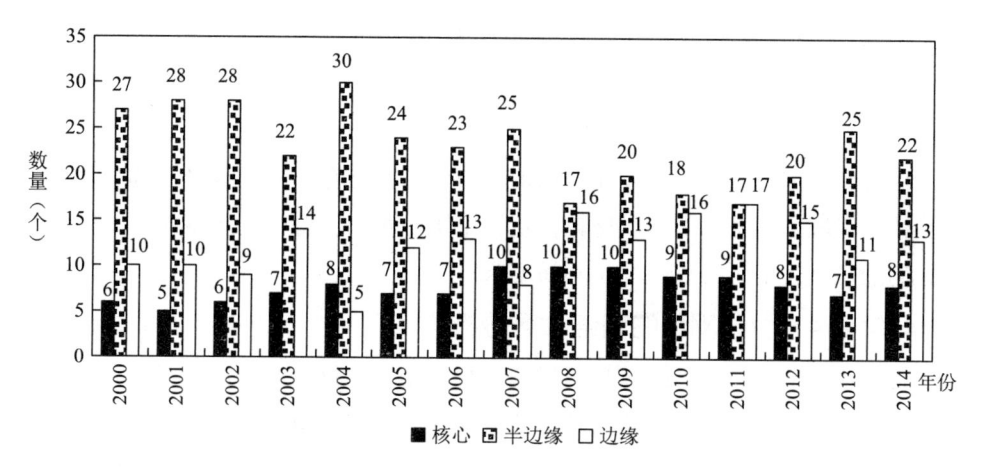

图4-21 2000—2014年全球贱金属贸易中核心、半边缘及边缘区域的经济体数量

表4-17 2000—2014年贱金属贸易的网络核心度

年份	中国 数值	中国 排序	德国 数值	德国 排序	美国 数值	美国 排序	日本 数值	日本 排序	俄罗斯 数值	俄罗斯 排序	波兰 数值	波兰 排序
2000	0.106	6	0.118	5	0.805	1	0.214	3	0.065	10	0.009	36
2001	0.094	6	0.105	5	0.821	1	0.197	4	0.051	14	0.026	22
2002	0.122	6	0.127	5	0.803	1	0.214	3	0.046	14	0.038	17
2003	0.203	4	0.145	5	0.751	1	0.257	3	0.039	14	0.021	23
2004	0.268	3	0.145	6	0.725	1	0.260	4	0.064	14	0.018	36
2005	0.255	3	0.141	6	0.751	1	0.255	4	0.052	14	0.013	26
2006	0.243	3	0.159	6	0.782	1	0.214	4	0.064	12	0.021	22
2007	0.237	3	0.188	5	0.736	1	0.209	4	0.100	11	0.029	27
2008	0.363	3	0.198	5	0.687	1	0.263	4	0.044	18	0.017	26

续表

年份	中国		德国		美国		日本		俄罗斯		波兰	
	数值	排序	数值	排序	数值	排序	数值	排序	数值	排序	数值	排序
2009	0.434	2	0.198	6	0.592	1	0.360	3	0.079	13	0.039	21
2010	0.433	2	0.170	7	0.606	1	0.356	4	0.073	14	0.030	23
2011	0.398	2	0.180	7	0.632	1	0.312	4	0.073	15	0.033	23
2012	0.373	3	0.152	7	0.691	1	0.270	4	0.065	14	0.027	22
2013	0.388	2	0.157	7	0.684	1	0.265	4	0.057	15	0.020	24
2014	0.416	2	0.176	7	0.659	1	0.274	4	0.062	15	0.027	23

注 为了便于识别，本表中将处于核心区域的成员用灰色背景标注。

核心度数据显示出，世界贱金属增加值贸易网络存在向少数经济体集中的状况，核心区域的经济体的构成比较稳定，中国、美国、德国、日本长期处于最为核心的地位，且中国的核心地位不断增长。

4.3.2.4 贸易网络的网络分区分析

表4-18为2000—2014年世界贱金属增加值出口网络的分区结果，每个年份的世界贱金属增加值出口网络均被分成8个区，为了简化分区情况，6区至8区共计3个区综合在一起，表中主要详细列出1区、2区、3区、4区和5区的情况。

网络分区状况显示出以下情况。

（1）小群体的划分中，美国在大多数年份都是与加拿大、墨西哥构成小群体4区，仅在其中5个年份中4区这个小群体仅有美国一个成员。

（2）中国大陆在2006年之前主要是与印度、韩国、印度尼西亚、中国台湾等几个亚洲经济体长期处于同一小群体。但2006年之后中国有部分年份又融入澳大利亚所在的小群体。

（3）德国、波兰基本维持在以欧洲经济体为主的小群体5区。

（4）俄罗斯在2007年之前主要与巴西构成小群体，2007年之后，所处的小群体不稳定。

网络分区的状况显示出中国在贱金属增加值出口中与韩国、印度、印度尼西亚等亚洲经济体之间的联系有所减弱；美国在增加值出口中与加拿大、墨西哥之间的联系较强，很明显北美自由贸易区在贱金属增加值出口中发挥着显著的作用。

表 4-18　2000—2014 年贱金属贸易网络的分区结果

年份	1 区	2 区	3 区	4 区	5 区	其他 3 个区
2000	澳大利亚、日本	中国大陆、印度、韩国、印度尼西亚、中国台湾	巴西、俄罗斯	美国、墨西哥、加拿大	捷克、瑞士、比利时、意大利、匈牙利、卢森堡、英国、奥地利、瑞典、德国、波兰、斯洛伐克、法国、丹麦、挪威、荷兰	剩余 15 个
2001	澳大利亚、日本	中国大陆、印度、韩国、印度尼西亚、中国台湾	巴西、俄罗斯	美国、墨西哥、加拿大	捷克、瑞士、比利时、意大利、匈牙利、卢森堡、英国、奥地利、瑞典、德国、波兰、斯洛伐克、法国、荷兰	剩余 17 个
2002	澳大利亚、日本	中国大陆、印度、韩国、印度尼西亚、中国台湾	巴西、俄罗斯	美国、墨西哥、加拿大	捷克、瑞士、比利时、意大利、匈牙利、卢森堡、英国、奥地利、波兰、德国、法国、斯洛伐克、荷兰	剩余 18 个
2003	澳大利亚、日本、俄罗斯	中国大陆、韩国、印度、中国台湾、印度尼西亚	加拿大、墨西哥、巴西	美国	捷克、瑞士、比利时、意大利、匈牙利、卢森堡、英国、奥地利、波兰、德国、法国、斯洛伐克、荷兰	剩余 18 个
2004	澳大利亚、印度	中国大陆、日本、韩国、印度尼西亚、中国台湾	巴西、俄罗斯	美国、墨西哥、加拿大	捷克、瑞士、比利时、意大利、匈牙利、卢森堡、英国、奥地利、波兰、德国、法国、斯洛伐克、荷兰	剩余 18 个

续表

年份	1区	2区	3区	4区	5区	其他3个区
2005	澳大利亚、印度	中国大陆、日本、韩国、印度尼西亚、中国台湾	巴西、俄罗斯	美国、墨西哥、加拿大	捷克、瑞士、比利时、意大利、匈牙利、卢森堡、英国、奥地利、波兰、德国、法国、斯洛伐克、爱沙尼亚、荷兰	剩余17个
2006	澳大利亚、印度	中国大陆、日本、韩国、印度尼西亚、中国台湾	巴西、俄罗斯	美国、墨西哥、加拿大	捷克、瑞士、比利时、意大利、匈牙利、卢森堡、英国、奥地利、波兰、德国、法国、斯洛伐克、爱沙尼亚、荷兰	剩余17个
2007	澳大利亚、日本、中国大陆、印度尼西亚	韩国、印度、中国台湾	巴西、俄罗斯	美国、墨西哥、加拿大	捷克、瑞士、比利时、意大利、匈牙利、卢森堡、英国、奥地利、瑞典、德国、波兰、斯洛伐克、法国、荷兰、爱沙尼亚	剩余16个
2008	澳大利亚、日本、中国大陆	印度、韩国、印度尼西亚、中国台湾	巴西、墨西哥、加拿大	美国	捷克、比利时、瑞士、匈牙利、意大利、英国、斯洛文尼亚、波兰、奥地利、德国、法国、西班牙、卢森堡、俄罗斯、荷兰、斯洛伐克	剩余16个
2009	澳大利亚、印度	中国大陆、日本、巴西、俄罗斯、中国台湾、韩国、印度尼西亚	墨西哥、加拿大	美国	捷克、瑞士、比利时、意大利、匈牙利、卢森堡、英国、奥地利、波兰、德国、法国、斯洛伐克、爱沙尼亚、荷兰	剩余17个

续表

年份	1区	2区	3区	4区	5区	其他3个区
2010	澳大利亚、印度	中国大陆、日本、韩国、印度尼西亚、中国台湾	巴西	美国、加拿大、墨西哥	捷克、比利时、瑞士、匈牙利、瑞典、英国、卢森堡、荷兰、奥地利、波兰、俄罗斯、爱沙尼亚、斯洛伐克	剩余19个
2011	澳大利亚、日本、中国大陆	印度、韩国、印度尼西亚、中国台湾	巴西、墨西哥、加拿大	美国	捷克、比利时、瑞士、罗马尼亚、意大利、斯洛伐克、斯洛文尼亚、克罗地亚、匈牙利、德国、奥地利、西班牙、法国、保加利亚、俄罗斯	剩余17个
2012	澳大利亚、俄罗斯、中国大陆	印度、韩国、日本、中国台湾、印度尼西亚	加拿大、墨西哥、巴西	美国	捷克、瑞士、比利时、意大利、匈牙利、斯洛文尼亚、斯洛伐克、奥地利、波兰、德国、法国、卢森堡	剩余19个
2013	澳大利亚、日本、中国大陆、中国台湾	韩国、印度、英国、印度尼西亚	巴西	美国、墨西哥、加拿大	比利时、捷克、匈牙利、意大利、瑞士、斯洛文尼亚、瑞典、奥地利、德国、法国、波兰、卢森堡、爱沙尼亚、斯洛伐克	剩余17个
2014	澳大利亚、日本、中国大陆	印度、韩国、印度尼西亚、中国台湾	巴西、俄罗斯洛文尼亚	美国、墨西哥、加拿大	捷克、瑞士、比利时、意大利、芬兰、斯洛文尼亚、斯洛伐克、匈牙利、瑞典、奥地利、波兰、荷兰、法国、爱沙尼亚、丹麦	剩余16个

4.3.2.5 贸易网络的交互性与自反性分析

在交互性和自反性的分析中需要先对贸易网络进行分区，然后使用贸易网络的密度矩阵，但若要分析2000—2014年每个年份的情况，分区结果和密度矩阵的篇幅太大，因此本节仅使用2000—2007年、2008—2014年两个阶段的分区结果和密度矩阵的对比状况来分析交互性和自反性。两个阶段的分区结果均为8个区（即8个小群体），各个分区的命名情况见表4-19和表4-20。中国所在的小群体在两个阶段有所变化，2000—2007年中国所在小群体为2区（即亚洲群体，小群体成员为5个：中国大陆、日本、韩国、印度尼西亚、中国台湾），2008—2014年中国大陆所在小群体为1区（即其他群体1，小群体成员为3个：澳大利亚、日本、中国大陆）。

表4-19 2000—2007年贱金属增加值出口网络的分区结果

分区	名称	成员
1区	其他群体1	澳大利亚、印度
2区	亚洲群体	中国大陆、日本、韩国、印度尼西亚、中国台湾
3区	其他群体2	巴西、俄罗斯
4区	北美群体	美国、墨西哥、加拿大
5区	欧洲群体1	捷克、瑞士、比利时、意大利、匈牙利、卢森堡、英国、奥地利、波兰、德国、法国、斯洛伐克、爱尔兰、荷兰
6区	欧洲群体2	瑞典、芬兰、拉脱维亚、爱沙尼亚、立陶宛、挪威、丹麦
7区	欧洲群体3	保加利亚、马耳他、塞浦路斯、克罗地亚、斯洛文尼亚、希腊、罗马尼亚
8区	其他群体3	西班牙、葡萄牙、土耳其

表4-20 2008—2014年贱金属增加值出口网络的分区结果

分区	名称	成员
1区	其他群体1	澳大利亚、日本、中国大陆
2区	亚洲群体	印度、韩国、印度尼西亚、中国台湾
3区	其他群体2	巴西、墨西哥、加拿大
4区	北美群体	美国
5区	欧洲群体1	捷克、比利时、瑞士、匈牙利、瑞典、英国、卢森堡、荷兰、奥地利、波兰、爱尔兰、挪威

续表

分区	名称	成员
6区	欧洲群体2	芬兰、爱沙尼亚、拉脱维亚、丹麦、立陶宛
7区	其他群体3	保加利亚、罗马尼亚、马耳他、塞浦路斯、土耳其、希腊
8区	欧洲群体3	意大利、葡萄牙、俄罗斯、西班牙、斯洛文尼亚、克罗地亚、法国、德国、斯洛伐克

表4-21和表4-22为2000—2007年和2008—2014年的世界贱金属增加值出口网络的密度矩阵。两个阶段的整体密度值分别为1437.7565和2010.5254，将密度矩阵中的各个单元格的密度值与整体密度值进行比较。本节特将两个表格中密度值高于整体密度值的单元格涂为灰色，表明该单元格存在较强的交互性或显著的自反性❶。

表4-21 2000—2007年贱金属增加值出口网络的密度矩阵

分区	1区	2区	3区	4区	5区	6区	7区	8区
1区	9351.028	5885.648	274.378	3446.755	529.285	92.272	29.764	379.987
2区	3277.392	15247.98	675.803	10551.520	931.561	200.836	80.544	710.809
3区	1044.947	4384.948	206.411	7446.924	1698.215	595.793	141.892	2637.834
4区	975.814	2655.634	572.570	46589.090	1172.109	354.460	37.333	226.732
5区	856.619	880.741	604.661	2374.921	3672.453	629.907	333.015	2104.74
6区	204.511	323.976	210.362	609.677	678.072	900.174	27.099	320.523
7区	86.164	26.919	31.323	126.194	218.954	20.589	100.647	303.111
8区	275.200	230.582	268.332	1421.297	1323.602	143.151	244.533	2950.083

表4-22 2008—2014年贱金属增加值出口网络的密度矩阵

分区	1区	2区	3区	4区	5区	6区	7区	8区
1区	33788.95	26900.38	7615.118	49871.810	1692.271	369.498	855.265	2836.071
2区	9307.698	3283.132	1437.786	10711.410	338.990	81.816	235.289	589.229
3区	3763.587	1780.237	3977.558	83286.850	1283.133	111.884	111.664	539.503
4区	11310.54	6020.063	45391.120		2194.000	170.216	310.139	2304.556

---

❶ 如果某个单元格密度值大于整体密度值，说明该单元格所关联的两个分区存在较强的交互性，反之则表明存在较弱的交互性。关于自反性的分析是针对同一个分区自行交叉的单元格，若该单元格密度值大于整体密度值，说明该分区存在显著的自反性。

续表

分区	1区	2区	3区	4区	5区	6区	7区	8区
5区	980.591	697.342	457.064	2909.867	1200.490	379.763	289.507	2583.314
6区	238.364	165.959	80.181	460.904	394.570	237.060	35.650	356.772
7区	109.900	115.048	240.153	1194.297	251.789	27.480	611.938	660.988
8区	2865.284	1673.986	1471.438	8171.113	2960.931	619.824	1473.955	5708.068

注 2008—2014年的4区只有1个成员——美国，因此4区对4区的单元格没有密度值。

数据显示，2000—2007年具有较强交互性或自反性的单元格共计16个，2008—2014年具有较强交互性或自反性的单元格共计22个，第二个阶段中具有较高交互性或自反性的群体数量明显增加。

对于这两个阶段，本节主要针对中国所在的分区进行分析。第一个阶段中，中国大陆所在的2区与1区、4区之间存在较强的交互性，表明2区（中国大陆、日本、韩国、印度尼西亚、中国台湾）对1区（澳大利亚、印度）、4区（美国、墨西哥、加拿大）的贱金属增加值出口较多。同时，2区存在显著的自反性，表明2区的五个经济体，即中国大陆、日本、韩国、印度尼西亚、中国台湾之间存在比较显著的相互进行贱金属增加值出口的贸易行为。第二个阶段中，中国大陆所在的1区与2区、3区、4区、8区之间存在较强的交互性，表明1区（澳大利亚、日本、中国大陆）对2区（印度、韩国、印度尼西亚、中国台湾）、3区（巴西、墨西哥、加拿大）、4区（美国）、8区（意大利、葡萄牙、俄罗斯、西班牙、斯洛文尼亚、克罗地亚、法国、德国、斯洛伐克）的贱金属增加值出口较多。同时，1区存在显著的自反性，表明1区的3个经济体，即澳大利亚、日本、中国大陆之间存在比较显著的相互进行贱金属增加值出口的贸易行为。上述交互性和自反性的状况表明，随着时间向后推移，中国的贱金属增加值出口方向在扩大，一方面维持了对亚洲、北美、大洋洲经济体的出口，另一方面增加了对欧洲成员的出口。

4.3.3 研究结论及政策建议

4.3.3.1 研究结论

通过对世界贱金属增加值出口概况的分析和对15个年份的网络结构的测度，得出如下研究结论。

（1）中国贱金属增加值出口与传统总贸易出口的正向背离状况逐渐加强，

显示出中国贱金属增加值出口在全球贱金属增加值出口拥有了越来越重的分量。日本的该指标由 6 个样本中的最高值不断下降，表明其正向背离状况逐渐减弱，显示日本在全球贱金属增加值出口拥有了越来越少的分量。俄罗斯、中国的贱金属的附加值或增加值最高，且在中间产品的增加值出口上表现最好。

（2）世界贱金属增加值贸易网络是一种不均衡贸易网络，中国在出口中贸易伙伴的广泛性不断提高，2010 年以后拥有最广泛的贸易伙伴。德国控制其他经济体之间贸易的能力很强，中国的该能力较弱。

（3）美国、中国均高度融入了世界贱金属增加值贸易，日本也较高地融入了世界贱金属增加值贸易。其中美国的融入程度非常高，中国的融入程度不断加强，但与美国相比还存在较明显差距。

（4）世界贱金属增加值贸易网络存在向少数经济体集中的状况，核心区域的经济体的构成比较稳定，中国、美国、德国、日本长期处于贸易网络最为核心的地位，美国的核心度最高，一直排名第 1 位。中国的核心地位不断增长，两成员间的核心度差距总体上逐渐缩小。

（5）中国的小群体不太稳定，2006 年前后存在较明显的差异。美国的小群体成员也存在变化，但大多数年份显示出北美自由贸易区发挥着明显的作用。德国基本维持在以欧洲经济体为主的小群体中。

（6）中国的贱金属增加值出口方向在扩大，一方面维持了对亚洲、北美、大洋洲经济体的出口，另一方面增加了对欧洲国家的出口。

4.3.3.2 政策建议

总体上，2000—2014 年，中国在贱金属增加值出口中贸易伙伴的广泛性不断提高，但是中国控制其他经济体之间贸易的能力较弱，且中国与部分主要经济体之间的联系呈现逐渐减弱的状况。中国的融入程度不断加强，但与美国相比还存在较明显差距。中国的小群体不太稳定。为了维护我国贱金属增加值出口的可持续发展、提高获利能力，提出如下政策建议。

（1）通过国际营销公共平台开拓东欧市场。虽然中国贱金属增加值的出口方向扩展到欧洲，但主要以西欧国家为主。要警惕北美市场的政治经济的多变带来市场突然萎缩，还要警惕贸易摩擦带来的市场阻碍增加，毕竟在全球反倾销中，中国是最大的反倾销受害国，而且贱金属遭受的反倾销在中国排第一位（中国贱金属遭受的反倾销数量/中国遭受反倾销总量达到 30.3%[1]）。对中国进行反

---

[1] 根据 WTO 反倾销统计数据计算得到。

倾销的主要国家包括美国以及西欧国家，因此中国贱金属出口的北美市场和西欧市场的稳定可持续方面存在较大的不确定性，对东欧市场的开拓就显得很重要。东欧国家对中国贱金属的反倾销很少，贸易摩擦的风险较低，因此中国在维持与亚洲、北美、西欧国家联系的同时，以"一带一路"倡议的实施为契机，注意开拓东欧市场。我国的贱金属应积极利用国际营销平台提升增加值贸易中的东欧市场开拓效率。

（2）充分利用贸易协定参与全球价值链，扩大中国所在小群体的亚洲经济体数量。中国大陆的小群体不太稳定，2007年以后印度、韩国、印度尼西亚、中国台湾等亚洲经济体逐渐脱离了中国大陆所在小群体。RCEP对于提升中国贱金属参与全球价值链的状况正好是一个机遇。中国可以充分利用RCEP的贸易政策更深入地参与全球价值链，使更多亚洲主要经济体扩充到中国所在小群体，这不仅有利于中国对东亚、南亚市场的开拓，而且有利于中国进一步加大对大洋洲市场的开拓和维持。

4.4 中国机电设备增加值出口变化的社会网络分析

机电设备主要包括各种机器、机械器具、电器设备、录音设备、电视图像设备等及其零附件。机电设备为其他行业的生产提供了大量的生产设备，同时也为消费者提供了各种消费产品。

在世界机电设备出口中，中国长期是世界主要的机电设备出口成员。图4-22列出了2020年全球机电设备出口最多的15个经济体及占比数据，中国内地排名第1位，中国内地机电设备出口占世界机电设备出口的26.2%❶，远高于排名第2位和第4位的德国和美国（占比分别为8.9%和7.9%），且中国（内地）的占比高于德国和美国的占比总和。中国香港排名第3位，占比为8.8%。

中国机电设备面临非常频繁的反倾销贸易摩擦，出口形势严峻。1995—2020年中国机电设备遭受到的国外倾销调查数量排第3位，占中国遭受反倾销总量的11.1%❷。

本节的边际贡献主要在于：

---

❶ 根据联合国UNcomtrade数据库统计数据计算得到。
❷ 根据WTO反倾销统计数据计算得到。

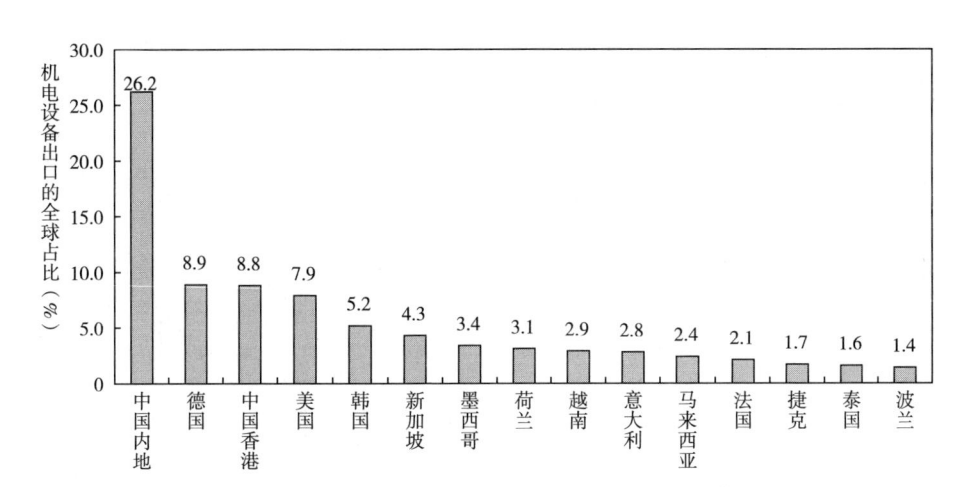

图 4-22　全球机电设备出口最多的经济体及占比（2020 年）

资料来源：根据联合国 UNcomtrade 数据库统计数据计算得到。

（1）从全球价值链的视角专门研究机电设备的增加值贸易；

（2）将社会网络分析方法运用于机电设备增加值贸易的研究；

（3）从时间序列的动态变化分析中国的网络地位的纵向变动；

（4）对发达国家（德国、美国）和发展中国家（中国、墨西哥）的网络地位进行横向对比，分析中国的网络地位与他国的横向差距。

4.4.1　中国机电设备增加值出口概况

图 4-23 为中国机电设备在 2000—2014 年[1]的增加值出口额及增加值出口占比情况。数据显示，中国机电设备增加值出口总体上逐年上升，但 2009 年是例外，2009 年的增加值出口较 2008 年出现了很大的下降（这种情况在中国的贱金属、纺织品服装等的增加值出口中均同样存在，是一种共性状况）。这可能由于 2008 年金融危机导致全球贸易需求萎缩，机电设备贸易也同样萎缩，因此 2009 年中国机电设备增加值出口也相应出现下滑。2010 年市场复苏后的出口有非常大的增长，而且远超过 2008 年增加值出口额。

中国机电设备增加值出口占比的变化呈现 W 形的状态，分为四个阶段：第一个阶段为 2007 年之前，主要呈下降状态；第二个阶段为 2007—2009 年，主要

---

[1] 由于该增加值数据来源于对外经济贸易大学的 UIBE GVC Indicators 数据库，该数据库基于 WIOD2016 的投入产出数据表得到的全球价值链的相关数据时间段为 2000—2014 年，即该数据的最新年份截至 2014 年。

呈上升状态；第三个阶段为 2009—2011 年，主要呈下降状态；第四个阶段为 2011—2014 年，主要呈上升状态。

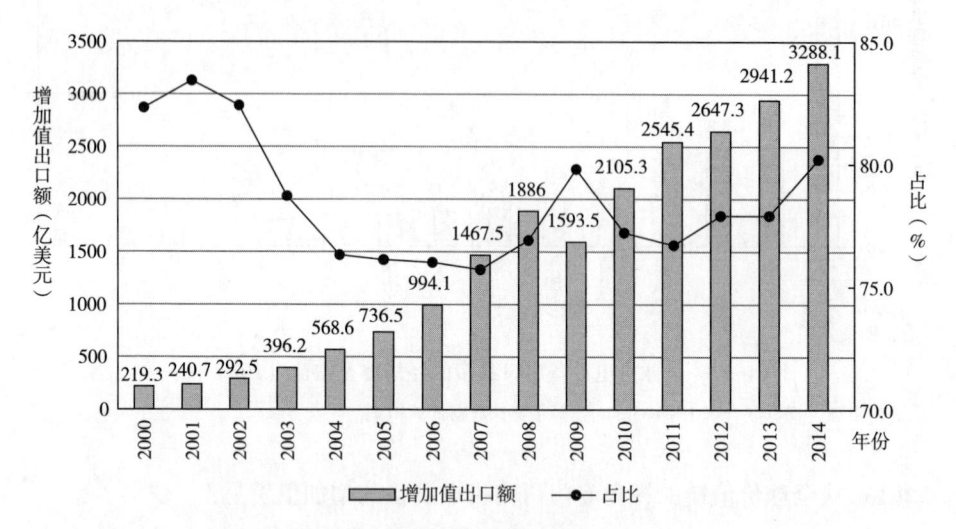

图 4-23　中国机电设备增加值出口额及增加值出口占比（2000—2014 年）

注　占比＝中国机电设备增加值出口额/中国机电设备出口额×100%

资料来源：根据 UIBE GVC Indicators 数据库统计数据整理计算得到。

为了对比中国与世界其他主要的机电设备出口成员的增加值出口状况，从世界最主要的机电设备出口成员中选取了中国、德国、美国、墨西哥共 4 个样本。其中 2 个为发达国家（德国、美国），另外 2 个为发展中国家（中国、墨西哥）。本节主要对比了这 4 个样本的机电设备增加值出口的占比差（图 4-24），"占比差"主要表达了一国增加值出口占比与传统总值贸易出口占比之间的背离状况。从图 4-24 中可看出，中国呈现明显的快速上升状态，2006 年之后，中国的占比差开始高于其他 3 个样本，且与其他样本的差距逐渐加大，这种状况说明中国机电设备增加值出口在全球机电设备增加值出口拥有了越来越重的分量，扮演着越趋重要的角色。其他 3 个样本的占比差都较低，指标变化不大，其中墨西哥的占比差最低，所有年份均低于 0。

本节还测算了 4 个样本的机电设备增加值出口额/该国机电设备出口额的占比指标（图 4-25），在 2000—2014 年，中国的占比一直是 4 个样本中最高的，德国和美国的占比居中，墨西哥的占比最低，且与中国存在较大的差距。中国的占比呈现阶段性波动，其中 2009 年出现明显的跳动（2009 年的跳动状况德国、美国均有，很大可能是与 2008 年的金融危机相关），2011 年以后的上升趋势比较明

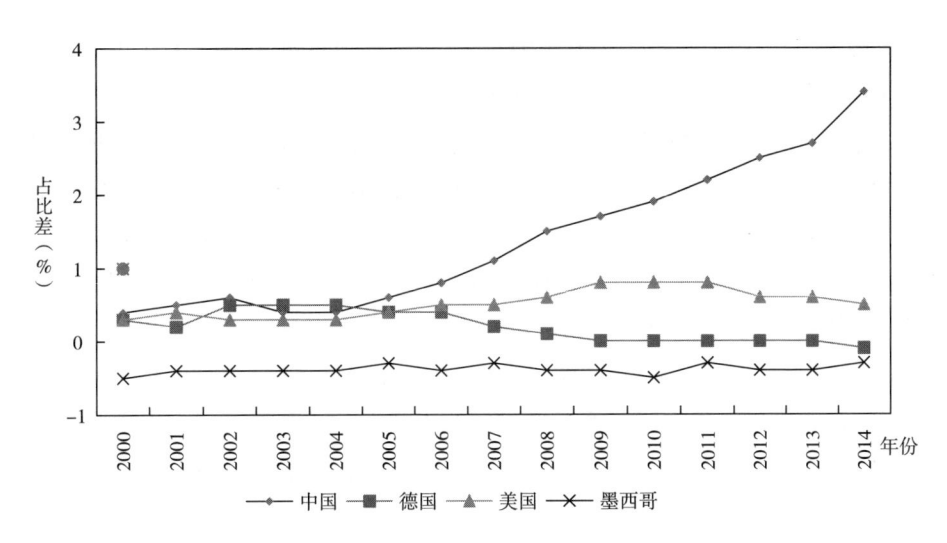

图 4-24　4 个样本机电设备增加值出口占比差

注　各国的占比差=占比 1-占比 2

各国的占比 1=该国机电设备 DVA 出口额/全球机电设备 DVA 出口额×100%

各国的占比 2=该国机电设备出口额/全球机电设备出口额×100%

资料来源：根据 UIBE GVC Indicators 数据库统计数据整理计算得到。

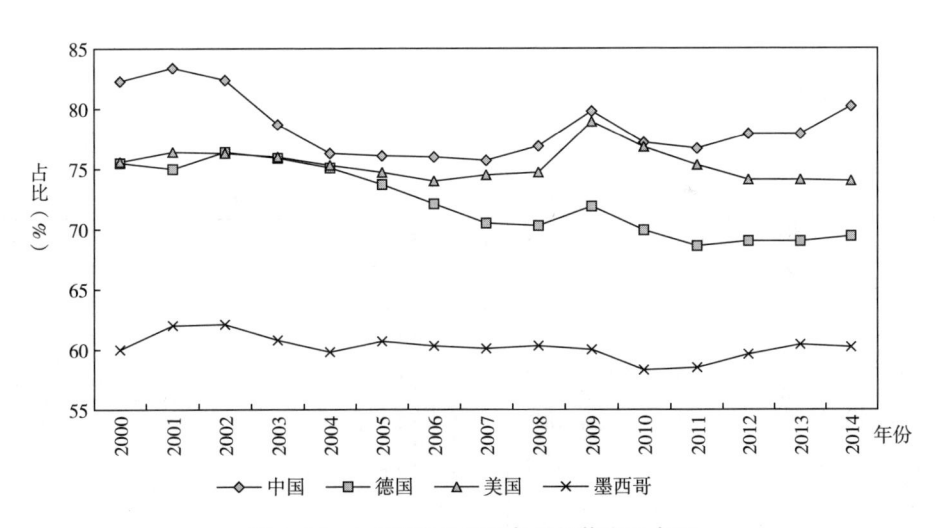

图 4-25　4 个样本机电设备增加值出口占比

注　各国的占比=该国机电设备增加值出口额/该国机电设备出口额×100%

资料来源：根据 UIBE GVC Indicators 数据库统计数据整理计算得到。

显。德国的占比在 2009 年后呈现下降趋势，但下降比较缓慢。美国从 2002 年开始总体上呈现比较长期的缓慢下降趋势。墨西哥的占比基本维持在 60% 左右。2014

年数据显示,中国排第 1 位(占比为 80.2%),美国排第 2 位(占比为 74.0%),德国排第 3 位(占比为 69.4%),墨西哥排第 4 位(占比仅为 60.2%)。

本节以表 4-23 的数据对此进一步解读。表 4-23 显示中国、德国两国以最终产品的出口为主,美国的中间产品的出口略高于最终产品,墨西哥以中间产品出口为主。在最终产品的出口中,美国的最终产品增加值出口/最终产品出口总额指标最高,达到年均 84.9%,中国排第 2 位,年均为 80.3%。但是美国在中间产品的表现上并不突出,在中间产品增加值出口/中间产品出口总额的指标上美国排名仅第 3 位,达到年均 66.3%,中国排名第 1 位,远高于美国,达到年均 75.6%。由于中国虽然在最终产品增加值的表现上稍微弱于美国,但中国在中间产品增加值的表现上较多地强于美国,这最终导致中国的机电设备增加值出口占比最高。

表 4-23　4 个样本机电设备出口的各类占比比较

年份	终产品出口额/中间产品出口额(倍)				最终产品增加值出口/最终产品出口总额(%)				中间产品增加值出口/中间产品出口总额(%)			
	中国	德国	美国	墨西哥	中国	德国	美国	墨西哥	中国	德国	美国	墨西哥
2000	1.8	1.2	1.0	0.9	83.2	78.4	87.3	60.2	80.6	72.5	63.8	59.8
2001	1.8	1.3	0.9	0.9	84.4	78.0	88.5	62.2	81.6	78.5	65.7	61.8
2002	1.9	1.2	0.8	0.8	83.6	87.3	88.5	62.5	80.1	80.9	66.0	61.8
2003	1.8	1.2	0.9	0.9	80.1	79.0	87.9	61.0	76.2	74.6	65.9	60.6
2004	1.8	1.2	1.0	0.9	77.8	78.1	85.8	60.2	73.5	72.7	65.1	59.5
2005	1.7	1.2	0.9	0.9	77.7	76.7	85.0	61.1	73.4	73.0	65.1	60.3
2006	1.6	1.2	1.0	0.9	77.7	75.1	83.6	60.8	73.2	72.7	64.4	59.8
2007	1.7	1.3	1.0	0.8	77.4	73.4	83.7	60.6	72.8	72.6	65.4	59.6
2008	1.6	1.3	1.0	0.9	78.7	73.1	82.8	60.8	74.0	71.9	66.3	59.7
2009	1.6	1.2	1.0	1.0	81.7	74.5	86.4	60.4	76.8	72.0	71.4	59.5
2010	1.5	1.1	1.0	1.0	79.5	72.7	84.5	59.1	73.7	70.4	68.8	57.5
2011	1.4	1.2	1.0	0.9	79.3	71.6	82.4	59.5	73.1	68.3	67.5	57.6
2012	1.3	1.1	1.0	0.9	80.6	71.8	81.8	60.6	74.3	68.1	66.0	58.7
2013	1.3	1.1	0.9	0.9	80.6	72.0	82.4	61.7	74.2	68.7	66.5	59.1
2014	1.3	1.0	0.9	0.9	82.9	72.6	82.3	61.2	76.7	69.0	66.5	59.3

资料来源:根据 UIBE GVC Indicators 数据库统计数据整理计算得到。

4.4.2 中国机电设备增加值出口网络的实证分析

本节研究拟运用社会网络分析（SNA）方法专门针对中国机电设备增加值出口的状况进行研究，分析该网络中我国地位的变化。全球机电设备的增加值贸易也构成了一种贸易网络，若能对该贸易网络进行研究，剖析中国在该网络中的网络地位变化状况，这对于从不同层面了解中国机电设备增加值贸易状况有积极的作用，有利于对中国机电设备增加值贸易状况的理解和准确判断。

本节挖掘出了 UIBE GVC Indicators 数据库中基于 WIOD2016 投入产出数据表得到的全球机电设备增加值出口的相关基础数据。该增加值数据涉及 2000—2014 年的 43 个经济体，本节同样以前文提到的 43 个经济体为研究样本，对 2000—2014 年的机电设备增加值出口数据进行了整理和计算。全球最主要的参与机电设备贸易的经济体均包含在这 43 个经济体中，并且地理位置分布广泛；另外，这些经济体的机电设备增加值出口总额占到全球机电设备增加值出口总额的绝大多数，能够有效分析中国在全球机电设备增加值出口的贸易网络地位变化状况。

为了准确分析中国在全球机电设备增加值出口的贸易网络地位变化状况，对 2000—2014 年所涉及的 15 个年份均进行了社会网络相关指标的测度，并对各年度的指标进行时间序列上的纵向比较分析和经济体之间的横向比较分析。本节依据上述 43 个经济体在 2000—2014 年的机电设备增加值出口数据，分别构建了 15 个年份的 43×43 的邻接矩阵。其中，矩阵中的行表示行经济体对列经济体的机电设备增加值出口额，矩阵中的列表示列经济体对来自行经济体的机电设备增加值进口额。文中使用 UCINET 软件辅助进行机电设备增加值出口的网络结构测度。

4.4.2.1 贸易网络图与网络密度分析

若每个年份均绘制网络图则占用篇幅太多，因此本节以 2007 年为界，只绘制了两个阶段（2000—2007 年为第一个阶段，2008—2014 年为第二个阶段）的全球机电设备增加值出口网络图（分别见图 4-26 和图 4-27）。为了使网络图的连线更易识别，特设定增加值出口额达到 10 亿美元以上的出口才显示连线。连线的粗细与机电设备增加值出口额相对应。连线均具有方向性，因此带有箭头。箭头末端是机电设备增加值的进口经济体，箭头起始端是机电设备增加值的出口经济体。

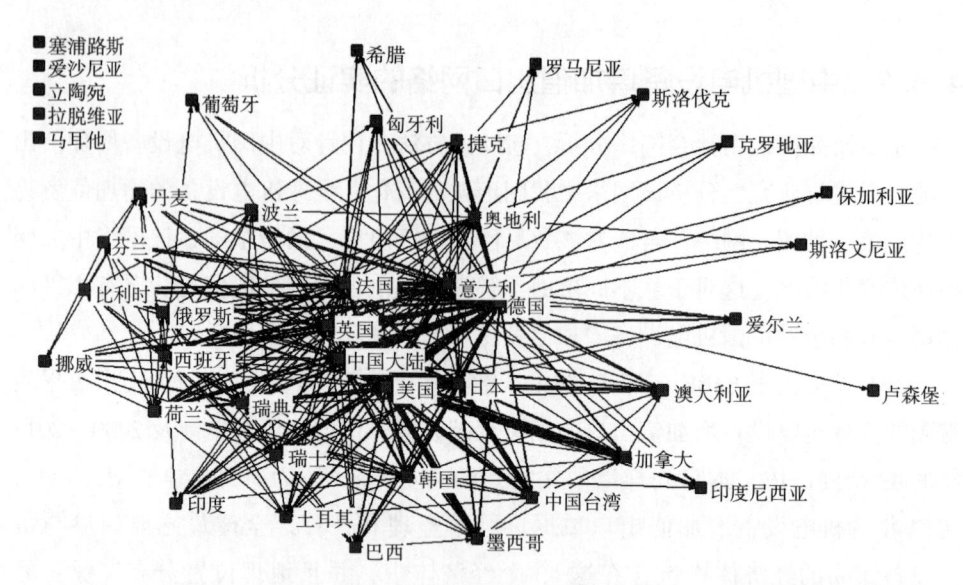

图 4-26　2000—2007 年全球机电设备增加值出口网络图（10 亿美元以上出口额）

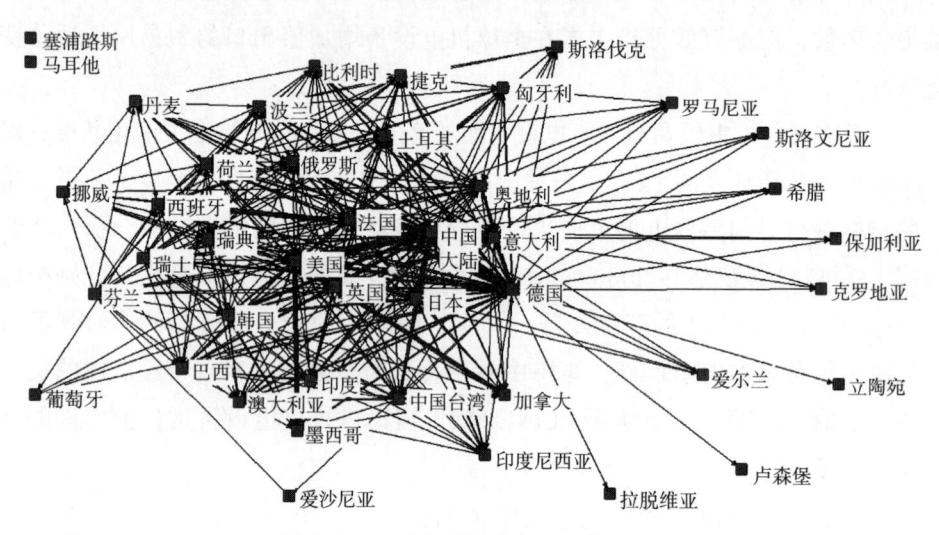

图 4-27　2008—2014 年全球机电设备增加值出口网络图（10 亿美元以上出口额）

在 2000—2007 年有 5 个经济体（经济体具体名称见图 4-26 左上角）未与其他经济体发生机电设备增加值贸易；在 2008—2014 年有 2 个经济体（经济体具体名称见图 4-27 左上角）未与其他经济体发生机电设备增加值贸易。

图 4-26 显示：在 2000—2007 年，中国、美国、日本、德国、意大利、法国、英国等机电设备增加值出口的主要国家处于贸易网络的中心，且连线均较粗，说明这些经济体的机电设备增加值贸易额较大。另外，加拿大、墨西哥虽然没有处

于网络中心,但与美国有较粗的连线这主要是由于北美自由贸易区内部成员贸易的关税减免,使大量的增加值贸易发生在加拿大与美国之间、墨西哥与美国之间。加拿大、墨西哥与世界其他经济体之间的增加值贸易较少,因此加拿大、墨西哥位于网络外围区域。图4-27显示:在2008—2014年,中国、美国、日本、德国、意大利、法国、英国等机电设备增加值出口的主要成员仍处于贸易网络的中心;加拿大、墨西哥的状况与2000—2007年的状况相似。

网络密度由2000—2007年的2283.2920上升为2008—2014年的3251.5752,反映出经济体之间的机电设备增加值贸易联系变得更为紧密。并且未与其他经济体发生10亿美元级别以上增加值贸易的经济体由5个缩减为2个,这也同样反映出增加值贸易联系增强了。

4.4.2.2 贸易网络的中心性分析

仍以前文选定的4个国家作为比较分析的对象,计算了4个国家在2000—2014年每个年份的中心性指标,用于评价节点重要性、地位优越性和社会声望的结构位置。中心性指标的具体数值见表4-24和表4-25,为了便于不同年份间的比较,均采用标准化的中心性指标数值。

表4-24 2000—2014年机电设备贸易网络中心性指标——点度中心度

| 年份 | 点出度(标准化) ||||||||
| | 中国 || 德国 || 美国 || 墨西哥 ||
	数值	排序	数值	排序	数值	排序	数值	排序
2000	1.890	7	7.978	1	6.838	3	1.183	9
2001	2.597	7	10.160	1	7.507	3	1.248	10
2002	3.845	6	13.176	1	8.142	3	1.470	11
2003	5.134	5	15.540	1	8.078	3	1.721	12
2004	5.684	5	14.650	1	7.398	3	1.556	13
2005	6.884	4	14.887	1	7.841	3	1.754	9
2006	7.785	3	14.400	1	7.574	4	1.855	8
2007	8.588	2	13.420	1	6.269	4	1.601	9
2008	9.486	2	13.242	1	5.803	3	1.581	8
2009	9.653	2	12.266	1	5.882	3	1.536	9
2010	9.995	2	10.889	1	5.526	4	1.676	7
2011	10.257	2	10.725	1	5.091	4	1.507	8

续表

点出度（标准化）

年份	中国 数值	中国 排序	德国 数值	德国 排序	美国 数值	美国 排序	墨西哥 数值	墨西哥 排序
2012	9.931	1	9.515	2	4.939	3	1.516	8
2013	10.05	1	9.311	2	4.208	3	1.441	8
2014	9.615	1	8.404	2	3.633	3	1.294	8

表4-25 2000—2014年机电设备贸易网络中心性指标——中间中心度和特征向量中心度

中间中心度（标准化）

年份	中国 数值	中国 排序	德国 数值	德国 排序	美国 数值	美国 排序	墨西哥 数值	墨西哥 排序
2000	0.460	20	1.129	4	1.129	4	0.111	29
2001	0.382	23	1.580	1	0.840	6	0.105	32
2002	0.370	20	1.726	1	0.743	6	0.123	30
2003	0.348	21	1.480	1	0.657	4	0.078	34
2004	0.367	18	1.135	1	0.521	5	0.061	35
2005	0.305	17	1.259	1	0.446	3	0.066	34
2006	0.248	21	0.643	1	0.643	1	0.078	33
2007	0.200	20	0.504	1	0.284	9	0.109	30
2008	0.246	9	0.466	1	0.246	9	0.128	26
2009	0.303	7	0.676	1	0.303	7	0.077	33
2010	0.297	10	0.467	1	0.467	1	0.122	29
2011	0.249	10	0.467	1	0.249	10	0.065	33
2012	0.248	14	0.366	1	0.366	1	0.071	33
2013	0.230	12	0.338	1	0.338	1	0.066	34
2014	0.231	5	0.231	5	0.231	5	0.083	32

特征向量中心度（标准化）

年份	中国 数值	中国 排序	德国 数值	德国 排序	美国 数值	美国 排序	墨西哥 数值	墨西哥 排序
2000	29.548	6	47.065	3	81.012	1	29.253	7
2001	36.176	4	52.968	3	79.743	1	28.981	6
2002	45.525	4	55.551	3	74.956	1	26.408	9

第4章 全球价值链演进下中国工业品增加值出口变化的社会网络分析

续表

特征向量中心度（标准化）

年份	中国 数值	中国 排序	德国 数值	德国 排序	美国 数值	美国 排序	墨西哥 数值	墨西哥 排序
2003	54.309	4	56.99	2	70.561	1	22.608	9
2004	60.134	2	56.251	4	68.728	1	21.184	10
2005	61.105	2	54.337	4	71.330	1	23.264	9
2006	65.484	2	54.082	4	71.701	1	25.205	5
2007	69.238	1	57.126	3	68.403	2	24.475	7
2008	71.619	1	58.716	3	66.653	2	24.771	7
2009	76.134	1	58.477	3	65.543	2	23.974	7
2010	80.293	1	53.671	3	64.295	2	25.503	5
2011	80.410	1	55.300	3	64.494	2	23.980	5
2012	77.543	1	52.006	3	71.876	2	27.932	5
2013	78.154	1	52.814	3	71.753	2	27.858	5
2014	80.081	1	51.993	3	73.231	2	27.018	5

注 由于有的经济体的中间中心度数值存在相等的情况，因此排名存在并列排名的情况。

（1）点度中心度。点度中心度分为点出度和点入度，由于本节主要关注中国机电设备增加值出口，因此只研究点出度，略去对点入度的计算和分析。表4-24显示：在点出度方面，中国的排名总体不断上升，由2000年的第7位到2012年的第1位，且2012年以后维持了第1位。中国的点出度数值总体上也不断上升。德国的排名长期维持在第1位，2012年以后下降到第2位，且点出度数值在2003年以后总体上逐渐降低。美国的排名长期维持在第3、第4位，其点出度数值在2002年之后总体上逐渐降低。墨西哥的排名为4个成员中最靠后的，其点出度数值与其他3个成员相比存在较大的差距。以2014年数据为例，中国为9.615，德国和美国分别为8.404和3.633，墨西哥为1.294，墨西哥、美国的点出度数值与中国、德国存在较大差距。点出度数据显示，中国在世界机电设备增加值出口中贸易伙伴的广泛性不断提高，2012年以后拥有最广泛的贸易伙伴。德国、美国、墨西哥则存在着贸易伙伴的广泛性逐渐降低的状况。

（2）中间中心度。表4-25显示：中间中心度指标排名位于最前面的是德国，绝大部分年份的排名维持在第1位。美国的排名维持在第1~第10位，排名不稳定，有较多波动。中国的排名情况比美国更为靠后，墨西哥的排名是4个成员中最靠后的。4个成员的中间中心度指标数值总体上均不断降低。中间中心度数据显示出德国在世界机电设备增加值出口网络中控制其他经济体之间贸易的能力很强，美国次之，中国在该增加值出口网络中控制其他经济体之间贸易的能力较弱。

（3）特征向量中心度。在机电设备增加值贸易网络中，特征向量中心度高的经济体通常会更多地融入世界机电设备增加值贸易（包括出口和进口）中。表4-25显示：中国的特征向量中心度指标总体上逐年上升，排名也不断上升，由2000年的第6位上升到2007年的第1位，且2007年以后一直维持第1位。美国的排名2006年之前一直维持在第1位，2006年之后下降到第2位，且一直维持在第2位。德国的排名略微靠后，维持在第3、第4位。墨西哥的排名是4个国家中最靠后的，维持在第5~第10位，但就整个43个经济体中的排名位置而言并不低。特征向量中心度数据显示出，长期以来中国、美国、德国均高度融入了世界机电设备增加值贸易，长期是世界机电设备增加值贸易网络的主要出口经济体和进口经济体，而且中国的融入程度不断加强，中国超越美国、德国的程度不断扩大。墨西哥也较高地融入了世界机电设备增加值贸易。

4.4.2.3 贸易网络的核心—边缘结构分析

在机电设备增加值贸易网络中可以通过核心度指标判断是否存在核心地带、半边缘地带和边缘地带❶。图4-28为各个年份的核心、半边缘及边缘区域经济体的数量汇总，表4-26为所选取的4个样本各个年份的网络核心度数值。数据显示，世界机电设备增加值贸易网络中存在核心—半边缘—边缘结构，最大量数量的经济体属于半边缘区域，其次有较多经济体属于边缘区域，仅有少数经济体处于核心区域。中国、德国、美国、墨西哥这4个样本在所有年份均处于核心区域。中国的核心度数值也不断提高，同时核心度排名不断提高，由2000年的第7位上升到2007年的第1位，且2007年以后一直维持第1位。美国的核心度数值总体上呈现逐渐下降的趋势，同时美国的核心度排名由2000年的第1位下降到2007年的第2位，且2007年之后一直维持第2位。德国的核心度排名基本维持在第3、第4位。墨西哥的排名在4个样本中最靠后，维持在第5、第9位。核心度数据显示出，世界机电设备增加值贸易网络存在向少数经济体集中的状况，核心区域的经济体的构成比较稳定，中国、德国、美国、墨西哥长期处于核心的地位，且中国的核心地位不断增长，核心度最高，而美国的核心地位逐渐降低，

---

❶ 判断规则如下：当核心度>0.1，则属于核心地带；当核心度为0.01~0.1，则属于半边缘地带；当核心度<0.01，则属于边缘地带。

与中国之间的差距逐渐加大。

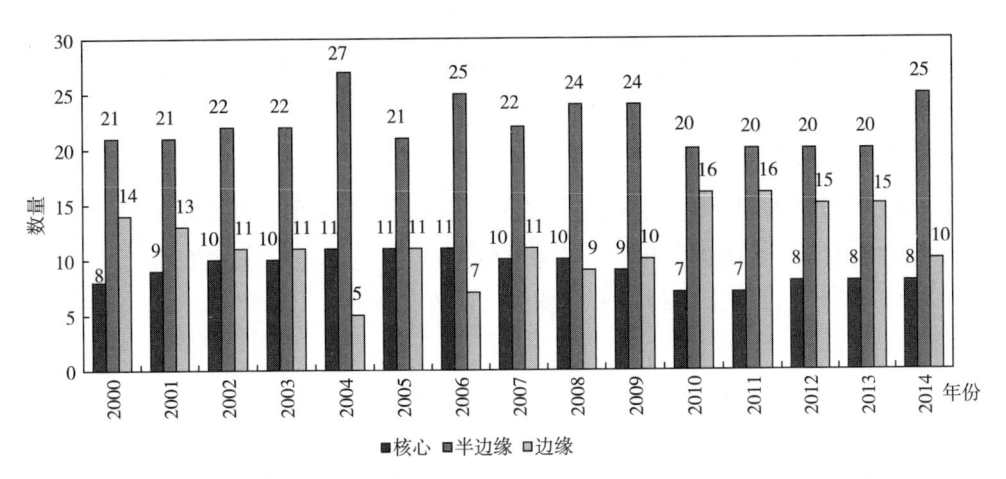

图 4-28 2000—2014 年全球机电设备贸易中核心、半边缘及边缘区域的经济体数量

表 4-26 2000—2014 年机电设备贸易的网络核心度

年份	中国 数值	中国 排序	德国 数值	德国 排序	美国 数值	美国 排序	墨西哥 数值	墨西哥 排序
2000	0.120	7	0.210	4	0.824	1	0.199	5
2001	0.161	6	0.247	4	0.799	1	0.210	5
2002	0.247	5	0.322	2	0.704	1	0.212	6
2003	0.348	3	0.391	2	0.596	1	0.169	9
2004	0.412	2	0.378	3	0.583	1	0.164	9
2005	0.434	2	0.360	4	0.578	1	0.179	6
2006	0.488	2	0.345	4	0.579	1	0.185	5
2007	0.530	1	0.395	3	0.518	2	0.155	7
2008	0.589	1	0.390	3	0.476	2	0.150	7
2009	0.691	1	0.368	3	0.425	2	0.120	9
2010	0.754	1	0.304	4	0.375	2	0.111	7
2011	0.764	1	0.306	3	0.372	2	0.112	7
2012	0.693	1	0.304	3	0.468	2	0.144	5
2013	0.706	1	0.322	3	0.449	2	0.141	6
2014	0.707	1	0.311	3	0.469	2	0.141	5

注 为了便于识别，表中将处于核心区域的成员用灰色背景标注。

4.4.2.4 贸易网络的网络分区分析

表 4-27 为 2000—2014 年世界机电设备增加值出口网络的分区结果，每个年份的世界机电设备增加值出口网络均被分成 8 个区，为了简化分区情况，6 区至 8 区共计 3 个区综合在一起，表中主要详细列出 1 区、2 区、3 区、4 区和 5 区的情况。网络分区状况为：

（1）小群体的划分中，美国在大多数年份都是与加拿大、墨西哥构成小群体 2 区，仅在少数年份中美国仅与墨西哥构成小群体，或与其他少数国家构成小群体。

（2）中国大陆一直是与日本、韩国、印度尼西亚、中国台湾等几个亚洲经济体长期处于同一小群体，但是小群体中的亚洲经济体并不稳定。

（3）德国基本维持在以欧洲经济体为主的小群体中。

表 4-27 2000—2014 年机电设备贸易网络分区结果

年份	1 区	2 区	3 区	4 区	5 区	其他 3 个区
2000	墨西哥、巴西、加拿大	澳大利亚、印度、美国	日本、韩国、印度尼西亚、中国台湾、中国大陆	英国、爱沙尼亚、德国	捷克、意大利、比利时、奥地利、芬兰、瑞士、瑞典、法国、挪威、荷兰、丹麦、马耳他	剩余 17 个
2001	印度、英国、德国	澳大利亚、美国、巴西、墨西哥、加拿大	中国大陆、中国台湾、印度尼西亚、韩国	日本	捷克、比利时、意大利、芬兰、挪威、瑞士、奥地利、瑞典、法国、丹麦、荷兰	剩余 19 个
2002	澳大利亚、巴西	美国、墨西哥、加拿大	中国大陆、中国台湾、韩国、印度尼西亚	日本	比利时、捷克、斯洛文尼亚、瑞士、芬兰、意大利、奥地利、丹麦、瑞典、法国、德国、荷兰	剩余 21 个
2003	澳大利亚、巴西	美国、墨西哥、加拿大	中国大陆、印度尼西亚、韩国	中国台湾、日本	比利时、捷克、波兰、瑞士、芬兰、意大利、奥地利、斯洛文尼亚、瑞典、丹麦、德国、法国、荷兰	剩余 20 个

续表

年份	1区	2区	3区	4区	5区	其他3个区
2004	澳大利亚、巴西	美国、墨西哥、加拿大	中国大陆、中国台湾、韩国、印度尼西亚	日本	比利时、捷克、波兰、瑞士、芬兰、意大利、斯洛伐克、斯洛文尼亚、瑞典、匈牙利、德国、奥地利、丹麦、法国、荷兰	剩余18个
2005	澳大利亚、巴西	美国、墨西哥、加拿大	中国大陆、印度尼西亚	韩国、中国台湾、日本	比利时、捷克、波兰、瑞士、芬兰、意大利、斯洛伐克、斯洛文尼亚、瑞典、匈牙利、德国、奥地利、丹麦、法国、荷兰	剩余18个
2006	澳大利亚、巴西	美国、墨西哥、加拿大	中国大陆、印度尼西亚	韩国、中国台湾、日本	意大利、比利时、瑞典、芬兰、英国、德国、马耳他	剩余26个
2007	澳大利亚、巴西	美国、墨西哥、加拿大	中国大陆、印度尼西亚	韩国、中国台湾、日本	比利时、捷克、波兰、瑞士、芬兰、意大利、斯洛伐克、斯洛文尼亚、瑞典、匈牙利、德国、奥地利、丹麦、法国、荷兰	剩余18个
2008	澳大利亚、巴西	美国、墨西哥、加拿大	中国大陆、日本、韩国、中国台湾	印度、印度尼西亚	捷克、比利时、瑞士、芬兰、意大利、斯洛伐克、斯洛文尼亚、瑞典、匈牙利、德国、奥地利、波兰、法国、丹麦、荷兰	剩余17个
2009	澳大利亚、巴西	美国、墨西哥、加拿大	中国大陆、日本、韩国、中国台湾	印度、印度尼西亚	瑞典、意大利、芬兰、德国	剩余28个

续表

年份	1区	2区	3区	4区	5区	其他3个区
2010	澳大利亚、巴西	美国、墨西哥、加拿大	印度、印度尼西亚、中国大陆	中国台湾、韩国、日本	意大利、德国、瑞典、芬兰	剩余28个
2011	澳大利亚、巴西	美国、墨西哥、加拿大	中国大陆、日本、韩国、中国台湾	印度、印度尼西亚	瑞士、芬兰、意大利、德国	剩余28个
2012	澳大利亚、巴西	美国、墨西哥、加拿大	中国大陆、日本、韩国、中国台湾	印度、印度尼西亚	捷克、意大利、瑞士、罗马尼亚、斯洛文尼亚、斯洛伐克、奥地利、德国	剩余24个
2013	澳大利亚、巴西	美国、墨西哥、加拿大	中国大陆、日本、韩国、中国台湾	印度、印度尼西亚	捷克、意大利、瑞士、奥地利、斯洛文尼亚、德国	剩余26个
2014	澳大利亚、印度、巴西、印度尼西亚	美国、墨西哥	中国大陆、日本、中国台湾、韩国	加拿大	捷克、意大利、瑞士、芬兰、斯洛文尼亚、奥地利、罗马尼亚、德国	剩余24个

网络分区显示出中国在机电设备增加值出口中与韩国、印度、印度尼西亚等亚洲经济体之间的联系最密切；美国在增加值出口中与加拿大、墨西哥之间的联系很强，很明显北美自由贸易区在机电设备增加值出口中发挥着显著的作用；德国与数量众多的欧洲成员的联系很强。

4.4.2.5 贸易网络的交互性与自反性分析

在交互性和自反性的分析中需要先对贸易网络进行分区，然后使用贸易网络的密度矩阵，但若要分析2000—2014年每个年份的情况，分区结果和密度矩阵的篇幅太大，因此本节仅使用2000—2007年、2008—2014年两个阶段的分区结果和密度矩阵的对比状况来分析交互性和自反性。两个阶段的分区结果均为8个区（即8个小群体），各个分区的命名情况见表4-28和表4-29。中国所在的小群体在两个阶段有所变化，2000—2007年中国所在小群体为3区（即亚洲群体1，小群体成员为4个：中国大陆、中国台湾、韩国、印度尼西亚），2008—2014年中国所在小群体为3区（即亚洲群体1，小群体成员为4个：中国大陆、日本、韩国、中国台湾）。

表 4-28 2000—2007 年机电设备增加值出口网络的分区结果

分区	名称	成员
1区	大洋洲和南美群体	澳大利亚、巴西
2区	北美群体	美国、墨西哥、加拿大
3区	亚洲群体1	中国大陆、中国台湾、韩国、印度尼西亚
4区	亚洲群体2	日本
5区	欧洲群体1	比利时、捷克、波兰、瑞士、芬兰、意大利、斯洛伐克、斯洛文尼亚、瑞典、奥地利、德国、法国、丹麦、荷兰
6区	欧洲群体2	爱尔兰、英国、马耳他
7区	欧洲群体3	匈牙利、保加利亚、葡萄牙、希腊、塞浦路斯、印度、西班牙、克罗地亚、罗马尼亚、俄罗斯、卢森堡、土耳其
8区	欧洲群体4	爱沙尼亚、拉脱维亚、立陶宛、挪威

表 4-29 2008—2014 年机电设备增加值出口网络的分区结果

分区	名称	成员
1区	大洋洲和南美群体	澳大利亚、巴西
2区	北美群体	美国、墨西哥、加拿大
3区	亚洲群体1	中国大陆、日本、韩国、中国台湾
4区	亚洲群体2	印度、印度尼西亚
5区	欧洲群体1	捷克、意大利、瑞士、罗马尼亚、斯洛文尼亚、斯洛伐克、奥地利、德国
6区	欧洲群体2	比利时、瑞典、匈牙利、波兰、法国、丹麦、荷兰、芬兰
7区	欧洲群体3	葡萄牙、保加利亚、卢森堡、拉脱维亚、塞浦路斯、英国、西班牙、克罗地亚、马耳他、立陶宛、俄罗斯、希腊、土耳其
8区	欧洲群体4	爱尔兰、爱沙尼亚、挪威

表 4-30 和表 4-31 为 2000—2007 年和 2008—2014 年的世界机电设备增加值出口网络的密度矩阵。两个阶段的整体密度值分别为 2283.2920 和 3251.5752，将密度矩阵中的各个单元格的密度值与整体密度值进行比较。本节特将两个表格中密度值高于整体密度值的单元格涂为灰色，表明该单元格存在较强的交互性或显著的自反性❶。

---

❶ 如果某个单元格密度值大于整体密度值，说明该单元格所关联的两个分区存在较强的交互性，反之则表明存在较弱的交互性。关于自反性的分析是针对同一个分区自行交叉的单元格，若该单元格密度值大于整体密度值，说明该分区存在显著的自反性。

表 4-30　2000—2007 年机电设备增加值出口网络的密度矩阵

分区	1 区	2 区	3 区	4 区	5 区	6 区	7 区	8 区
1 区	221.391	3140.217	469.945	326.779	275.001	254.104	108.466	10.570
2 区	5064.733	61457.600	7289.685	8628.370	2090.711	3548.234	679.420	207.115
3 区	2445.096	14450.060	8250.016	18879.270	1621.479	1778.183	918.861	107.245
4 区	6677.510	50803.090	62002.28		5129.994	5649.526	1845.783	227.536
5 区	1776.621	5844.468	3378.929	2200.002	5151.946	3296.100	2009.849	668.778
6 区	1129.254	5500.892	1358.706	1751.784	2407.903	2425.399	733.328	479.431
7 区	122.903	526.692	182.127	113.795	541.176	351.276	212.301	38.622
8 区	90.614	149.475	198.491	90.154	169.559	153.301	45.801	52.624

注　2008—2014 年的 4 区只有一个成员——日本，因此 4 区对 4 区的单元格没有密度值。

表 4-31　2008—2014 年机电设备增加值出口网络的密度矩阵

分区	1 区	2 区	3 区	4 区	5 区	6 区	7 区	8 区
1 区	377.031	3144.848	662.793	594.738	413.146	242.372	131.911	37.440
2 区	8836.137	76754.480	11084.880	2572.491	2047.602	1944.395	1208.64	696.315
3 区	12776.850	41406.540	53904.190	15711.670	5605.103	4655.006	3330.516	705.343
4 区	912.249	1957.614	1671.470	900.674	431.501	338.888	242.668	41.574
5 区	3915.163	7934.139	10112.620	2867.012	9140.864	7005.164	3441.297	1200.927
6 区	1360.307	2458.379	2483.772	762.240	3363.941	2740.906	1337.36	1248.302
7 区	505.437	1255.222	671.419	427.015	931.071	774.001	383.721	462.012
8 区	295.619	400.957	1182.088	126.334	225.775	478.038	200.005	90.976

数据显示，2000—2007 年具有较强交互性或自反性的单元格共计 22 个，2008—2014 年具有较强交互性或自反性的单元格共计 17 个，第二个阶段中具有较高交互性或自反性的群体数量明显减少。

对于这两个阶段，本节主要针对中国大陆所在的分区进行分析。第一个阶段中，中国大陆所在的 3 区与 1 区、2 区、4 区之间存在较强的交互性，表明 3 区（中国大陆、中国台湾、韩国、印尼）对 1 区（澳大利亚、巴西）、2 区（美国、墨西哥、加拿大）、4 区（日本）的机电设备增加值出口较多。同时，3 区存在显著的自反性，表明 3 区的四个经济体，即中国大陆、中国台湾、韩国、印度尼西亚之间存在比较显著的相互进行机电设备增加值出口的贸易行为。第二个阶段中，中国大陆所在的 3 区与 1 区、2 区、4 区、5 区、6 区、7 区之间存在较强的交互性，表明3区（中国大陆、日本、韩国、中国台湾）对1区（澳大利亚、巴西）、2区（美国、墨西哥、加拿大）、4区（印度、印度尼西亚）、5区（捷克、意大利、瑞士、罗马尼亚、斯洛文尼亚、斯洛伐克、奥地利、德国）、6区（比利时、瑞典、匈牙利、波兰、法国、丹麦、荷兰、芬兰）、7区（英国、西班牙、俄罗斯等13个欧洲成员）的机电设备增加值出口较多。同时，3区存在显著的自反性，表明3区的四个经济体，即中国大陆、日本、韩国、中国台湾之间存在比较显著的相互进行机电设备增加值出口的贸易行为。上述交互性和自反性的状况表明，随着时间向后推移，中国的机电设备增加值出口方向在扩大，一方面维持了对亚洲、北美、大洋洲经济体的出口，另一方面增加了对欧洲国家和拉美国家的出口。

4.4.3 研究结论及政策建议

4.4.3.1 研究结论

通过对世界机电设备增加值出口概况的分析和对15个年份的网络结构的测度，得出如下研究结论。

（1）中国大陆机电设备增加值出口与传统总贸易出口的正向背离状况逐渐加强，显示出中国大陆机电设备增加值出口在全球机电设备增加值出口拥有了越来越重的分量。德国、美国、墨西哥3个成员的占比差都较低，指标变化不大。中国的机电设备的附加值或增加值最高，且德国、美国增加值出口占比存在缓慢下降趋势。中国以最终产品的出口为主，但终产品的增加值出口占比低于美国。

（2）世界机电设备增加值贸易网络是一种不均衡贸易网络，中国在出口中贸易伙伴的广泛性不断提高，2012年以后拥有最广泛的贸易伙伴，而德国、美国的贸易伙伴广泛性逐渐降低。德国控制其他经济体之间贸易的能力很强，美国次之，中国的该能力较弱。

（3）中国、美国、德国均高度融入了世界机电设备增加值贸易，墨西哥也较高地融入了世界机电设备增加值贸易。中国的融入程度不断加强，已超过美国。

（4）世界机电设备增加值贸易网络存在向少数经济体集中的状况，核心区域的经济体的构成比较稳定，中国、德国、美国、墨西哥长期处于核心的地位，中国的核心地位不断增长，核心度最高，而美国的核心地位逐渐降低，两国中间的核心度差距总体上逐渐加大。

（5）中国一直是与几个亚洲经济体长期处于同一小群体。美国在大多数年份都是与加拿大、墨西哥构成小群体，显示出北美自由贸易区发挥着明显的作用。德国基本维持在以欧洲经济体为主的小群体中。

（6）中国的机电设备增加值出口方向在扩大，一方面维持了对亚洲、北美、大洋洲经济体的出口，另一方面增加了对欧洲国家和拉美国家的出口。

4.4.3.2 政策建议

总体上，2000—2014年，中国在机电设备增加值出口中贸易伙伴的广泛性不断提高，但是中国控制其他经济体之间贸易的能力较弱。中国的核心地位不断增长，核心度最高。中国的融入程度不断加强，已超过美国。为了维护我国机电设备增加值出口的可持续发展、提高获利能力，提出如下政策建议。

（1）需重视和增大最终产品的出口。在2000—2014年机电设备出口中，中国的最终产品增加值出口/最终产品出口总额指标平均为80.3%，美国年均为84.9%。中国最终产品的增加值比重弱于美国，如果中国能增加高质量、高附加值的最终产品的出口，则会使中国机电设备总体上的增加值占比更高。

（2）通过国际营销公共平台开拓东欧和拉美市场。虽然中国机电设备增加值的出口方向扩展到欧洲，但主要以西欧国家为主。要警惕北美市场的政治经济的多变带来市场突然萎缩，还要警惕贸易摩擦带来的市场阻碍增加，而且机电设备遭受的反倾销在中国排第三位（中国机电设备遭受的反倾销数量/中国遭受反倾销总量达到11.5%[1]）。对中国进行反倾销的主要成员包括美国以及西欧一些国家和地区，因此中国机电设备出口的北美市场和西欧市场的稳定可持续方面存在较大的不确定性，对东欧市场和拉美市场的开拓就显得很重要。这两个市场中国机电设备的反倾销很少，贸易摩擦的风险较低，而且中国的机电设备的技术和品质在这两个市场具有一定的优势，因此中国在维持与亚洲、北美、西欧国家联系的同时，注意开拓东欧市场和拉美市场。我国的机电设备应积极利用国际营销平台提升增加值贸易中的东欧市场和拉美市场开拓效率。

（3）充分利用贸易协定参与全球价值链，扩大中国所在小群体的亚洲经济体数量。中国所在的小群体成员虽然全部为亚洲经济体，且数量较少，中国控制其他经济体之间贸易的能力较弱。RCEP对于提升中国机电设备参与全球价值链的状况正好是一个机遇。中国可以充分利用RCEP的贸易政策更深入地参与全球价值链，使更多的亚洲主要经济体扩充到中国所在小群体，这不仅有利于中国对

---

[1] 资料来源：根据WTO反倾销统计数据计算得到。

东亚、南亚市场的开拓，而且有利于中国进一步加大对大洋洲市场的开拓和维持。

4.5　本章小结

本章针对中国遭受反倾销数量最多的 4 个大类的工业品（纺织品服装、化工产品、贱金属、机电设备）的增加值出口进行了分析。主要运用社会网络分析方法进行了实证研究，分析 2000—2014 年我国的各类产品在世界增加值贸易网络中的网络地位的变化。研究结果显示：中国在纺织品服装增加值出口网络中的地位和作用突出，但是中国控制其他经济体之间贸易的能力总体表现一般，且中国与部分主要经济体之间的联系呈现逐渐减弱的状况；中国在化工产品增加值出口网络中的地位和作用落后于美国、德国，但差距在不断缩短，中国在最终产品的增加值出口上表现弱于美国；中国在贱金属增加值出口中贸易伙伴的广泛性不断提高，但是中国控制其他经济体之间贸易的能力较弱，且中国与部分主要经济体之间的联系呈现逐渐减弱的状况；中国在机电设备增加值出口中贸易伙伴的广泛性不断提高，但是中国控制其他经济体之间贸易的能力较弱。中国的核心地位不断增长，核心度最高。中国的融入程度不断加强，已超过美国。本章还针对中国的各个大类产品增加值出口的可持续发展、获利能力的提高，从多个方面提出了对策建议。

第5章
基于总量视角的反倾销与全球价值链位置、全球价值链参与度的协同演化研究

数据显示，无论从总量、年度数量，还是占比，中国遭受的反倾销已对我国的对外贸易构成了严峻的挑战，对中国相关产业在全球价值链中的地位、参与状况等也可能产生现实或潜在的影响及威胁，也可能产生激励作用。在反倾销的威胁下，如何维护或增强一国相关产业的贸易利益就成为一个焦点问题。本章拟对我国遭受的反倾销与中国在全球价值链中的位置、参与度的协同演化状况进行研究，并就协同演化的累积影响去探索我国的外贸发展问题。

5.1 研究概况

中国遭受反倾销的原因是复杂的、多样化的，有国内、国外原因，也有宏观、微观原因，还有经济、非经济原因（沈国兵，2007；谢建国，2006；杨艳红，2009；李坤望、王孝松，2008；周灏，2011；巫强等，2015）。对于全球价值链状况方面的影响因素的研究几乎没有，与之有关联的是有一些针对产业升级、技术进步等影响因素的研究，如张雨、戴翔（2013）通过实证研究发现中国出口产品升级不仅未能有效缓解中国遭遇的反倾销，反而使之加剧。

反倾销经济效应的研究内容涉及面较为广泛，其中对价格和贸易影响的研究最多。绝大多数研究发现反倾销对价格产生了影响（Helpman et al.，1989；Konings et al.，2001；朱钟棣、鲍晓华，2004；刘玲等，2010），但是也有例外，如Asche（2001）发现美国对挪威三文鱼反倾销并没有对价格产生直接影响。大量的学者都证实了反倾销的贸易限制或贸易转移效应（Staiger et al.，1994；Prusa，2001；冯宗宪、向洪金，2010）。Vandenbussche 和 Zanardi（2010）还发现反倾

销具有综合效应和长期效应，即寒蝉效应，杨仕辉、魏守道（2011）则专门通过寒蝉效应模型分析了反倾销对中国出口贸易的影响。反倾销对相关国家的产业结构、就业水平、投资区位、市场供求、社会福利等方面的研究虽然较少，但也有部分学者涉及（Gallaway et al., 1999；鲍晓华，2007；巫强等，2015）。对于中国遭受反倾销对产业升级、技术进步的影响，近几年一些学者通过实证方法进行了探索，如齐俊妍、孙倩（2014），奚俊芳、陈波（2014）等，但研究结论并不相同。

现有研究结果基本上都普遍认同反倾销会导致出口国受到负面影响，虽然产业升级、技术进步与产业在全球价值链中的位置和参与度有一定关联，但是文献显示，反倾销与全球价值链（GVC）位置、GVC参与度之间关系的实证研究非常缺乏，对于反倾销和GVC位置、GVC参与度之间的双向互动影响、协同演化没有涉及。本章拟从全球价值链的视角，从理论上去诠释反倾销与产业在全球价值链中的位置、参与度之间协同演化的机制，并采用协同演化模型去验证反倾销与GVC位置、GVC参与度之间的协同演化问题。这有利于人们深化认识中国遭受的反倾销问题，有利于更有效地维护我国在全球价值链中的合法贸易利益。

5.2 反倾销与GVC位置、GVC参与度的协同演化机制

协同演化（co-evolution）最早是生物学术语，后来逐渐运用到经济学领域。协同演化是指两个或两个以上的具有演化特征的系统主体持续地互动与演变的现象。本章拟诠释反倾销与产业的GVC位置、GVC参与度协同演化的内在互动影响机制和实证分析协同演化的状况。

5.2.1 反倾销对GVC位置、GVC参与度的影响机制

在反倾销与全球价值链协同演化过程中，当我国产业遭受国外反倾销时，一些涉案企业可能会考虑采用提高价格的策略，但是单纯提高价格可能会失去市场，因此较为合理的策略则是通过技术进步的途径使自己的产品具有更高的技术含量，具有更高增加值，同时提高产品价格。这种技术进步常常会和涉案企业向产业链的下游位置转移密切相关。或者，涉案企业会向产业链上游位置进行转移，一方面使本企业维持自己熟悉的产业环境中，同时又使自己在产业链中生产的产品或提供的服务发生一定变化，从而规避反倾销。随着向上游或下游位置

的转移的发生，反倾销就逐渐导致涉案产业的 GVC 位置、GVC 参与度发生变化。齐俊妍、孙倩（2014）的研究结果也与此一致。另外，涉案企业若倾向于采用裁员、调整出口市场等措施则会在一定程度上降低企业对产业升级的依赖。如果发生这种情况，则反倾销对涉案产业的 GVC 位置、GVC 参与度可能不会产生太多影响。奚俊芳、陈波（2014）的实证研究结果显示了这种情况的存在。

5.2.2　GVC 位置、GVC 参与度对反倾销的影响机制

产业的增加值状况发生变动导致涉案产业的 GVC 位置、GVC 参与度相应发生变化，进而导致出口价格以及非价格竞争力发生变化，导致国外市场对中国产品的需求和依赖发生变化，最终对反倾销产生影响。比如，高技术产品的价格一般较高，在一定程度上抑制反倾销指控，因此产业升级导致的增加值上升能在一定程度上对反倾销产生抑制作用。另外，中国在技术进步导致的产业升级过程中，伴随着 GVC 位置、GVC 参与度的变化，一旦与进口国家形成更强烈的竞争关系，也可能激发国外反倾销。

5.3　模型方法

5.3.1　协同演化模型

基于协同演化的内涵以及前文关于反倾销与全球价值链协同演化机制的分析，本章拟运用协同演化相关模型对这两者间的协同演化状况进行实证分析。

孟庆松等（1998，1999）基于协同学理论提出的"协调度模型"在协同演化研究领域被广泛使用，本章拟借鉴该类模型方法进行研究。本章分别构建协同演化模型——"反倾销与 GVC 位置复合系统的协调度模型"和"反倾销与前向参与度复合系统的协调度模型"，并分别测度各个子系统的有序度和整个协同演化系统的协调度。其中全球价值链子系统可分为 GVC 位置子系统和 GVC 前向参与度子系统。

反倾销与全球价值链的复合系统为 $S = \{S_1, S_2\}$，其中，S_1 为反倾销子系统，S_2 为全球价值链子系统。子系统表示为 S_j，$j \in [1, 2]$，设其发展过程中的状态参量为 $e_j = (e_{j1}, e_{j2}, \cdots, e_{jn})$，其中，$n \geq 1$，$\beta_{ji} \leq e_{ji} \leq \alpha_{ji}$，$i \in [1, n]$，$\alpha_{ji}$ 和 β_{ji} 分别为状态参量分量 e_{ji} 的最大值和最小值。

第5章 基于总量视角的反倾销与全球价值链位置、全球价值链参与度的协同演化研究

假设 e_{j1}，e_{j2}，$\cdots$，e_{jl} 为正向指标，即其取值越大，子系统状态参量的有序度就越高，反之就越低；假设 $e_{j(l+1)}$，$e_{j(l+2)}$，$\cdots$，e_{jn} 为负向指标，即其取值越大，子系统状态参量的有序度就越低，反之就越高。子系统状态参量分量的有序度的测度见式（5-1）：

$$\mu_j(e_{ji}) = \begin{cases} \dfrac{e_{ji} - \beta_{ji}}{\alpha_{ji} - \beta_{ji}}, & i \in [1, l] \\ \dfrac{\alpha_{ji} - e_{ji}}{\alpha_{ji} - \beta_{ji}}, & i \in [l+1, n] \end{cases} \quad (5\text{-}1)$$

式中：$\mu_j(e_{ji}) \in [0, 1]$ 为子系统 j 的状态参量分量 e_{ji} 的有序度，其值越大表明状态参量分量 e_{ji} 对子系统的贡献越大。序度的"总贡献"可通过 $\mu_j(e_{ji})$ 的集成来实现。本章采用线性加权求和法进行子系统有序度的集成，具体见式（5-2）：

$$\mu_j(S_j) = \sum \lambda_i \mu_j(e_{ji}), \ \lambda_i \geq 0, \ \sum \lambda_i = 1 \quad (5\text{-}2)$$

$\mu_j(S_j)$ 为子系统 S_j 的有序度，该值越大表示子系统的有序度越高，反之，则子系统的有序度就越低。λ_i 为权重，权重计算过程如下。

首先，对各个状态参量原始数据进行标准化处理。然后，确定状态参量指标的权重。设子系统包含 n 个指标，其相关系数矩阵 $\boldsymbol{R}$ 为：

$$\boldsymbol{R} = \begin{bmatrix} r_{11} & r_{12} & \cdots & r_{1n} \\ r_{21} & r_{22} & \cdots & r_{2n} \\ \cdots & \cdots & \cdots & \cdots \\ r_{n1} & r_{n2} & \cdots & r_{nn} \end{bmatrix}, \ \text{其中} r_{ii} = 1(i = 1, 2, \cdots, n)$$

令 $R_i = \sum_{j=1}^{n} |r_{ij} - 1|$，$i = (1, 2, \cdots n)$，其中 R_i 表示第 i 个指标对其他 $(n-1)$ 个指标的总影响，R_i 越大，说明第 i 个指标在指标体系汇总的影响越大，其权重也就越大。将 R_i 归一化处理得到相应各指标的权重为 λ_i，具体见式（5-3）：

$$\lambda_i = \dfrac{R_i}{\sum_{i=1}^{n} R_i} (i = 1, 2, \cdots, n) \quad (5\text{-}3)$$

在给定的初始时刻 t_0，反倾销子系统的有序度为 $\mu_1^0(e_1)$，全球价值链子系统有序度为 $\mu_2^0(e_2)$。在时刻 t_1，反倾销子系统的有序度为 $\mu_1^1(e_1)$，全球价值链子系统的有序度为 $\mu_2^1(e_2)$，则复合系统的协调度 C 为：

$$C = \theta \times \sqrt{|\mu_1^1(e_1) - \mu_1^0(e_1)| \times |\mu_2^1(e_2) - \mu_2^0(e_2)|} \quad (5\text{-}4)$$

其中，$\theta = \begin{cases} 1, & \text{当} \mu_1^1(e_1) - \mu_1^0(e_1) > 0, \text{且} \mu_2^1(e_2) - \mu_2^0(e_2) > 0 \text{时} \\ -1, & \text{其他} \end{cases}$

协调度用来衡量一个系统内部各个要素之间配合和协作的程度。由式（5-4）可知，$C \in [-1, 1]$，C 值越大，表明复合系统的协同演化程度越高，反之则越低。当 $C \in [-1, 0)$，说明复合系统处于不协调状态；当 $C \in [0, 1]$，说明复合系统处于协调状态。

根据上述构建的反倾销与全球价值链复合系统的协调度模型，整个复合系统分为两个子系统：反倾销子系统、全球价值链子系统（具体包括 GVC 位置子系统和 GVC 参与度子系统）。在反倾销子系统方面，选择中国遭受的反倾销调查数量和中国遭受的最终反倾销措施数量来衡量。在全球价值链子系统方面，GVC 位置子系统直接使用 GVC 位置指数来衡量全球价值链的状况；GVC 参与度子系统则直接使用 GVC 前向参与度指标来衡量全球价值链的状况。

5.3.2 GVC 位置指数与 GVC 前向参与度

5.3.2.1 GVC 位置指数

GVC 位置指数代表着国家或产业处于 GVC 中的上下游位置状况，具体计算见式 (5-5)：

$$\text{GVCPs} = \frac{\text{PLv\_GVC}}{[\text{PLy\_GVC}]'} \quad (5\text{-}5)$$

式中：GVCPs 为 GVC 位置指数，PLv_GVC 为前向生产长度，PLy_GVC 为后向生产长度。根据王直（2015）的解读，生产长度是指一个国家某部门的原始投入另一个国家最终产品的过程中平均生产阶段数。前向生产长度和后向生产长度的计算见式（5-6）和式（5-7）：

$$\text{PLv\_GVC} = \frac{\text{Xv\_GVC}}{\text{V\_GVC}} \quad (5\text{-}6)$$

$$\text{PLy\_GVC} = \frac{\text{Xy\_GVC}}{\text{Y\_GVC}} \quad (5\text{-}7)$$

式中：Xv_GVC 为增加值创造的全球总产出；V_GVC 为出口的中间产品中包含的国内增加值；Xy_GVC 为增加值在进口国创造的最终产出；Y_GVC 为中间品进口中的增加值。

王直（2015）认为，前向生产长度是到全球价值链末端的长度，是全球价值链相关的国内增加值诱导的总产出与相关的国内增加值之间的比率；而前向生产长度是到全球产业链地点的长度，是全球价值链相关的外国增加值诱导的总产出与相关的外国增加值之间的比率。PLv_GVC（前向生产长度）的数值越大，说明该产业中间产品到其他国家最终产品经过的生产长度越大，该产业就越处于全球价值链的上游；PLy_GVC（后向生产长度）的数值越大，说明从该产业从国外进口中间产品投入本国生产到该产业最终产品经过的生产长度越长，则该产业就越处于全球价值链的下游。

在测算出某国或某产业的前向生产长度和后向生产长度的基础上，再比较两者的相对位置，就可测算出某国或某产业的 GVC 位置指数。GVC 位置指数与生产长度的度量密切相关，但生产长度度量可能并不直接意味着生产线位置。只有通过聚合，同时考虑特定国家或产业对基于前向和后向链接的生产长度度量，首先确定其与所有相关生产线的起始和结束阶段的"距离"，然后特定国家或产业在全球生产中的相对"上游"或"下游"位置才能准确确定。GVC 位置指数大小为 1 左右，GVC 位置指数越大，产业就越处于 GVC 的上游位置。

5.3.2.2　GVC 前向参与度

GVC 参与度可分为 GVC 前向参与度与 GVC 后向参与度，其中 GVC 前向参与度衡量了总体行业的增加值（GDP）中所包含的 GVC 生产和贸易活动的国内增加值比重的状况，而 GVC 后向参与度则衡量了一国通过使用跨国生产分割活动中所包含的国内和国外生产要素来进行最终产品的生产活动的比重的状况。本章主要是基于中国出口遭受反倾销的状况与中国增加值出口的状况进行研究，且中国的出口产品中包括大量的中间产品，因此本章仅选择 GVC 前向参与度进行测算和研究。GVC 前向参与度的计算见式（5-8）：

$$\text{GVCPt\_f} = \frac{\text{V\_GVC}}{Va'} = \frac{\text{V\_GVC\_S}}{Va'} + \frac{\text{V\_GVC\_C}}{Va'} \tag{5-8}$$

式中：GVCPt_f 为 GVC 前向参与度；Va' 为国家或产业的国内增加值；V_GVC 为出口的中间产品中包含的国内增加值；V_GVC_S 为某产业中间品出口增加值中被进口国直接消费的部分；$\frac{\text{V\_GVC\_S}}{Va'}$ 为简单 GVC 前向参与度；V_GVC_C 为某产业中间品出口增加值中被进口国生产再出口的部分；$\frac{\text{V\_GVC\_C}}{Va'}$ 为复杂 GVC 前向参与度。

GVC 前向参与度可以理解为简单 GVC 前向参与度与复杂 GVC 前向参与度之和。式（5-8）显示，中间产品增加值的出口越多，则参与度指数越大，该国家部门参与 GVC 的程度就越深。

5.3.3　指标体系及数据来源

根据前文的介绍，本章反倾销与全球价值链协同演化分析中所涉及的评价指标体系见表 5-1。

表 5-1　反倾销与全球价值链协同演化的评价指标体系

子系统	状态参量分量评价指标	单位
反倾销	中国遭受反倾销调查数量	起
	中国遭受最终反倾销措施数量	起
GVC 位置	GVC 位置指数	点
GVC 参与度	GVC 前向参与度	点

上述所有数据的统计期间为 2000—2014 年[1]。中国遭受反倾销调查数量和中国遭受最终反倾销措施数量根据 WTO 反倾销数据库数据整理得到；GVC 位置指数、GVC 前向参与度的结果是首先从 UIBE GVC Indicators 数据库甄别出基础统计数据，然后通过式（5-5）和式（5-8）计算得到。由于本章对中国的 GVC 位置、GVC 前向参与度的研究不分具体产业，是基于中国所有产业的整体状况进行的研究，因此需要测算中国的整体 GVC 位置和整体 GVC 前向参与度，而 UIBE GVC Indicators 数据库并没有整体数据，因此需要将所有中国各个产业的相关数据进行汇总后才能得到整体数据。

5.4　实证结果及分析

5.4.1　反倾销与 GVC 位置协同演化

将各指标的统计数据代入式（5-1），计算出反倾销子系统和 GVC 位置子系统各状态参量分量的有序度，进而根据式（5-2）集成出两个子系统的有序度（其中 GVC 位置子系统的测算不分产业，测算的是中国整体 GVC 位置子系统的数值），最后根据式（5-4）计算出整个复合系统的协调度。子系统的有序度结果和复合系统的协调度结果见表 5-2。

---

[1] 由于增加值数据来源于对外经济贸易大学的 UIBE GVC Indicators 数据库，该数据库基于 WIOD2016 的投入产出数据表得到的全球价值链的相关数据时间段为 2000—2014 年，即该数据的最新年份截至 2014 年。

表 5-2　中国遭受反倾销与 GVC 位置复合系统协调度及子系统有序度

年份	反倾销子系统有序度	GVC 位置子系统有序度	复合系统协调度
2000	-0.016340421	0.739806122	—[1]
2001	0.174752356	0.603390592	0.161455946
2002	0.201644813	0.473516641	0.240929813
2003	0.342822985	0.552409606	0.259433943
2004	0.344672745	0.816540673	0.166439728
2005	0.376772905	0.678206097	0.155614238
2006	0.549880448	0.827237812	0.222498646
2007	0.555429728	1	0.385708559
2008	0.955600517	0.817598666	0.274972286
2009	1.014593134	0.395052557	0.596169454
2010	0.509214643	0.219716353	0.522815275
2011	0.235594733	0.092789477	0.403740311
2012	0.344501956	0	0.516675333
2013	0.887700677	0.30298261	0.628415792
2014	0.466015922	0.569859387	0.286312567

为了便于直观观察，本章将表 5-2 中的数据转换为下面的折线图（图 5-1）来展现。

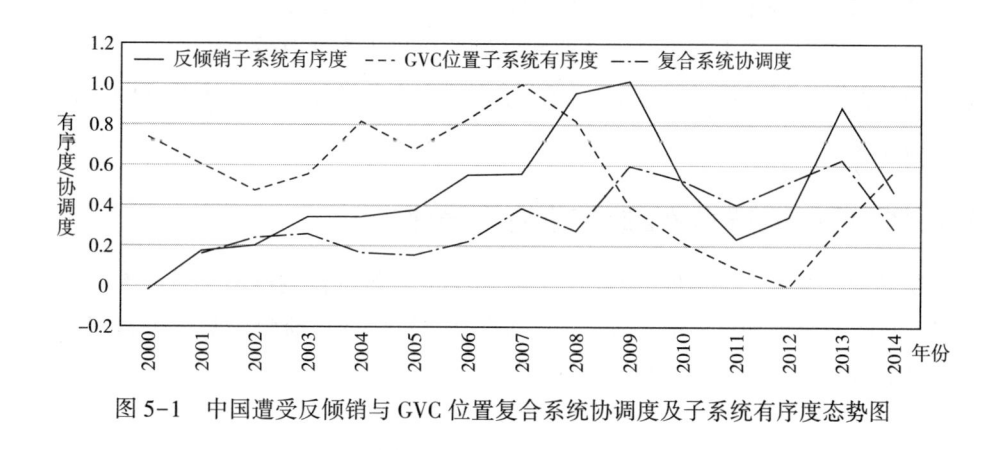

图 5-1　中国遭受反倾销与 GVC 位置复合系统协调度及子系统有序度态势图

---

[1] 由于在协调度计算中 2000 年为初始时刻 t_0，因此 2000 年无协调度数值。

总体上，反倾销子系统的有序度在2000—2009年呈现明显的上升态势，但2009年以后则呈现较大幅度的波动状况，表明反倾销子系统在2009年之前存在明显的无序到有序的演化过程（有序度从2000年的-0.016上升到2009年的1.015）。GVC位置子系统的有序度总体上也呈现较大幅度的波动状况，其中2007—2012年出现持续的下降态势，表明GVC位置子系统在2007年之前的有序程度较高（约维持在0.5~1.0的范围），随后有序程度快速下降（2012年达到最低点，有序度为0）。

复合系统协调度保持了正值，且2013年之前总体上呈现波动中缓慢上升态势，表明反倾销与GVC位置之间具有一定的协同演化，且协同演化逐渐增强（2014年协同演化程度下降）。这说明"反倾销促进GVC位置向上游转移"和"GVC位置对反倾销的激发"分别在协同演化过程中起主导作用。协调度由0.161上升到0.628，年均增长达到12.0%，2014年协调度虽然有所下降，但也达到了0.286。

GVC位置指数越大，产业就越处于GVC的上游位置。协调度的状况显示出中国遭受的反倾销越多，则中国整体产业越向上游位置转移，中间产品的生产也就越多。反过来，中国产业向上游位置转移的程度越多，中国遭受到的反倾销也越多，这实际上也就从一个方面解释了为什么我国贱金属——一个大量提供中间产品的产业也会遭受到严酷的反倾销（中国出口的大类品种贱金属国外倾销调查数量排第1位，占中国遭受反倾销总量的30.3%[1]）。

2001年、2004年和2005年这3个年份的协调度较低，低于0.2。协调度较低，这表明"反倾销对GVC位置的影响"较弱。这主要与当时我国产业通过改变产品生产或提升技术的方式去规避反倾销的意愿不太高有较大关系。

另外，图中可以明显观察到反倾销子系统有序和复合系统协调度的演化较为密切相关。

5.4.2 反倾销与GVC参与度协同演化

反倾销子系统、参与度的有序度结果和复合系统的协调度结果见表5-3（其中参与度子系统的测算不分产业，是针对中国整体GVC前向参与度进行子系统数值的测算）。

---

[1] 资料来源：根据WTO反倾销统计数据计算得到。

第5章 基于总量视角的反倾销与全球价值链位置、全球价值链参与度的协同演化研究

表 5-3 中国遭受反倾销与 GVC 参与度复合系统协调度及子系统有序度

年份	反倾销子系统有序度	GVC 参与度子系统有序度	复合系统协调度
2000	-0.016340421	0.021605539	—❶
2001	0.174752356	0	0.064254668
2002	0.201644813	0.218406509	0.207122441
2003	0.342822985	0.438408277	0.386911219
2004	0.344672745	0.698224146	0.49423499
2005	0.376772905	0.842814433	0.56817969
2006	0.549880448	1	0.744303273
2007	0.555429728	0.978701114	0.739755825
2008	0.955600517	0.891413256	0.919457301
2009	1.014593134	0.292423871	0.52838973
2010	0.509214643	0.53785046	0.520879192
2011	0.235594733	0.548815302	0.364448451
2012	0.344501956	0.432511387	0.38506135
2013	0.887700677	0.353873501	0.54807289
2014	0.466015922	0.36448708	0.406683029

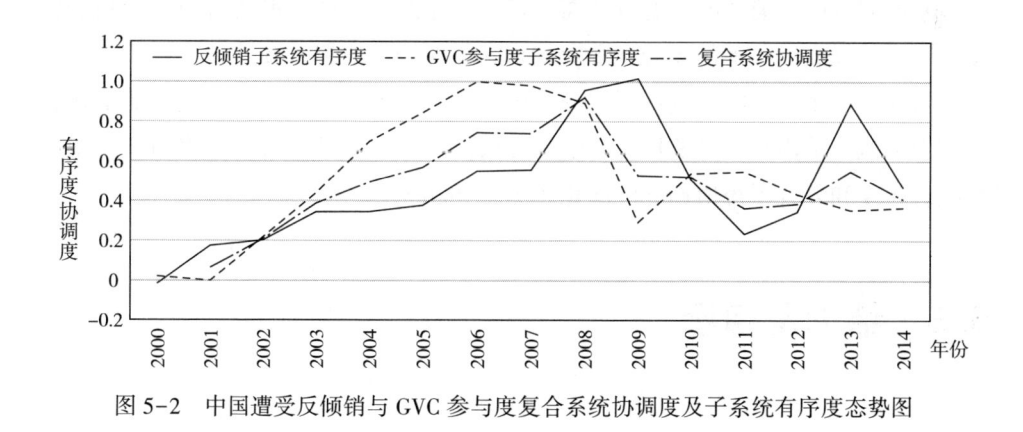

为了便于直观观察，本章将表 5-3 中的数据转换为下面的折线图（图 5-2）来展现。

图 5-2 中国遭受反倾销与 GVC 参与度复合系统协调度及子系统有序度态势图

---

❶ 由于在协调度计算中 2000 年为初始时刻 t_0，因此 2000 年无协调度数值。

反倾销子系统的状况与前面所分析的一样。反倾销子系统的有序度在2000—2009年呈现明显的上升态势，但2009年以后则呈现较大幅度的波动状况。GVC参与度子系统的有序度变化分为两个阶段：第一个阶段为2000—2006年，为上升态势，2006年达到最高点，有序度为1；第二个阶段为2006—2014年，总体上为波动下降态势。

复合系统协调度保持了正值，总体上呈现倒V形，也可分为两个阶段：第一个阶段为2001—2008年（2000年无协调度数值），为快速上升态势，2008年达到最高点，协调度为0.919；第二个阶段为2008—2014年，总体上为波动下降态势。复合系统协调度状况表明反倾销与GVC参与度之间具有一定的协同演化，协同演化先快速增强，然后波动下降。这说明"反倾销促进GVC参与度增加"和"GVC参与度对反倾销的激发"分别在协同演化过程中起主导作用，否则，整个复合系统的协调度会小于0，即系统不会存在协同演化。2001—2008年（2000年无协调度数值）协调度由0.064上升到0.919，年均增长达到46.3%，2014年协调度虽然下降了，但也达到了0.407。

参与度指数越大，说明该国家部门参与GVC的程度比较深。协调度的状况显示出中国遭受的反倾销越多，则中国整体产业参与GVC的程度越深，中国融入全球价值链的程度就高。根据GVC前向参与度计算式（5-8），这说明国外对华反倾销对于中间产品增加值出口没有产生明显的抑制作用，反而激励了中国的中间产品增加值出口。反过来，中国整体产业参与GVC的程度越深，中国遭受到的反倾销也越多。中国整体产业参与GVC的程度越深，代表中国产品融入其他国家产品生产或消费的程度就越高，其他国家产品生产或消费对中国产品的依赖程度也就越高，国外的同行竞争者就越容易对中国发起反倾销。

另外，图中可以明显观察到反倾销子系统有序度和复合系统协调度的演化状态较为相似，下降和上升的年份匹配程度较高（2009年除外），这表明反倾销子系统有序度和复合系统协调度的演化较为密切相关。

5.5 结论及启示

5.5.1 结论

本章分析了反倾销与GVC位置、GVC参与度的协同演化机制，并基于协同学理论构建了相应的协同演化模型，通过测算有序度和协调度对我国遭受反倾销与我国产业整体的 GVC 位置、GVC 参与度之间的协同演化态势进行了实证分析，得出以下结论。

（1）反倾销子系统有序度在 2009 年之前呈现明显的上升态势，存在明显的无序到有序的演化过程。GVC 位置子系统的有序度总体上呈现较大幅度的波动状况，2007 年之后的有序程度快速下降。GVC 参与度子系统的有序度变化总体以 2006 年为界，先上升，然后波动下降。

（2）反倾销与 GVC 位置复合系统协调度保持了正值，反倾销与 GVC 位置之间具有一定的协同演化，且协同演化逐渐增强。反倾销与 GVC 参与度复合系统协调度保持了正值，反倾销与 GVC 参与度之间具有一定的协同演化，以 2008 年为界协同演化先快速增强，然后波动下降。

（3）反倾销与 GVC 位置协同演化的态势说明"反倾销促进 GVC 位置向上游转移"和"GVC 位置对反倾销的激发"分别在协同演化过程中起主导作用，总体上这两种主导作用越趋明显，但 2014 年这些主导作用有所下降。反倾销与 GVC 参与度协同演化的态势说明"反倾销促进 GVC 参与度增加"和"GVC 参与度对反倾销的激发"分别在协同演化过程中起主导作用，但 2008 年以后这些主导作用有所下降。

5.5.2 启示

对反倾销与 GVC 位置、GVC 参与度的协同演化态势进行研究的更进一步的目的是探究我国遭受到的反倾销与我国整体产业在全球价值链中状态的互动情况。在我国是世界反倾销最大受害国的背景下，我国大量的产业面临反倾销威胁，相关产业在全球价值链中状况是动态的。基于规避反倾销同时获取贸易利益的视角，我们认为应采取以下做法。

（1）通过产业升级逐步向全球价值链的下游位置转移。我国政府和企业需认识到通过产业向下游位置转移能缓解国外对华反倾销的发生。而向下游位置转移常常意味着产业由初加工向深加工转移、由低技术产品向高技术产品转移、由低附加值产品向高附加值产品转移，这就会伴随产业升级，有利于我国增加值出口占比的提升和贸易利益的获得。另外，协同演化的结果也揭示出国外对华反倾销下降又会提升我国产业向下游位置转移的动力。2016 年中国遭受的国外反倾销达到顶峰❶，随后几年呈现较大幅度的下降，根据协同演化的结果我国产业向下游位置转移的动力应该有所提升，可能会导致通过产业升级向下游位置转移的意愿更强、产业升级的意愿更强，这反过来又有利于缓解国外对华反倾销。

（2）适当减少中间产品增加值出口。中国产业减少中间产品增加值出口能缓解国外对华反倾销的发生，另外，协同演化的结果也揭示出国外对华反倾销下降又会抑制中国的中间产品增加值出口。刻意减少中间产品并不可取，因为中间产品的增加值并不一定比最终产品的增加值高，需要根据不同的产业进行区分。根据2016年之后国外对华反倾销的大幅度下降的走势，中国的中间产品增加值出口的意愿应该会有所降低，这反过来又有利于缓解国外对华反倾销。

5.6 本章小结

本章分析反倾销与GVC位置、GVC参与度的协同演化机制，构建了相应的协同演化模型。并在没有进行产业细分，就中国整体产业和中国遭受反倾销总量的视角下，使用2000—2014年的数据测算有序度和协调度，对我国遭受反倾销与我国产业整体的GVC位置、GVC参与度之间的协同演化态势进行了实证分析。研究表明：反倾销与GVC位置、反倾销与GVC参与度均形成了协同演化态势，"反倾销促进GVC位置向上游转移"和"GVC位置对反倾销的激发"，以及"反倾销促进GVC参与度增加"和"GVC参与度对反倾销的激发"在协同演化过程中起主导作用。最后，基于规避反倾销同时获取贸易利益的视角，本章从产业链位置的转移和中间产品出口两个方面提出了启示。

---

❶ 2016年中国遭受的反倾销调查和最终反倾销措施的案件数量总计为139起，达到历史最高峰。但是本章由于全球价值链的数据获取上的限制，仅研究2000—2014年的数据，因此2014年之后的各类数据在文中没有专门列出。

第6章

基于产业视角的反倾销与全球价值链位置、全球价值链参与度的协同演化研究

第 5 章的研究没有进行产业细分，而是就中国整体产业和中国遭受反倾销总量的视角下，使用 2000—2014 年❶的数据测算有序度和协调度，对我国遭受反倾销与我国产业整体的 GVC 位置、GVC 参与度之间的协同演化态势进行了实证分析。由于不同的产业具有不同的产品特征、不同的市场状况、遭受到的反倾销数量也存在差异，因此本章对产业进行了细分，分别针对农产品以及中国遭受反倾销❷最多的 4 类工业品（纺织品服装、化工产品、贱金属、机电设备）❸进行反倾销与全球价值链协同演化的研究，即进行产业细分下的协同演化研究，以期望能获得更为精细的研究结果。

本章研究的产品有农产品、纺织品服装、化工产品、贱金属、机电设备共计 5 个大类的产品，对应 5 个相关产业。

6.1 模型方法与指标体系

本章采用第 5 章所使用的"协调度模型"，分别构建中国的 5 个产业遭受的反倾销与产业 GVC 位置复合系统的协调度模型，以及 5 个产业遭受的反倾销与产业 GVC 参与度复合系统的协调度模型。对于协调度模型的介绍、各个子系统的有序度和整个协同演化系统的协调度测算方法等内容在第 5 章中已有详细介

---

❶ 由于增加值数据来源于对外经济贸易大学的 UIBE GVC Indicators 数据库，该数据库基于 WIOD2016 的投入产出数据表得到的全球价值链的相关数据时间段为 2000—2014 年，即该数据的最新年份截至 2014 年。

❷ 中国各类产品遭受反倾销的数量和占比详见第 2 章中的表 2-4 和表 2-5。

❸ 中国遭受反倾销数量排名前 3 位的产品是贱金属、化工产品、机电设备。另外，中国的纺织品服装遭受的反倾销数量虽然排名第 5 位，但是该类产品遭受的反倾销曾经长期排名第 4 位，而且中国的纺织品服装的出口额非常大，在中国出口总额中的占比很高，因此本章也将纺织品服装作为研究对象。

绍，本章就不再重复介绍（详细介绍可见第 5 章第 3 节）。

对于 GVC 位置指数与 GVC 前向参与度的测算方法在第 5 章中也进行了详细介绍，本章也不再重复介绍（详细介绍可见第 5 章第 3 节）。本章中的 GVC 位置指数与 GVC 前向参与度的测算是针对细分的 5 个产业分别计算得到。

本章产业细分下的反倾销与全球价值链协同演化分析中所涉及的评价指标体系见表 6-1。

表 6-1 产业细分下反倾销与全球价值链协同演化的评价指标体系

子系统	状态参量分量评价指标	单位
反倾销	中国产业遭受反倾销调查数量	起
	中国产业遭受最终反倾销措施数量	起
产业 GVC 位置	产业 GVC 位置指数	点
产业 GVC 参与度	产业 GVC 前向参与度	点

上述所有数据的统计期间为 2000 年至 2014 年。中国遭受反倾销调查数量和中国遭受最终反倾销措施数量根据世界银行反倾销数据库数据整理得到[1]；产业 GVC 位置指数、产业 GVC 前向参与度的结果是首先从 UIBE GVC Indicators 数据库甄别出基础统计数据，然后通过式（5-5）和式（5-8）计算得到。本章对中国的 GVC 位置、GVC 前向参与度的研究分为 5 个具体产业，因此需要分别测算中国的 5 个产业 GVC 位置和 5 个产业 GVC 前向参与度，而 UIBE GVC Indicators 数据库中产业（或行业）的划分与本章产业的划分并不对应[2]，因此本章需要在 UIBE GVC Indicators 数据库中原始的产业（或行业）划分的基础上进行重新汇总后计算得到相关数据。

6.2 实证结果及分析

6.2.1 反倾销与产业 GVC 位置协同演化

为了进行产业细分的详细分析，下面分别就中国的农产品、纺织品服装、化

---

[1] WTO 反倾销数据库无法得到产业层面与国家层面相结合的年度反倾销数据，因此本章通过对世界银行反倾销数据库中的单个反倾销案件的逐个甄别，筛选出本章所需的反倾销案件数量。

[2] 本章中 5 类产业与 UIBE GVC Indicators 数据库中原始的产业的对应关系如下：农产品—C01+C02+C03+C05、纺织品服装—C06、化工产品—C11+C12、贱金属—C15+C16、机电设备—C18+C19。

工产品、贱金属、机电设备共计5个大类产品对应的5个产业的反倾销与产业GVC位置的协同演化状况进行说明。

6.2.1.1 农产品

中国农产品子系统的有序度结果和复合系统的协调度结果见表6-2，对应的态势图见图6-1。

表6-2 中国农产品遭受反倾销与产业GVC位置复合系统协调度及子系统有序度

年份	反倾销子系统有序度	产业GVC位置子系统有序度	复合系统协调度
2000	0.419059673	0.739806122	—❶
2001	0.620822786	0.603390592	0.165902447
2002	0.726112126	0.473516641	0.285945517
2003	0.420822786	0.552409606	0.018176944
2004	0.420822786	0.816540673	0.011631496
2005	0.420822786	0.678206097	0.010421508
2006	0.924349013	0.827237812	0.210186348
2007	0.422585899	1	0.030290305
2008	0.119059673	0.817598666	0.152767023
2009	0.01729656	0.395052557	0.37216833
2010	0.01729656	0.219716353	0.457113645
2011	0.01729656	0.092789477	0.509850392
2012	0.119059673	0	0.471107033
2013	0.31729656	0.30298261	0.210837664
2014	0.21729656	0.569859387	0.185172845

总体上，中国农产品反倾销子系统的有序度无明显的趋势变化，在2000—2006年波动频繁，2006年以后呈现U形走势，先快速下降，然后走平，之后小幅上升，其中2009年、2010年、2011年的有序度处于最低的位置。农产品的产业GVC位置子系统的有序度也无明显的趋势变化，其中2000—2007年波动较频

---

❶ 由于在协调度计算中2000年为初始时刻t_0，因此2000年无协调度数值。

繁，2007年以后呈V形走势，其中2012年的有序度最低（有序度为0）。

复合系统协调度保持了正值，无明显的趋势变化，呈现阶段性的波动。2009年之前协调度总体偏低，大部分年份低于0.2（2003年、2004年、2005年接近于0），2009年之后协调度总体高一些（除了2014年，其余几年均高于0.2）。表明反倾销与产业GVC位置之间具有一定的协同演化，且协调度总体偏低（大多数年份的协调度维持在0~0.4之间），协调度且协同演化在2009年之后有所增强，但未超过0.6。这说明"反倾销促进农产品的产业GVC位置向上游转移"和"农产品的产业GVC位置对反倾销的激发"分别在协同演化过程中起主导作用。2001年、2003年、2004年、2005年、2007年、2008年和2014年这7个年份的协调度较低，低于0.2，这表明这些年份"反倾销对农产品的产业GVC位置的影响"较弱。

GVC位置指数越大，产业就越处于GVC的上游位置。协调度的状况显示出中国农产品遭受的反倾销越多，则中国农产品越向上游位置转移，农产品的中间产品生产也就越多。反过来，中国农产品向上游位置转移的程度越多，中国农产品遭受到的反倾销也越多。

另外，从图6-1中可以明显观察到2007年之前中国农产品反倾销子系统有序度和复合系统协调度的演化较为密切相关。2007年之后演化状态却又呈现反向变动的状况。

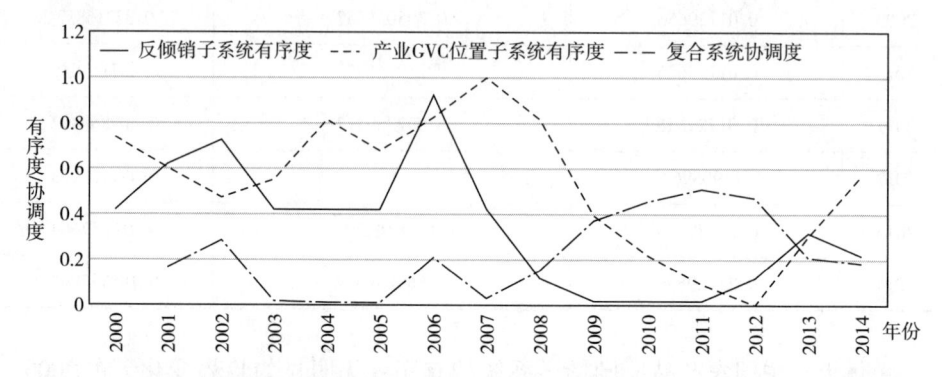

图6-1 中国农产品遭受反倾销与产业GVC位置复合系统协调度及子系统有序度态势图

6.2.1.2 纺织品服装

中国纺织品服装子系统的有序度结果和复合系统的协调度结果见表6-3，对应的态势图见图6-2。

第6章 基于产业视角的反倾销与全球价值链位置、全球价值链参与度的协同演化研究

表 6-3　中国纺织品服装遭受反倾销与产业 GVC 位置复合系统协调度及子系统有序度

年份	反倾销子系统有序度	产业 GVC 位置子系统有序度	复合系统协调度
2000	0.097044357	1	—❶
2001	0.108586224	0.915997319	0.031137563
2002	0.30666485	0.530050954	0.313864542
2003	0.179738367	0.310037083	0.238863561
2004	0.45474007	0.158368322	0.548678452
2005	0.64898276	0	0.742925571
2006	0.829748585	0.029896602	0.843088881
2007	0.527827211	0.188631762	0.591205147
2008	0.531663147	0.310272675	0.547511147
2009	0.91821353	0.680659479	0.512086508
2010	0.627834023	0.38346681	0.572057205
2011	0.064353752	0.126438011	0.168988963
2012	0.179738367	0.377253816	0.226930341
2013	0.339355455	0.271471344	0.420155422
2014	0.185509301	0.317421648	0.245732082

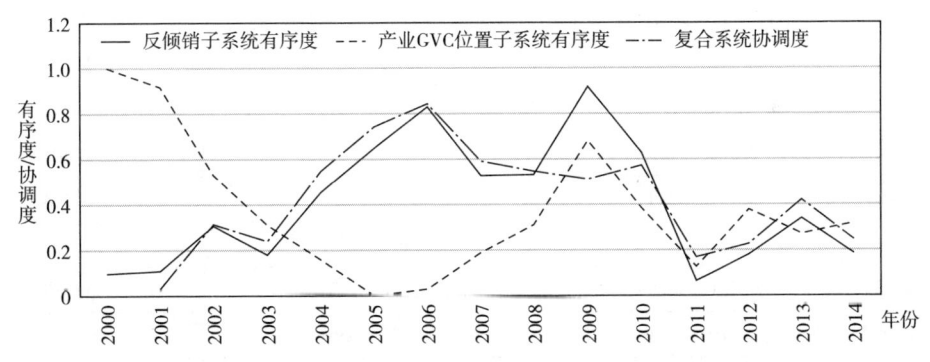

图 6-2　纺织品服装遭受反倾销与产业 GVC 位置复合系统协调度及子系统有序度态势图

总体上，纺织品服装反倾销子系统的有序度在 2009 年之前以波动上升为主，2009 年之后逐渐波动降低。其中 2000 年和 2001 年的有序度处于最低的位置。纺织品服装的产业 GVC 位置子系统的有序度在 2005 年之前快速下降，2005 年之后

---

❶ 由于在协调度计算中 2000 年为初始时刻 t_0，因此 2000 年无协调度数值。

逐渐波动上升，其中 2009—2014 年波动较频繁。2005 年的有序度最低（有序度为 0）。

复合系统协调度保持了正值，2006 年之前协调度总体逐渐上升，2006 年之后逐渐波动下降。大部分年份的协调度均高于 0.2，表明反倾销与纺织品服装的产业 GVC 位置之间具有一定的协同演化，且协调度总体较高（大多数年份的协调度维持在 0.2~0.8），协同演化在 2006 年之后有所降低。这说明"反倾销促进纺织品服装的产业 GVC 位置向上游转移"和"纺织品服装的产业 GVC 位置对反倾销的激发"分别在协同演化过程中起主导作用。2001 年、2011 年的协调度较低，低于 0.2。这表明这两个年份"反倾销对纺织品服装的产业 GVC 位置的影响"较弱。

另外，从图 6-2 中可以明显观察纺织品服装反倾销子系统有序度和复合系统协调度的演化较为密切相关。

6.2.1.3 化工产品

中国化工产品子系统的有序度结果和复合系统的协调度结果见表 6-4，对应的态势图见图 6-3。

表 6-4 中国化工产品遭受反倾销与产业 GVC 位置复合系统协调度及子系统有序度

年份	反倾销子系统有序度	产业 GVC 位置子系统有序度	复合系统协调度
2000	0.179487414	1	—❶
2001	0.41270854	0.190506551	0.434500833
2002	0.568095785	0	0.623384609
2003	0.634650244	0.176149455	0.612361124
2004	0.47348303	0.6186348	0.334842794
2005	0.351373015	0.603016173	0.261219838
2006	0.179487414	0.447261036	0
2007	0.668207992	0.378519445	0.551117352
2008	0.817534749	0.62862862	0.48677769
2009	0.451485222	0.762518506	0.254154374
2010	0.345873563	0.482054357	0.293562567
2011	0.168207992	0.471214358	0.077229504

❶ 由于在协调度计算中 2000 年为初始时刻 t_0，因此 2000 年无协调度数值。

续表

年份	反倾销子系统有序度	产业 GVC 位置子系统有序度	复合系统协调度
2012	0.240542421	0.506726734	0.173541934
2013	0.212764644	0.36214368	0.145691768
2014	0.407209088	0.348075498	0.385301621

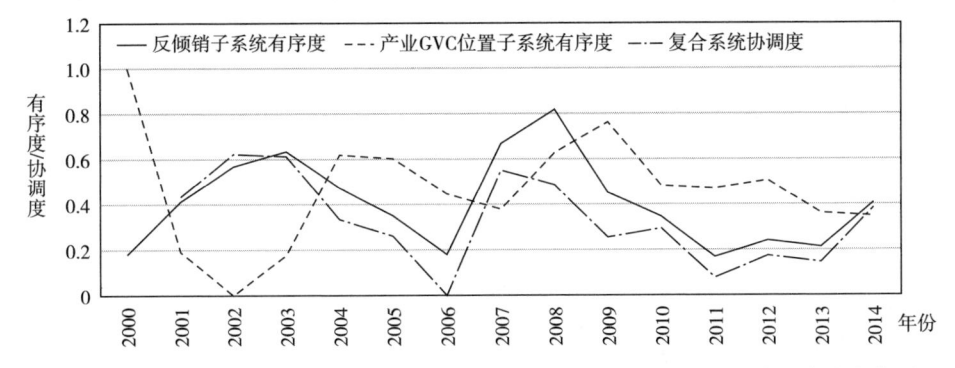

图 6-3 化工产品遭受反倾销与产业 GVC 位置复合系统协调度及子系统有序度态势图

总体上，化工产品反倾销子系统的有序度无明显的趋势变化，呈现阶段性的波动，其中 2006 年和 2011 年的有序度处于较低的位置。化工产品的产业 GVC 位置子系统的有序度也无明显的趋势变化，呈现阶段性的波动，其中 2002 年有序度处于最低（有序度为 0）。

复合系统协调度保持了正值，无明显的趋势变化，呈现阶段性的波动。大部分年份的协调度均高于 0.2，表明反倾销与化工产品的产业 GVC 位置之间具有一定的协同演化，且协调度总体处于中等水平（大多数年份的协调度维持在 0.2~0.4）。这说明"反倾销促进化工产品的产业 GVC 位置向上游转移"和"化工产品的产业 GVC 位置对反倾销的激发"分别在协同演化过程中起主导作用。2006年、2011 年、2012 年和 2013 年的协调度较低，低于 0.2。这表明这 4 个年份"反倾销对化工产品的产业 GVC 位置的影响"较弱。

另外，从图 6-3 中可以明显观察到化工产品反倾销子系统有序度和复合系统协调度的演化状态非常相似，下降和上升的年份匹配程度非常高，这表明化工产品反倾销子系统有序度和复合系统协调度的演化密切相关。

6.2.1.4 贱金属

中国贱金属子系统的有序度结果和复合系统的协调度结果见表 6-5，对应的态势图见图 6-4。

表6-5 中国贱金属遭受反倾销与产业GVC位置复合系统协调度及子系统有序度

年份	反倾销子系统有序度	产业GVC位置子系统有序度	复合系统协调度
2000	0.136168842	0.706650674	—❶
2001	0.193364347	0.682358988	0.037274324
2002	0.028973337	0.447923308	0.166536515
2003	0.568732882	0.524219513	0.280914863
2004	0.264950862	0.276831635	0.235272107
2005	0.125559852	0.406348162	0.056443834
2006	0.014582327	0	0.293119758
2007	0.268364347	0.089375779	0.285658829
2008	0.689950862	0.559839521	0.285133964
2009	0.836905912	0.579310164	0.298717619
2010	0.465319397	0.860836492	0.225278378
2011	0.493364347	1	0.323702117
2012	0.572146367	0.557773676	0.254768572
2013	1.026296922	0.692684413	0.111497809
2014	0.915319397	0.394354311	0.493280736

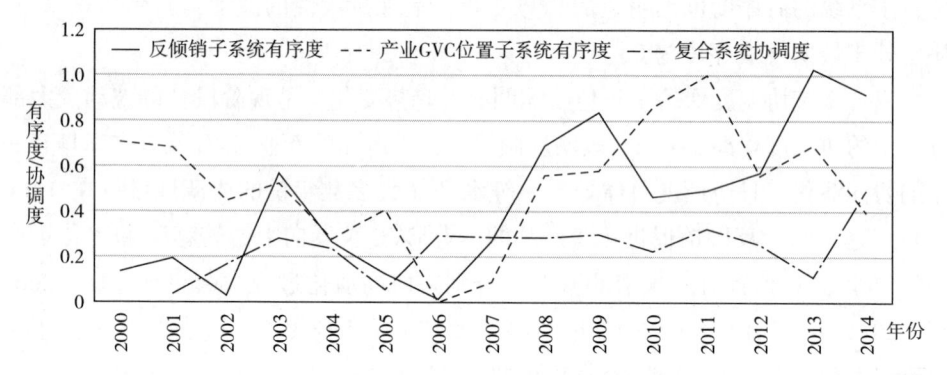

图6-4 中国贱金属遭受反倾销与产业GVC位置复合系统协调度及子系统有序度态势图

总体上，贱金属反倾销子系统的有序度呈现阶段性的波动上升的状态，其中2002年和2006年的有序度处于较低的位置。贱金属的产业GVC位置子系统的有序度无明显的趋势变化，呈现阶段性的波动，其中2006年有序度处于最低（有

---

❶ 由于在协调度计算中2000年为初始时刻t_0，因此2000年无协调度数值。

序度为 0)。

复合系统协调度保持了正值，呈现很缓慢波动上升的态势。大部分年份的协调度高于 0.2，表明反倾销与贱金属的产业 GVC 位置之间具有一定的协同演化。协调度总体处于较低水平（绝大多数年份的协调度维持在 0~0.3）。协调度的状况说明"反倾销促进贱金属的产业 GVC 位置向上游转移"和"贱金属的产业 GVC 位置对反倾销的激发"分别在协同演化过程中起主导作用。2001 年和 2005 年的协调度很低，远低于 0.2。这表明这两个年份"反倾销对贱金属的产业 GVC 位置的影响"较弱。

6.2.1.5 机电设备

中国机电设备子系统的有序度结果和复合系统的协调度结果见表 6-6，对应的态势图见图 6-5。

表 6-6 中国机电设备遭受反倾销与产业 GVC 位置复合系统协调度及子系统有序度

年份	反倾销子系统有序度	产业 GVC 位置子系统有序度	复合系统协调度
2000	0.120455634	1	—[1]
2001	0.270455634	0.891663478	0.127477364
2002	0.207239541	0.889289616	0.098019792
2003	0.330807355	0.784869395	0.212727744
2004	0.183671727	0.678605274	0.142538833
2005	0.394023448	0.438116202	0.392062906
2006	0.407239541	0.424568567	0.406232045
2007	0.494023448	0.464535427	0.44724974
2008	0.544023448	0.359374548	0.52091105
2009	0.917591262	0.34924908	0.720233812
2010	0.75437517	0.263387842	0.683339474
2011	0.480807355	0.166351684	0.54809361
2012	0.567591262	0	0.668682009
2013	0.657239541	0.096753485	0.696310414
2014	0.470455634	0.063408847	0.572544237

[1] 由于在协调度计算中 2000 年为初始时刻 t_0，因此 2000 年无协调度数值。

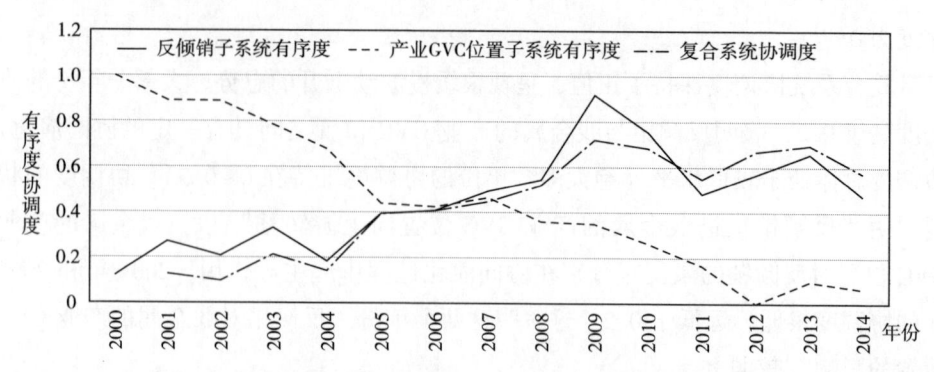

图6-5 中国机电设备遭受反倾销与产业GVC位置复合系统协调度及子系统有序度态势图

总体上，机电设备反倾销子系统的有序度在2009年之前以波动上升为主，2009年之后逐渐波动降低。其中2000年的有序度处于最低的位置，2009年上升到最高的位置（有序度为0.92）。机电设备的产业GVC位置子系统的有序度呈现较明显的逐渐下降趋势，2000年有序度最高（有序度为1）。

复合系统协调度保持了正值，2009年之前呈现很明显的上升态势，2009年之后走势比较平缓。绝大部分年份的协调度高于0.2，表明反倾销与机电设备的产业GVC位置之间具有一定的协同演化。协调度总体处于较高水平（绝大多数年份的协调度维持在0.2~0.7）。协调度的状况说明"反倾销促进机电设备的产业GVC位置向上游转移"和"机电设备的产业GVC位置对反倾销的激发"分别在协同演化过程中起主导作用。2001年和2002年的协调度较低，低于0.2。这表明这两个年份"反倾销对机电设备的产业GVC位置的影响"较弱。

另外，图中可以明显观察到机电设备反倾销子系统有序度和复合系统协调度的演化状态非常相似，下降和上升的年份匹配程度很高，这表明机电设备反倾销子系统有序度和复合系统协调度的演化密切相关。

6.2.2 反倾销与产业GVC参与度协同演化

下面分别针对中国农产品、纺织品服装、化工产品、贱金属、机电设备5个大类产品对应的5个产业的反倾销与产业GVC参与度协同演化状况进行说明。前文已述，本章的产业GVC参与度采用产业GVC前向参与度指标。

6.2.2.1 农产品

中国农产品子系统的有序度结果和复合系统的协调度结果见表6-7，对应的态势图见图6-6。

表 6-7 中国农产品遭受反倾销与产业 GVC 参与度复合系统协调度及子系统有序度

年份	反倾销子系统有序度	产业 GVC 参与度子系统有序度	复合系统协调度
2000	0.419059673	0.100563831	—❶
2001	0.620822786	0	0.142443223
2002	0.726112126	0.139936914	0.109952724
2003	0.420822786	0.430131634	0.024105298
2004	0.420822786	0.498220705	0.02647856
2005	0.420822786	0.805057946	0.035243481
2006	0.924349013	0.914703416	0.641386041
2007	0.422585899	1	0.0563171
2008	0.119059673	0.842304808	0.471722687
2009	0.01729656	0.599457947	0.447702192
2010	0.01729656	0.687817778	0.485733439
2011	0.01729656	0.632037245	0.462089183
2012	0.119059673	0.598005673	0.386306294
2013	0.31729656	0.580753336	0.221055602
2014	0.21729656	0.616362255	0.322597421

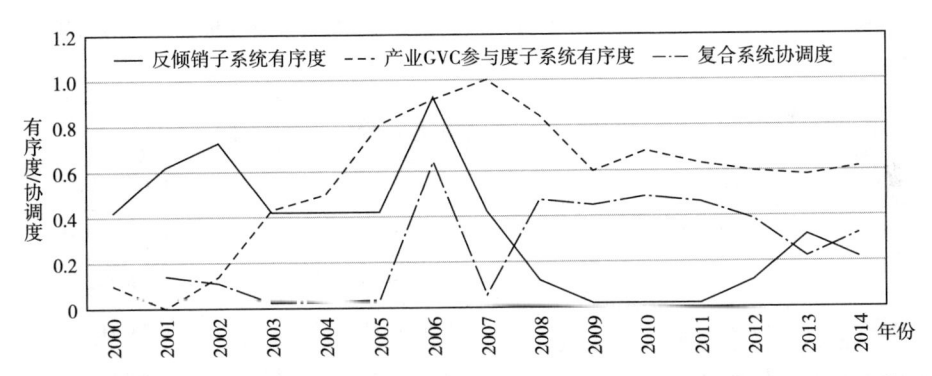

图 6-6 中国农产品遭受反倾销与产业 GVC 参与度复合系统协调度及子系统有序度态势图

农产品反倾销子系统的有序度状况在前面一节已分析过了，本节不再重复。农产品的产业 GVC 参与度子系统的有序度在 2009 年之前呈现倒 V 形走势，2009 年以后走势平缓，无太多波动。其中 2001 年的有序度最低（有序度为 0）。

---

❶ 由于在协调度计算中 2000 年为初始时刻 t_0，因此 2000 年无协调度数值。

复合系统协调度保持了正值，无明显的趋势变化，呈现阶段性的波动。2005年之前协调度偏低，所有年份均低于0.2（2003年、2004年、2005年接近于0），2005年之后协调度总体高一些（除了2007年，其余年份均高于0.2）。复合系统协调度状况表明反倾销与GVC参与度之间具有一定的协同演化，且协调度总体偏低（大多数年份的协调度维持在0~0.4）。协同演化前期较弱，然后有所增强。协调度状况说明"反倾销促进农产品的产业GVC参与度增加"和"农产品的产业GVC参与度对反倾销的激发"分别在协同演化过程中起主导作用。

这说明国外对华反倾销对于农产品的中间产品增加值出口没有产生明显的抑制作用，反而激励了中国农产品的中间产品增加值出口。反过来，中国农产品参与GVC的程度越深，中国农产品遭受到的反倾销也越多。中国农产品参与GVC的程度越深，代表中国农产品融入其他国家产品生产或消费的程度就越高，其他国家产品生产或消费对中国农产品的依赖程度也就越高，国外的同行竞争者就越容易对中国农产品发起反倾销。

6.2.2.2 纺织品服装

中国纺织品服装子系统的有序度结果和复合系统的协调度结果见表6-8，对应的态势图见图6-7。

表6-8 中国纺织品服装遭受反倾销与产业GVC参与度复合系统协调度及子系统有序度

年份	反倾销子系统有序度	产业GVC参与度子系统有序度	复合系统协调度
2000	0.097044357	0.035149775	—❶
2001	0.108586224	0	0.020141848
2002	0.30666485	0.280993282	0.227010655
2003	0.179738367	0.494773674	0.194956774
2004	0.45474007	0.863840321	0.544443805
2005	0.64898276	0.911452295	0.695460289
2006	0.829748585	1	0.840803092
2007	0.527827211	0.788317921	0.569606815
2008	0.531663147	0.692402204	0.534466328
2009	0.91821353	0.328816592	0.491070399

❶ 由于在协调度计算中2000年为初始时刻t_0，因此2000年无协调度数值。

续表

年份	反倾销子系统有序度	产业 GVC 参与度子系统有序度	复合系统协调度
2010	0.627834023	0.59297449	0.544139315
2011	0.064353752	0.720366964	0.149666844
2012	0.179738367	0.52937956	0.202162912
2013	0.339355455	0.58856792	0.366195793
2014	0.185509301	0.640034443	0.231324639

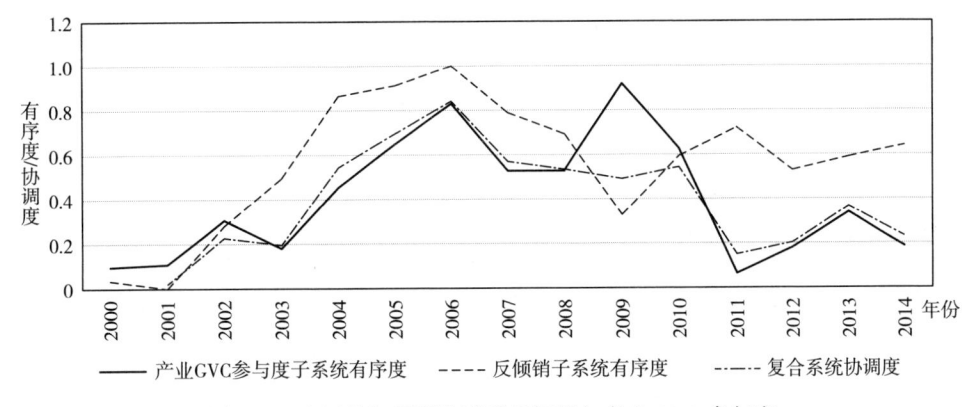

图 6-7 中国纺织品服装遭受反倾销与产业 GVC 参与度
复合系统协调度及子系统有序度态势图

纺织品服装反倾销子系统的有序度状况在前面一节已分析过了，本节不再重复。纺织品服装的产业 GVC 参与度子系统的有序度在 2009 年之前逐渐波动上升，2009 年之后逐渐波动下降。2000 年的有序度最低（有序度为 0.10）。

复合系统协调度保持了正值，2006 年之前协调度总体逐渐上升，且上升趋势明显，2006 年之后逐渐波动下降。绝大部分年份的协调度均高于 0.2，表明反倾销与纺织品服装的产业 GVC 参与度之间具有一定的协同演化，且协调度总体较高（绝大多数年份的协调度维持在 0.2~0.8），协同演化在 2006 年之后有所降低。这说明"反倾销促进纺织品服装的产业 GVC 参与度增加"和"纺织品服装的产业 GVC 参与度对反倾销的激发"分别在协同演化过程中起主导作用。2001年、2003 和 2011 年的协调度较低，低于 0.2。这表明这 3 个年份"反倾销对纺织品服装的产业 GVC 参与度的影响"较弱。

另外，从图 6-7 中可以明显观察到纺织品服装反倾销子系统有序度和复合系统协调度的演化较为密切相关。

6.2.2.3 化工产品

中国化工产品子系统的有序度结果和复合系统的协调度结果见表 6-9，对应的态势图见图 6-8。

表 6-9 中国化工产品遭受反倾销与产业 GVC 参与度复合系统协调度及子系统有序度

年份	反倾销子系统有序度	产业 GVC 参与度子系统有序度	复合系统协调度
2000	0.179487414	0	—❶
2001	0.41270854	0.038935066	0.095291552
2002	0.568095785	0.222770351	0.294228522
2003	0.634650244	0.432565976	0.443720581
2004	0.47348303	0.679712378	0.44702624
2005	0.351373015	0.813206346	0.373869578
2006	0.179487414	0.977517426	0
2007	0.668207992	1	0.69908553
2008	0.817534749	0.904248858	0.759574601
2009	0.451485222	0.382173241	0.322413219
2010	0.345873563	0.610741115	0.318777135
2011	0.168207992	0.609715165	0.082929093
2012	0.240542421	0.391269425	0.154560531
2013	0.212764644	0.323535009	0.103761018
2014	0.407209088	0.356745132	0.285023857

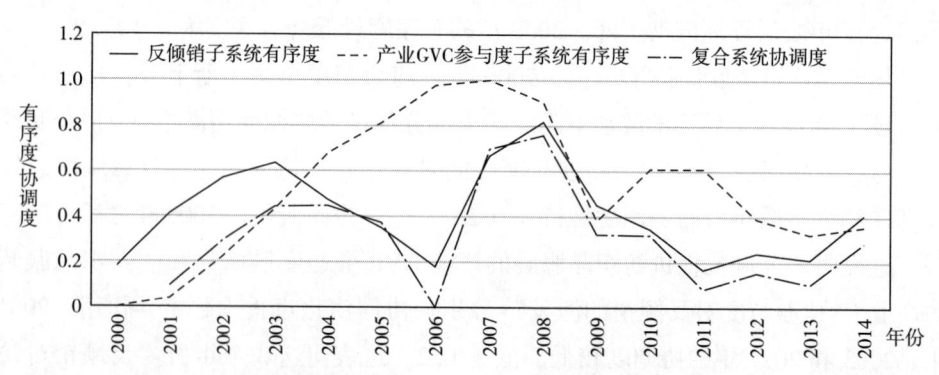

图 6-8 中国化工产品遭受反倾销与产业 GVC 参与度复合系统协调度及子系统有序度态势图

---

❶ 由于在协调度计算中 2000 年为初始时刻 t_0，因此 2000 年无协调度数值。

化工产品反倾销子系统的有序度状况在前面一节已分析过了，本节不再重复。化工产品的产业 GVC 参与度子系统的有序度在 2007 年之前上升趋势明显，2007 年之后逐渐波动下降。2000 年的有序度最低（有序度为 0）。

复合系统协调度绝大部分年份保持了正值（2006 年除外，该年协调度为 0），无明显的趋势变化，呈现阶段性的波动。2008 年之前存在较大幅度波动，2008 年之后总体上逐渐波动下降。大部分年份的协调度均高于 0.2，表明反倾销与化工产品的产业 GVC 参与度之间具有一定的协同演化，且协调度总体处于中等水平（约一半年份的协调度维持在 0.2~0.5），协同演化在 2008 年之后有所降低。协调度的状态说明"反倾销促进化工产品的产业 GVC 参与度增加"和"化工产品的产业 GVC 参与度对反倾销的激发"分别在协同演化过程中起主导作用。2001 年、2006 年、2011 年、2012 年和 2013 年的协调度较低，低于 0.2。这表明这 5 个年份"反倾销对化工产品的产业 GVC 参与度的影响"较弱。

另外，图中可以明显观察到化工产品反倾销子系统有序度和复合系统协调度的演化较为密切相关。

6.2.2.4 贱金属

中国贱金属子系统的有序度结果和复合系统的协调度结果见表 6-10，对应的态势图见图 6-9。

表 6-10　中国贱金属遭受反倾销与产业 GVC 参与度复合系统协调度及子系统有序度

年份	反倾销子系统有序度	产业 GVC 参与度子系统有序度	复合系统协调度
2000	0.136168842	0.110336671	—[1]
2001	0.193364347	0	0.079440302
2002	0.028973337	0.180947345	0.087000844
2003	0.568732882	0.415538749	0.363344801
2004	0.264950862	0.817713335	0.301823451
2005	0.125559852	0.804000474	0.085785036
2006	0.014582327	1	0.328893697
2007	0.268364347	0.937017271	0.330580489
2008	0.689950862	0.792333586	0.614554732
2009	0.836905912	0.0771905	0.152403251

---

[1] 由于在协调度计算中 2000 年为初始时刻 t_0，因此 2000 年无协调度数值。

续表

年份	反倾销子系统有序度	产业GVC参与度子系统有序度	复合系统协调度
2010	0.465319397	0.268876789	0.22843723
2011	0.493364347	0.300302623	0.260489892
2012	0.572146367	0.193087625	0.189940928
2013	1.026296922	0.197894021	0.279172449
2014	0.915319397	0.246979006	0.326289674

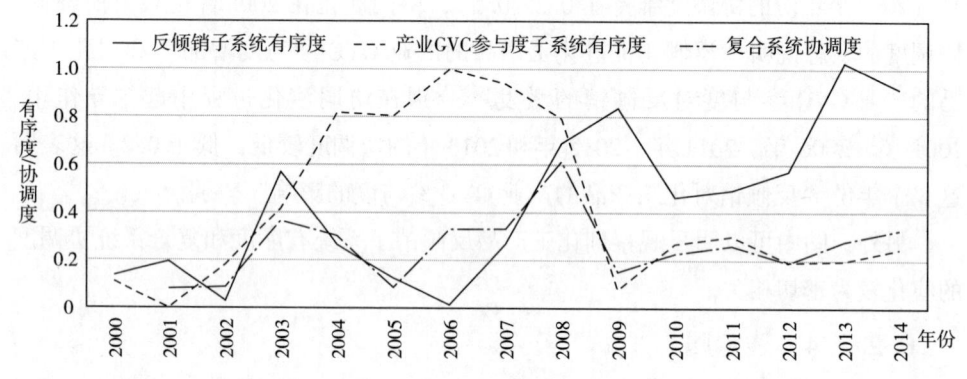

图6-9 中国贱金属遭受反倾销与产业GVC参与度复合系统协调度及子系统有序度态势图

中国贱金属反倾销子系统的有序度状况在前面一节已分析过了，本节不再重复。贱金属的产业GVC参与度子系统的有序度在2009年之前呈现倒V形走势，2009年以后走势平缓，无太多波动。2001年的有序度最低（有序度为0）。

复合系统协调度保持了正值，无明显的趋势变化，呈现阶段性的波动。2009年之前存在较大幅度波动，2009年之后总体上走势平缓，无太大波动。大部分年份的协调度均高于0.2，表明反倾销与贱金属的产业GVC参与度之间具有一定的协同演化，且协调度总体偏低（绝大多数年份的协调度维持在0~0.4）。协调度的状态说明"反倾销促进贱金属的产业GVC参与度增加"和"贱金属的产业GVC参与度对反倾销的激发"分别在协同演化过程中起主导作用。2001年、2002年、2005年、2009年和2012年的协调度较低，低于0.2。这表明这5个年份"反倾销对贱金属的产业GVC参与度的影响"较弱。

6.2.2.5 机电设备

中国机电设备子系统的有序度结果和复合系统的协调度结果见表6-11，对应的态势图见图6-10。

表 6-11 中国机电设备遭受反倾销与产业 GVC 参与度复合系统协调度及子系统有序度

年份	反倾销子系统有序度	产业 GVC 参与度子系统有序度	复合系统协调度
2000	0.120455634	0	—❶
2001	0.270455634	0.024709442	0.060880345
2002	0.207239541	0.168526698	0.120935542
2003	0.330807355	0.329495281	0.263267734
2004	0.183671727	0.508044561	0.179211027
2005	0.394023448	0.675317902	0.429820012
2006	0.407239541	0.866117491	0.498385953
2007	0.494023448	1	0.611201942
2008	0.544023448	0.881846793	0.611164396
2009	0.917591262	0.38492242	0.553927229
2010	0.75437517	0.671940866	0.652653386
2011	0.480807355	0.719800027	0.509294786
2012	0.567591262	0.64193483	0.535753613
2013	0.657239541	0.651659693	0.591439292
2014	0.470455634	0.721747369	0.502604794

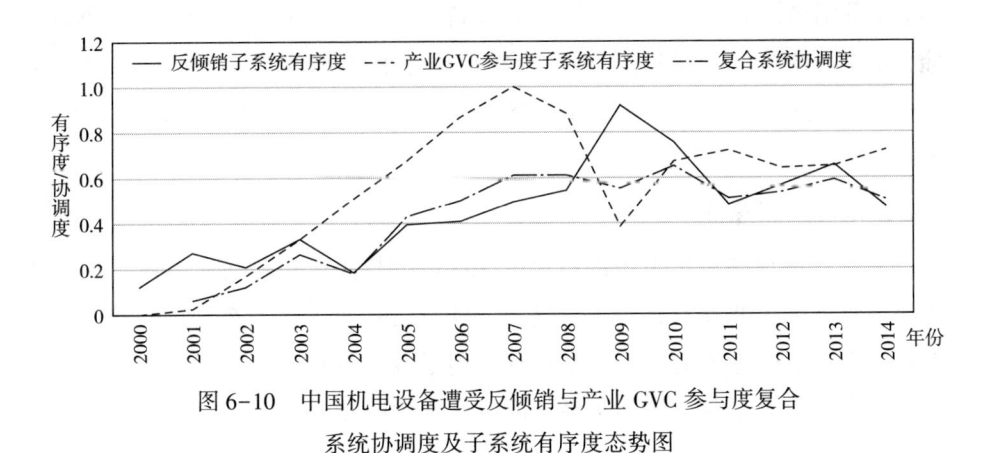

图 6-10 中国机电设备遭受反倾销与产业 GVC 参与度复合系统协调度及子系统有序度态势图

---

❶ 由于在协调度计算中 2000 年为初始时刻 t_0，因此 2000 年无协调度数值。

机电设备反倾销子系统的有序度状况在前面一节已分析过了，本节不再重复。机电设备的产业 GVC 参与度子系统的有序度呈现 N 形走势，2007 年之前出现明显的上升状态，2007—2009 年快速下降，2009 年之后出现波动逐渐上升的状态。2000 年的有序度最低（有序度为 0）。

复合系统协调度保持了正值，2010 年之前呈现较明显的上升趋势，2010 年之后走势平缓，波动较小。绝大部分年份的协调度均高于 0.2，表明反倾销与机电设备的产业 GVC 参与度之间具有一定的协同演化，且协调度总体较高（绝大多数年份的协调度维持在 0.4~0.7）。协调度的状态说明"反倾销促进机电设备的产业 GVC 参与度增加"和"机电设备的产业 GVC 参与度对反倾销的激发"分别在协同演化过程中起主导作用。2001 年、2002 年和 2004 年的协调度较低，低于 0.2。这表明这 3 个年份"反倾销对机电设备的产业 GVC 参与度的影响"较弱。

另外，从图 6-10 中可以明显观察到中国机电设备反倾销子系统有序度和复合系统协调度的演化较为密切相关。

6.3 结论及启示

6.3.1 结论

本章分别测算了中国的农产品、纺织品服装、化工产品、贱金属、机电设备共计 5 个大类产品对应的 5 个产业的反倾销及产业 GVC 位置、产业 GVC 参与度的有序度，并测算了各个产业复合系统的协调度，对协同演化态势进行了分析，得出以下结论。

6.3.1.1 有序度

（1）农产品反倾销子系统的有序度无明显的趋势变化；纺织品服装反倾销子系统的有序度先波动上升为主，然后逐渐波动降低；化工产品反倾销子系统的有序度无明显的趋势变化；贱金属反倾销子系统的有序度呈现阶段性的波动上升的状态；机电设备反倾销子系统的有序度先波动上升为主，然后逐渐波动降低。

（2）农产品的产业 GVC 位置子系统的有序度也无明显的趋势变化；纺织品服装的产业 GVC 位置子系统的有序度先快速下降，然后逐渐波动上升；化工产品的产业 GVC 位置子系统的有序度无明显的趋势变化；贱金属的产业 GVC 位置子系统的有序度无明显的趋势变化；机电设备的产业 GVC 位置子系统的有序度呈现较明显的逐渐下降趋势。

（3）农产品的产业 GVC 参与度子系统的有序度先呈现倒 V 形走势，然后呈现平缓走势；纺织品服装的产业 GVC 参与度子系统的有序度先波动上升，然后波动下降；化工产品的产业 GVC 参与度子系统的有序度呈现明显上升趋势，然后波动下降；贱金属的产业 GVC 参与度子系统的有序度先呈现倒 V 形走势，然后呈现平缓走势；机电设备的产业 GVC 参与度子系统的有序度呈现 N 形走势。

6.3.1.2 协调度

（1）反倾销与产业 GVC 位置。所有 5 个产业的复合系统协调度保持了正值，说明各个产业反倾销与产业 GVC 位置之间均具有一定的协同演化。不同产业的协调度水平存在差距，农产品的协调度总体偏低，年均协调度为 0.22（5 个产业的年均协调度见表 6-12）；纺织品服装协调度总体较高，年均达到 0.43；化工产品协调度总体处于中等水平，年均为 0.33；贱金属协调度总体处于较低水平，年均为 0.24；机电设备协调度总体处于较高水平，年均达到 0.45。

表 6-12　5 个产业的反倾销与产业 GVC 位置的年均协调度

农产品	纺织品服装	化工产品	贱金属	机电设备
0.22	0.43	0.33	0.24	0.45

（2）反倾销与产业 GVC 参与度。所有 5 个产业的复合系统协调度几乎全部保持了正值（仅化工产品在 2006 年协调度除外，该年协调度为 0），说明各个产业反倾销与产业 GVC 参与度之间均具有一定的协同演化。不同产业的协调度水平存在差距，农产品的协调度总体偏低，年均协调度为 0.27（5 个产业的年均协调度见表 6-13）；纺织品服装协调度总体较高，年均达到 0.40；化工产品协调度总体处于中等水平，年均为 0.31；贱金属协调度总体处于较低水平，年均为 0.26；机电设备协调度总体处于较高水平，年均达到 0.44。各个产业协调度的总体水平高低与产业 GVC 位置中的协调度高低非常类似。

表 6-13　5 个产业的反倾销与产业 GVC 参与度的年均协调度

农产品	纺织品服装	化工产品	贱金属	机电设备
0.27	0.40	0.31	0.26	0.44

6.3.1.3 协同演化态势

(1) 反倾销与产业 GVC 位置。5 个产业的协同演化状况说明"反倾销促进产业 GVC 位置向上游转移"和"产业 GVC 位置对反倾销的激发"分别在协同演化过程中起主导作用。不同产业的协同演化态势说明不同产业的这两种主导作用的变化存在差异：农产品的这些主导作用变动不大，纺织品服装的这些主导作用在先逐渐增强然后有所减弱，化工产品的这些主导作用变动不大，贱金属的这些主导作用很缓慢地加强，机电设备的这些主导作用明显逐渐加强然后维持平稳。

(2) 反倾销与产业 GVC 参与度。5 个产业的协同演化状况说明"反倾销促进产业 GVC 参与度增加"和"产业 GVC 参与度对反倾销的激发"分别在协同演化过程中起主导作用。不同产业的协同演化态势说明不同产业的这两种主导作用的变化存在差异：农产品的这些主导作用前期较弱然后有所增强，纺织品服装的这些主导作用在先逐渐增强然后逐渐减弱，化工产品的这些主导作用先大幅波动增强然后有所降低，贱金属的这些主导作用先大幅度波动然后维持平稳，机电设备的这些主导作用先逐渐加强然后维持平稳。

6.3.2 启示

在我国是世界反倾销最大受害国的背景下，大量的产业面临反倾销威胁，但不同产业遭受的反倾销存在较大差异。本章选取的 5 类产业在全球价值链中状况也存在较大差异。基于规避反倾销同时获取贸易利益的视角，我们得到如下启示。

6.3.2.1 通过产业升级逐步向全球价值链的下游位置转移，但对反倾销的抑制作用存在产业层面的差异

所有 5 个产业的反倾销与产业 GVC 位置复合系统协调度保持了正值，说明"产业 GVC 位置对反倾销的激发"在协同演化过程中起主导作用，当产业 GVC 位置越小说明对反倾销的激发越弱。而产业 GVC 位置越小说明产业越偏向于下游位置，越偏向下游位置越能缓解国外对华反倾销的发生。向下游位置转移常常意味着产业由初加工向深加工转移、由低技术产品向高技术产品转移、由低附加值产品向高附加值产品转移，这就会伴随产业升级，有利于我国增加值出口占比的提升和贸易利益的获得。另外，协同演化的结果也揭示出国外对华反倾销下降又会提升我国产业向下游位置转移的动力。

5 个产业的协调度高低不一样，其中纺织品服装、机电设备的协调度总体较

高，且这两个产业的反倾销子系统有序度和复合系统协调度的演化密切相关，因此这两个产业若能尽早、尽大范围地通过产业升级向下游位置转移，这对于国外对这两个产业的反倾销会有较明显的抑制作用。农产品、化工产品、贱金属的协调度总体偏低或处于中等水平，则这三个产业通过产业升级向下游位置转移对反倾销的抑制作用会弱一些，但仍然能发挥积极的抑制作用。

6.3.2.2 根据双边贸易中不同产业的中间产品增加值出口的具体情况，有条件的产业应适当减少中间产品增加值出口

所有 5 个产业的反倾销与产业 GVC 参与度复合系统协调度几乎全部保持了正值（仅化工产品在 2006 年协调度为 0），说明"产业 GVC 参与度对反倾销的激发"在协同演化过程中起主导作用，产业 GVC 位置越小说明对反倾销的激发越弱。而产业 GVC 参与度越小说明中间产品增加值出口越少，越少的中间产品增加值出口越能缓解国外对华反倾销的发生。另外，协同演化的结果也揭示出国外对华反倾销下降又会抑制中国的中间产品增加值出口。

5 个产业的协调度高低不一样，其中纺织品服装、机电设备的协调度总体较高，且这两个产业的反倾销子系统有序度和复合系统协调度的演化密切相关，因此这两个产业若能较大幅度减少中间产品增加值出口，这对于国外对这两个产业的反倾销会有较明显的抑制作用。农产品、化工产品、贱金属的协调度总体偏低或处于中等水平，则这三个产业减少中间产品增加值出口对反倾销的抑制作用会弱一些，但仍然能发挥积极的抑制作用。

同时，我们需要考虑到这 5 个产业中间产品增加值出口所占的比例，如果本身比例较低，则要大幅度较少中间产品增加值出口是难以实现的，也是不可取的。由于印度和美国是世界对华反倾销排名第 1 位和第 2 位的国家，一个是发展中国家，另一个是发达国家，具有很高的代表性。若这两国对华反倾销能明显下降则会导致中国遭受的反倾销也会明显下降，因此本章以中国对印度和美国的增加值出口为例进行解读。表 6-14 为中国对印度的 5 大类产业的增加值出口比重情况，表 6-15 为中国对美国的 5 大类产业的增加值出口比重情况。中国对印度出口方面：化工产品和贱金属的中间产品增加值出口占比很高（2014 年分别为 95.1%和 84.3%），因此有较多机会可大幅度地减少中间产品增加值出口；农产品、纺织品服装、机电设备的中间产品增加值出口占比较低一些（2014 年分别为 43.8%、62.8%、40.5%），因此大幅度地减少中间产品增加值出口的机会较小。中国对美国出口方面：只有化工产品的中间产品增加值出口占比较高（2014

年为78.2%），因此有较多机会可大幅度地减少中间产品增加值出口；农产品、贱金属、机电设备的中间产品增加值出口占比偏低（2014年分别为22.6%、58.2%、41.4%），因此大幅度地减少中间产品增加值出口的机会较小；而纺织品服装的中间产品增加值出口占比很低（2014年为5.7%），因此几乎没有什么机会能减少中间产品增加值出口。

表6-14 中国对印度增加值出口占比情况

年份	农产品 最终产品增加值出口占比❶	农产品 中间产品增加值出口占比❷	纺织品服装 最终产品增加值出口占比	纺织品服装 中间产品增加值出口占比	化工产品 最终产品增加值出口占比	化工产品 中间产品增加值出口占比	贱金属 最终产品增加值出口占比	贱金属 中间产品增加值出口占比	机电设备 最终产品增加值出口占比	机电设备 中间产品增加值出口占比
2000	34.7	65.3	5.0	95.0	2.7	97.3	4.8	95.2	50.0	50.0
2001	74.2	25.8	5.5	94.5	2.9	97.1	2.0	98.0	50.6	49.4
2002	85.4	14.6	3.7	96.3	4.5	95.5	2.5	97.5	58.8	41.2
2003	77.7	22.3	4.6	95.4	4.3	95.7	3.3	96.7	63.9	36.1
2004	69.1	30.9	4.9	95.1	3.6	96.4	4.8	95.2	64.7	35.3
2005	62.4	37.6	5.9	94.1	5.9	94.1	6.7	93.3	62.5	37.5
2006	73.4	26.6	9.0	91.0	5.3	94.7	4.3	95.7	66.3	33.7
2007	70.7	29.3	11.3	88.7	3.8	96.2	5.1	94.9	63.2	36.8
2008	72.4	27.6	16.8	83.2	4.1	95.9	11.6	88.4	65.4	34.6
2009	80.9	19.1	15.1	84.9	6.2	93.8	23.0	77.0	65.6	34.4
2010	70.4	29.6	23.1	76.9	5.4	94.6	12.7	87.3	63.4	36.6
2011	54.0	46.0	25.9	74.1	4.6	95.4	9.1	90.9	61.4	38.6
2012	49.4	50.6	30.5	69.5	5.5	94.5	17.5	82.5	61.3	38.7
2013	66.5	33.5	31.6	68.4	5.7	94.3	16.4	83.6	59.1	40.9
2014	56.2	43.8	37.2	62.8	4.9	95.1	15.7	84.3	59.5	40.5

❶ 最终产品增加值出口比重=最终产品增加值出口额/增加值出口总额×100
❷ 中间产品增加值出口比重=中间产品增加值出口额/增加值出口总额×100

第6章 基于产业视角的反倾销与全球价值链位置、全球价值链参与度的协同演化研究

表 6-15 中国对美国增加值出口占比情况

年份	农产品 最终产品增加值出口占比	农产品 中间产品增加值出口占比	纺织品服装 最终产品增加值出口占比	纺织品服装 中间产品增加值出口占比	化工产品 最终产品增加值出口占比	化工产品 中间产品增加值出口占比	贱金属 最终产品增加值出口占比	贱金属 中间产品增加值出口占比	机电设备 最终产品增加值出口占比	机电设备 中间产品增加值出口占比
2000	68.4	31.6	95.5	4.5	24.9	75.1	24.9	75.1	70.5	29.5
2001	70.6	29.4	95.9	4.1	22.4	77.6	29.6	70.4	69.4	30.6
2002	73.6	26.4	95.6	4.4	23.2	76.8	30.8	69.2	70.1	29.9
2003	77.2	22.8	95.4	4.6	26.3	73.7	31.3	68.7	69.4	30.6
2004	78.0	22.0	94.8	5.2	29.2	70.8	27.6	72.4	69.1	30.9
2005	78.9	21.1	94.9	5.1	26.3	73.7	25.3	74.7	66.9	33.1
2006	80.7	19.3	95.1	4.9	24.8	75.2	21.9	78.1	64.7	35.3
2007	82.2	17.8	95.2	4.8	26.4	73.6	25.1	74.9	66.0	34.0
2008	81.5	18.5	94.7	5.3	23.3	76.8	28.9	71.1	64.0	36.0
2009	82.9	17.1	95.3	4.7	27.0	73.0	40.2	59.8	65.8	34.2
2010	82.4	17.6	95.1	4.9	25.4	74.6	43.0	57.0	65.2	34.8
2011	80.8	19.2	94.4	5.6	22.4	77.6	43.8	56.2	63.6	36.4
2012	77.3	22.7	94.7	5.3	23.2	76.5	46.0	54.0	59.7	40.3
2013	77.3	22.7	94.4	5.6	23.2	76.8	45.5	54.5	59.6	40.4
2014	77.4	22.6	94.3	5.7	21.8	78.2	41.8	58.2	58.6	41.4

6.4 本章小结

本章针对中国的农产品、纺织品服装、化工产品、贱金属、机电设备共计 5 个大类产品对应的 5 个产业，使用 2000—2014 年的数据分别测算了 5 个产业在反倾销、产业 GVC 位置、产业 GVC 参与度上的有序度以及复合系统的协调度，对我国 5 个产业遭受反倾销与产业 GVC 位置、产业 GVC 参与度之间的协同演化

态势进行了实证分析。研究表明：反倾销与产业 GVC 位置、反倾销与产业 GVC 参与度均形成了协同演化态势，"反倾销促进产业 GVC 位置向上游转移""产业 GVC 位置对反倾销的激发""反倾销促进产业 GVC 参与度增加"和"产业 GVC 参与度对反倾销的激发"在协同演化过程中起主导作用。最后，基于规避反倾销同时获取贸易利益的视角，本章从不同产业的产业链位置的转移以及不同产业中间产品出口两个方面提出了产业层面的差异化启示。

第7章

全球价值链与产业竞争力的协同演化研究

全球价值链的状况是随时间动态变化的，不是静态的。中国的各个产业在全球价值链中的表现状况也是随时间不断演变，产业竞争力也在不断演变。由于不同的产业具有不同的产品特征、不同的市场状况、不同的全球价值链表现状况以及不同的产业竞争力状况，因此本章分别针对中国的农产品以及中国遭受反倾销❶最多的4类工业品（纺织品服装、化工产品、贱金属、机电设备）❷进行全球价值链与产业竞争力协同演化的研究，以期望能获得更为精细的全球价值链和产业竞争力互动影响的研究结果。

本章研究的产品有中国的农产品、纺织品服装、化工产品、贱金属、机电设备共计5个大类的产品，对应中国的5个相关产业。

7.1 全球价值链与产业竞争力的协同演化机制

本章拟使用GVC位置和GVC参与度来衡量全球价值链的变动状况，用显性优势指数（revealed comparative advantage，RCA）来衡量产业竞争力的高低，由于RCA指数可分为传统RCA指数与新RCA指数，新RCA指数是基于全球价值链数据测算得到的，本章拟使用新RCA指数来衡量产业竞争力。一国的产业在全球价值链中的位置、参与度与新RCA指数之间可能具有持续互动与演变，且存在演化路径相互交织的现象，因此本章拟诠释产业的GVC位置、GVC参与度与新RCA指数的协同演化的内在互动影响机制。

---

❶ 中国各类产品遭受反倾销的数量和占比详见第2章中的表2-4和表2-5。
❷ 中国遭受反倾销数量排名前3位的产品是贱金属、化工产品、机电设备。另外，中国的纺织品服装遭受的反倾销数量虽然排名第5位，但是该类产品遭受的反倾销曾经长期排名第4位，而且中国的纺织品服装的出口额非常大，在中国出口总额中的占比很高，因此本章也将纺织品服装作为研究对象。

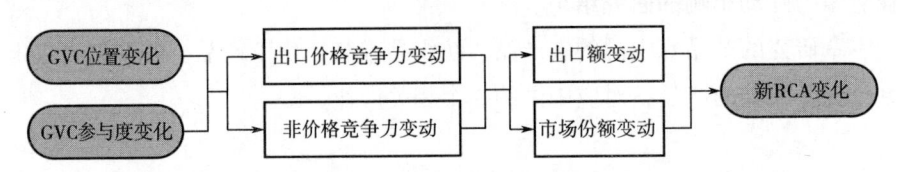

7.1.1 GVC 位置、GVC 参与度对新 RCA 指数的影响机制

第 5 章已阐述了 GVC 位置指数和 GVC 参与度分别表达的意思：GVC 位置指数代表着国家或产业处于 GVC 中的上下游位置状况，该指标越大，产业就越处于 GVC 的上游位置；GVC 参与度越大，该国家的产业参与 GVC 的程度就越深。

我国某产业的增加值状况发生变动导致该产业的 GVC 位置、GVC 参与度相应发生变化，也即导致该产业向 GVC 的上游位置或下游位置转移、导致该产业参与 GVC 的程度有所变化。进而导致出口价格以及非价格竞争力发生变化，使国外市场对中国产品的需求和依赖发生变化。最终中国产品的出口状况发生变化，进而导致代表产业竞争力的新 RCA 指数发生变化。GVC 位置指数和 GVC 参与度的变动可能对新 RCA 指数有促进作用，也可能产生抑制作用，这取决于国际市场对产品的价格、品质等非价格因素的认可程度。具体的影响机制见图 7-1。

图 7-1 GVC 位置、GVC 参与度对新 RCA 指数的影响机制

7.1.2 新 RCA 指数对 GVC 位置、GVC 参与度的影响机制

在全球价值链与产业竞争力协同演化过程中，当我国产业竞争力增强时，即新 RCA 指数增大时，可能会导致该产业在 GVC 中的状况发生相应的调整，但该产业的 GVC 位置、GVC 参与度变动方向并不确定。比如，某产业不断实施产业升级，产业升级导致产业的新 RCA 指数发生变动，进而使产业的出口获利能力变动，这可能会促使产业向"微笑曲线"中偏向于上游位置的设计等环节进行转移，以获取更多的增加值，也可能导致该产业向"微笑曲线"中偏向于更下游位置的深加工环节进行转移，同样也能获取更多的增加值。可见 GVC 位置会发生变动，但变动方向并不确定。同时，产业在"微笑曲线"中位置的迁移又会使自己在产业链中提供的中间产品发生一定变化，从而导致该产业参与 GVC 的程度发生变动，但变动方向存在不确定性。具体的影响机制

见图 7-2。

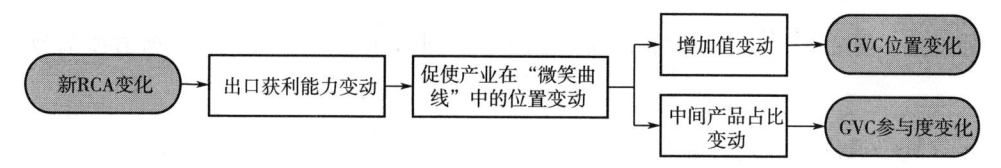

图 7-2　新 RCA 指数对 GVC 位置、GVC 参与度的影响机制

7.2　模型方法与指标体系

本章采用第 5 章所使用的"协调度模型",分别研究中国的 5 个产业在全球价值链表现状况与产业竞争力的协同演化。产业在全球价值链中的表现状况拟分别用产业 GVC 位置和产业 GVC 参与度来测度,产业竞争力则采用基于增加值数据测算出的"新显性比较优势指数"来度量。

对于 GVC 位置指数与 GVC 前向参与度的测算方法在第 5 章中也进行了详细介绍,本章不再重复介绍(详细介绍可见第 5 章第 3 节)。本章中的产业 GVC 位置指数与产业 GVC 前向参与度的测算是针对细分的 5 个产业分别计算得到的。

在分析某产品或某产业在国际市场上的竞争力时,常会用到 RCA 指数,传统 RCA 指数使用一般意义上的出口额进行测算,即不使用增加值出口的数据进行测算。一方面是由于以前缺乏全球范围的投入产出量表,另一方面是由于以前的研究一般是针对传统的贸易统计范畴下的研究。传统 RCA 指数是指,某国的某产品或某产业出口额在该国所有产品或产业的出口总额中的占比,相对于世界该产品或该产业出口额在世界所有产品或产业的出口总额占比的相对比重。传统 RCA 指数的计算公式如下所示：

$$传统\ RCA\ 指数 = \frac{e_i^r / \sum_i^n e_i^r}{\sum_r^G e_i^r / \sum_r^G \sum_i^n e_i^r} \tag{7-1}$$

式中：i 为第 i 种产品或产业；r 为第 r 个国家或地区；n 为产品或产业的数量；G 为国家或地区的数量；e_i^r 为第 r 个国家的第 i 种产品或产业的出口额；$\sum_i^n e_i^r$ 为第 r 个国家的所有产品或产业(从第 i 个产品或产业到第 r 个产品或产业)

的出口总额；$\sum_{r}^{G} e_i^r$ 为所有国家（从第 r 个国家到第 G 个国家）的第 i 种产品或产业的出口额；$\sum_{r}^{G} \sum_{i}^{n} e_i^r$ 为所有国家（从第 r 个国家到第 G 个国家）的所有产品或产业（从第 i 个产品或产业到第 r 个产品或产业）的出口额。

从全球价值链的视角来看，传统 RCA 指数存在一定缺陷，在反映产业的显性比较优势方面会出现偏差。一方面，一国某产业的增加值出口可能隐含在其他产业的出口中而间接出口，比如，农产品增加值的出口会隐含在纺织品服装（大量的棉花用于纺纱、织布，然后生产成衣）出口中；另一方面，一国某产业的出口中也会包含一定量的国外增加值，比如，高档服装（从国外进口高档化纤面料，然后制成西服）出口。本章基于增加值数据对显性比较优势指数进行重新测算，新得到的指标称为"新 RCA 指数"，其计算公式如下所示：

$$\text{新 RCA 指数} = \frac{DVA_i^r / \sum_{i}^{n} DVA_i^r}{\sum_{r}^{G} DVA_i^r / \sum_{r}^{G} \sum_{i}^{n} DVA_i^r} \quad (7-2)$$

式 (7-2) 中的 DVA 为增加值出口额（具体而言，是指最终被国外吸收的国内增加值的出口），其余代码与式 (7-1) 中的含义一致。新 RCA 指数的计算实际上是基于全球价值链的前向分解方法得到增加值数据，然后用增加值出口额代替了传统统计口径下的出口额进行计算得到。新 RCA 指数可以表述为，某国的某产品或某产业增加值出口额在该国所有产品或产业的增加值出口总额中的占比，相对于世界该产品或该产业增加值出口额在世界所有产品或产业的增加值出口总额占比的相对比重。若新 RCA 指数>1，则表明该国的某产品或产业存在比较优势；若新 RCA 指数<1，则表明该国的某产品或产业存在比较劣势。新 RCA 指数的高低反映了一国的某产品或某产业在国际市场上的竞争力的高低，也即反映了国际竞争力的高低。本章产业细分下的全球价值链与产业竞争力协同演化分析中所涉及的评价指标体系见表 7-1。

表 7-1　产业细分下全球价值链与产业竞争力协同演化的评价指标体系

项目	子系统	状态参量分量评价指标	单位
全球价值链	产业 GVC 位置	产业 GVC 位置指数	点
	产业 GVC 参与度	产业 GVC 前向参与度	点
产业竞争力	产业竞争力	新 RCA 指数	点

上述所有数据的统计期间为 2000—2014 年❶。产业 GVC 位置指数、产业 GVC 前向参与度的结果是首先从 UIBE GVC Indicators 数据库甄别出基础统计数据，然后通过第 5 章的公式［式（5-5）和式（5-8）］计算得到。本章对中国的 GVC 位置、GVC 前向参与度的研究分为 5 个具体产业，因此需要分别测算中国的 5 个产业 GVC 位置和 5 个产业 GVC 前向参与度，而 UIBE GVC Indicators 数据库中产业（或行业）的划分与本章产业的划分并不对应❷，因此本章需要在 UIBE GVC Indicators 数据库中原始的产业（或行业）划分的基础上进行重新汇总后计算得到相关数据。新 RCA 指数是基于 5 个产业分别进行计算，得到各产业的新 RCA 指数。新 RCA 指数根据式（7-2）计算得到，其中计算所需的产业层面的 DVA 数据从 UIBE GVC Indicators 数据库分析得出。

7.3 传统 RCA 指数与新 RCA 指数的比较

为了详细比较传统 RCA 指数与新 RCA 指数中间的差距，本章特选取了对华反倾销最为主要的两个国家——印度和美国，针对农产品、纺织品服装、化工产品、贱金属、机电设备这 5 类产品对应的 5 个产业分别测算了中国、印度、美国的产业层面的传统 RCA 指数和新 RCA 指数，并进行了对比。

7.3.1 农产品

中国、印度、美国农产品的传统 RCA 指数和新 RCA 指数测算结果分别如图 7-3~图 7-5 所示。中国、印度两国的传统 RCA 指数均低于新 RCA 指数。美国则相反，传统 RCA 指数高于新 RCA 指数。这显示出，相比于传统统计口径，中国、印度的农产品在全球价值链视角下的国际竞争力更高，而美国的农产品在全球价值链视角下的国际竞争力更低。

中国农产品的情况显示，传统 RCA 指数低于 1，且不断下降，说明中国农产品的出口具有比较劣势，国际竞争力不断下降。新 RCA 指数高于 1，虽然在时间序列上的数值有所下降，但 2014 年仍达到 1.35，新 RCA 指数显示出中国农产品

---

❶ 由于增加值数据来源于对外经济贸易大学的 UIBE GVC Indicators 数据库，该数据库基于 WIOD2016 的投入产出数据表得到的全球价值链的相关数据时间段为 2000—2014 年，即该数据的最新年份截至 2014 年。

❷ 本章中 5 类产业与 UIBE GVC Indicators 数据库中原始的产业的对应关系如下：农产品—C01+C02+C03+C05、纺织品服装—C06、化工产品—C11+C12、贱金属—C15+C16、机电设备—C18+C19。

出口具有明显的比较优势，国际竞争力较突出。

图 7-3　中国农产品的传统 RCA 指数与新 RCA 指数

图 7-4　印度农产品的传统 RCA 指数与新 RCA 指数

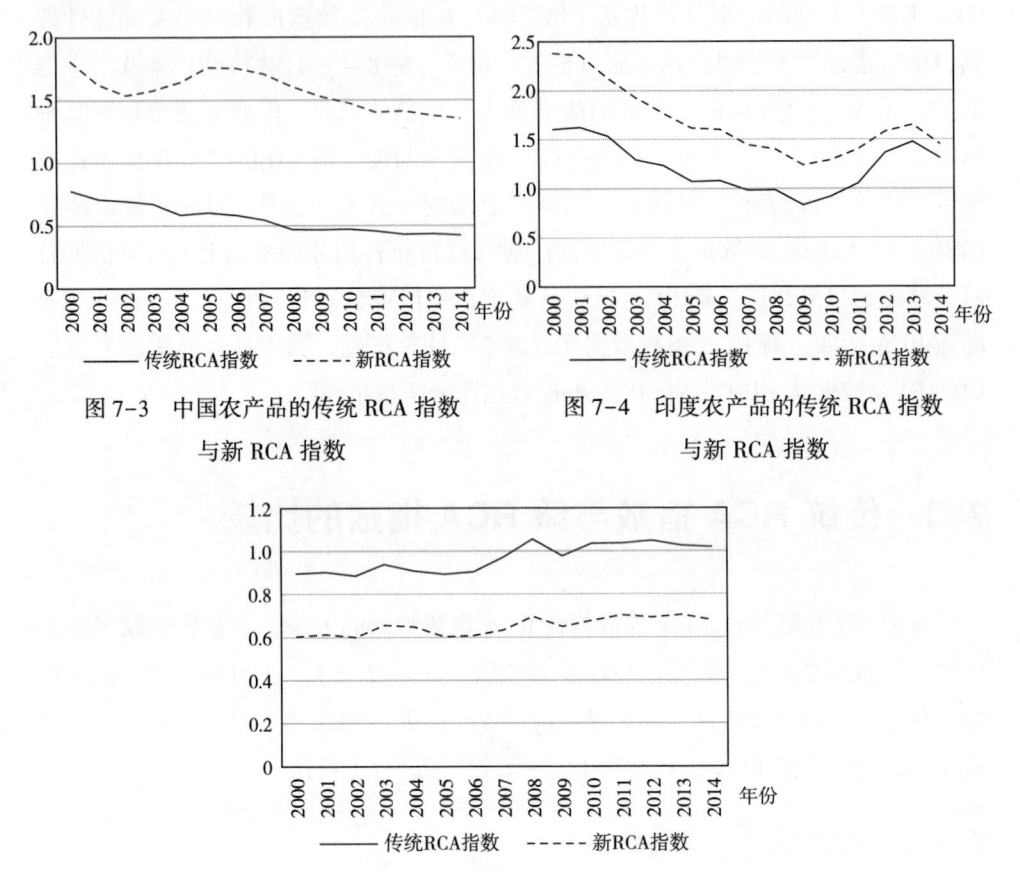

图 7-5　美国农产品的传统 RCA 指数与新 RCA 指数

印度农产品的情况显示，传统 RCA 指数绝大多数年份均高于 1（2008 年和 2009 年除外），新 RCA 指数均高于 1，这说明印度的农产品出口无论从传统统计上考察还是从全球价值链上考察都具有明显的比较优势，国际竞争力较突出。另外，在时间序列的变化上，传统 RCA 指数与新 RCA 指数之间的差距在不断缩小。

美国农产品的情况显示，传统 RCA 指数在 2007 年之前低于 1，2007 年之后波动上升，总体上稍高于 1。新 RCA 指数均低于 1，缓慢波动上升。这说明美国的农产品出口传统统计上考察具有比较劣势，从全球价值链上考察在 2007 年之后逐渐显示出比较优势。

7.3.2　纺织品服装

中国、印度、美国纺织品服装的传统 RCA 指数和新 RCA 指数测算结果分别如图 7-6~图 7-8 所示。中国、印度两国的传统 RCA 指数均高于新 RCA 指数。美国则相反，在绝大多数年份传统 RCA 指数低于新 RCA 指数（2013 年除外）。这显示出，相比于传统统计口径，中国、印度的纺织品服装在全球价值链视角下的国际竞争力更低，而美国的纺织品服装在全球价值链视角下的国际竞争力更高。

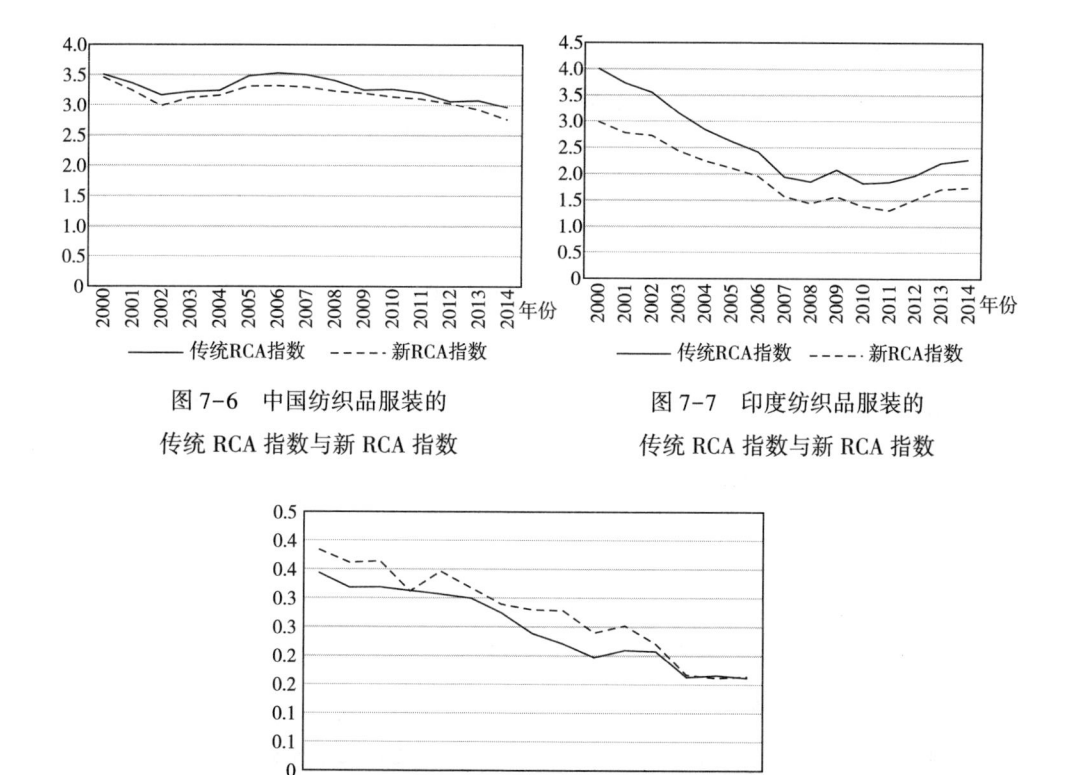

图 7-6 中国纺织品服装的传统 RCA 指数与新 RCA 指数

图 7-7 印度纺织品服装的传统 RCA 指数与新 RCA 指数

图 7-8 美国纺织品服装的传统 RCA 指数与新 RCA 指数

中国纺织品服装的情况显示，传统 RCA 指数和新 RCA 指数均远高于 1，2006 年之后有缓慢下降趋势。说明中国的纺织品服装出口无论从传统统计上考察还是从全球价值链上考察都具有非常明显的比较优势，国际竞争力非常突出，国际竞争力在后期略有降低。

印度纺织品服装的情况显示，传统 RCA 指数和新 RCA 指数均高于 1，2011 年之前指数下降比较快，之后又缓慢上升。说明印度的纺织品服装出口无论从传统统计上考察还是从全球价值链上考察都具有明显的比较优势，国际竞争力较突出，但是国际竞争力的下降幅度较大。

美国纺织品服装的情况显示，传统 RCA 指数和新 RCA 指数均远低于 1，且不断降低。说明美国的纺织品服装出口无论从传统统计上考察还是从全球价值链上考察都表现为明显的比较劣势，国际竞争力低，且国际竞争力还不断下降。

7.3.3 化工产品

中国、印度、美国化工产品的传统 RCA 指数和新 RCA 指数测算结果分别如图 7-9~图 7-11 所示。中国、美国的传统 RCA 指数均低于新 RCA 指数。印度则相反，在绝大多数年份传统 RCA 指数高于新 RCA 指数（2011 年除外）。这显示出，相比于传统统计口径，中国、美国的化工产品在全球价值链视角下的国际竞争力更高，而印度的化工产品在全球价值链视角下的国际竞争力更低。

图 7-9 中国化工产品的传统 RCA 指数与新 RCA 指数

图 7-10 印度化工产品的传统 RCA 指数与新 RCA 指数

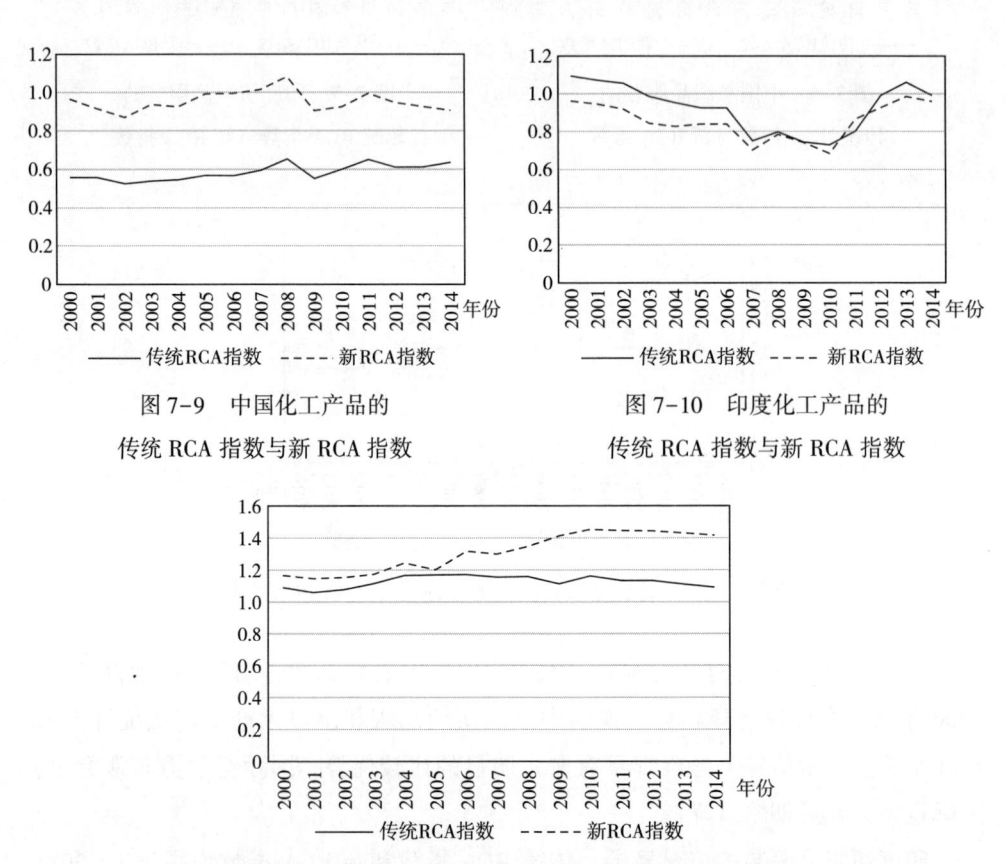

图 7-11 美国化工产品的传统 RCA 指数与新 RCA 指数

中国化工产品的情况显示，传统 RCA 指数和新 RCA 指数在绝大多数年份均低于1（2008年的新 RCA 指数略高于1），时间序列上的波动不大。说明中国的化工产品出口无论从传统统计上考察还是从全球价值链上考察都表现为比较劣势，国际竞争力较弱。

印度化工产品的情况显示，传统 RCA 指数在 2003—2012 年低于1，一头一尾的年份略高于1，新 RCA 指数均低于1。说明印度的化工产品出口无论从传统统计上考察还是从全球价值链上考察总体上都表现为比较劣势，国际竞争力较弱，后期的国际竞争力虽有上升，但并不突出。

美国化工产品的情况显示，传统 RCA 指数和新 RCA 指数均高于1。说明美国的化工产品出口无论从传统统计上考察还是从全球价值链上考察都具有明显的比较优势，国际竞争力较突出，且新 RCA 指数显示的国际竞争力还呈现逐渐缓慢上升态势。

7.3.4 贱金属

中国、印度、美国贱金属的传统 RCA 指数和新 RCA 指数测算结果分别如图 7-12~图 7-14 所示。中国、美国的传统 RCA 指数均低于新 RCA 指数。印度则相反，在绝大多数年份传统 RCA 指数高于新 RCA 指数（2011 年除外）。这显示出，相比于传统统计口径，中国、美国的贱金属在全球价值链视角下的国际竞争力更高，而印度的贱金属在全球价值链视角下的国际竞争力更低。

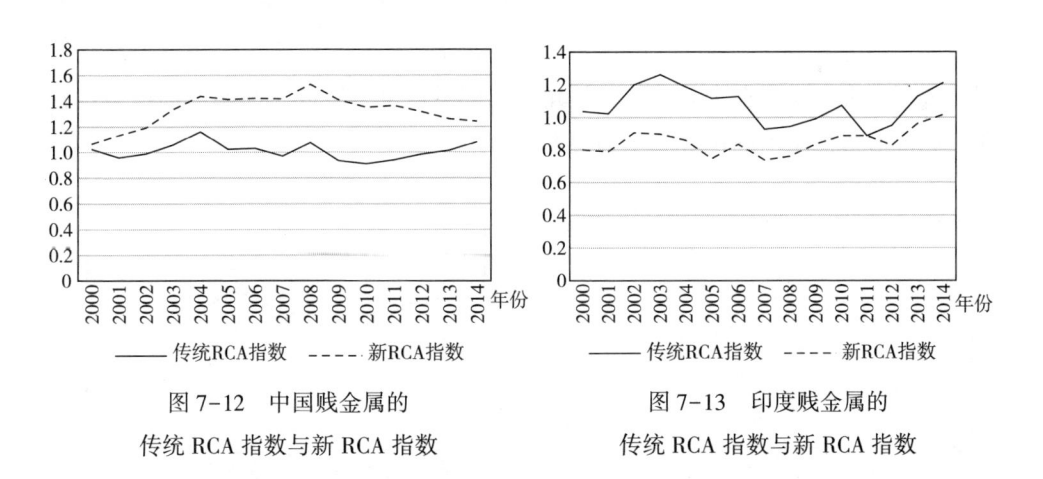

图 7-12　中国贱金属的
传统 RCA 指数与新 RCA 指数

图 7-13　印度贱金属的
传统 RCA 指数与新 RCA 指数

中国贱金属的情况显示，传统 RCA 指数在一半的年份中高于1，新 RCA 指数在所有年份均高于1。说明中国的贱金属出口从全球价值链上考察具有明显的比较优势，国际竞争力较突出。

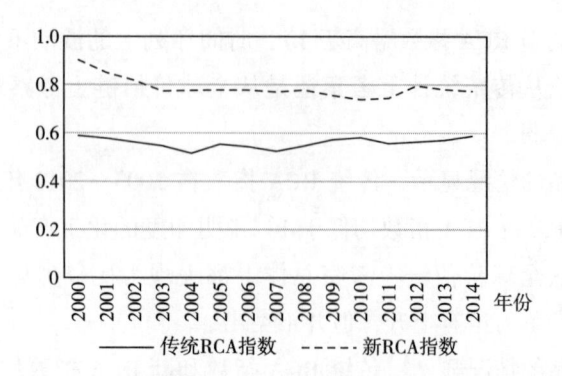

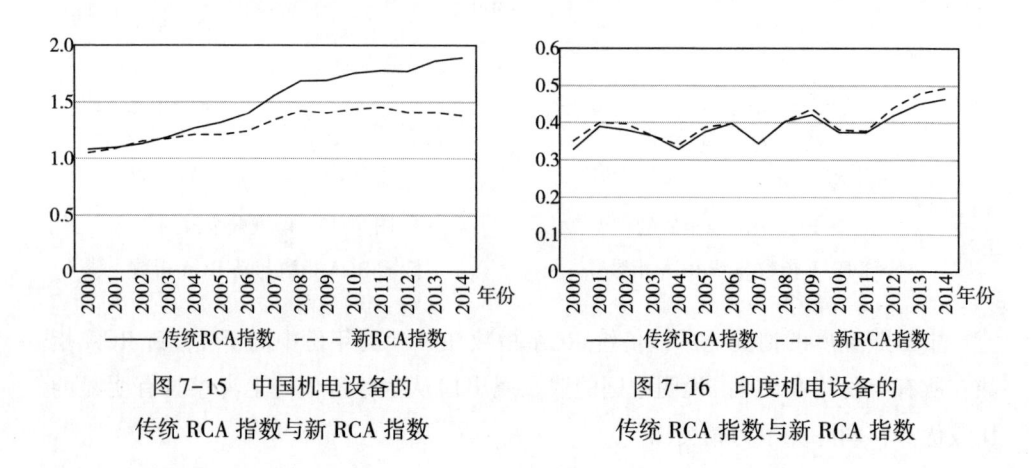

图 7-14 美国贱金属的传统 RCA 指数与新 RCA 指数

印度贱金属的情况显示，传统 RCA 指数在大部分年份中高于 1，新 RCA 指数均低于 1。说明印度的贱金属出口从全球价值链上考察表现为比较劣势，国际竞争力较弱，后期的国际竞争力虽有上升，但并不突出。

美国贱金属的情况显示，传统 RCA 指数和新 RCA 指数均低于 1。说明美国的贱金属出口无论从传统统计上考察还是从全球价值链上考察都表现为比较劣势，国际竞争力弱，在时间序列上的波动不大。

7.3.5 机电设备

中国、印度、美国机电设备的传统 RCA 指数和新 RCA 指数测算结果分别如图 7-15~图 7-17 所示。中国、美国的传统 RCA 指数均高于新 RCA 指数。印度则相反，传统 RCA 指数低于新 RCA 指数。这显示出，相比于传统统计口径，中国、美国的机电设备在全球价值链视角下的国际竞争力更低，而印度的机电设备在全球价值链视角下的国际竞争力更高。

图 7-15 中国机电设备的
传统 RCA 指数与新 RCA 指数

图 7-16 印度机电设备的
传统 RCA 指数与新 RCA 指数

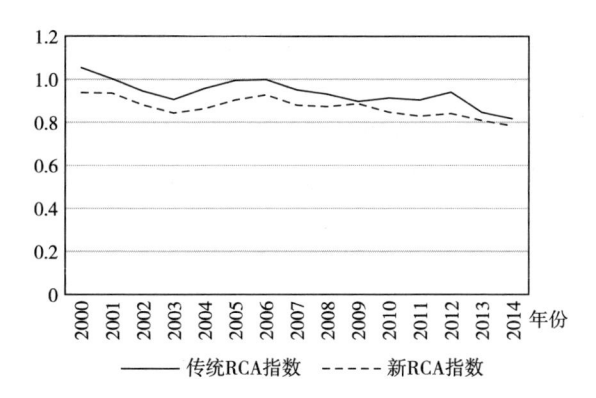

图 7-17　美国机电设备的传统 RCA 指数与新 RCA 指数

中国机电设备的情况显示，传统 RCA 指数和新 RCA 指数均高于 1，且都呈现上升趋势，但两种指数间的差距逐渐增大。说明中国的机电设备出口无论从传统统计上考察还是从全球价值链上考察都具有明显的比较优势，国际竞争力较突出，其传统统计下的国际竞争力的上升更为迅速。

印度机电设备的情况显示，传统 RCA 指数和新 RCA 指数均远低于 1，但是在时间序列上呈现波动上升的态势。说明印度的机电设备出口无论从传统统计上考察还是从全球价值链上考察总体上都表现为比较劣势，国际竞争力弱，但国际竞争力在波动中上升。

美国机电设备的情况显示，传统 RCA 指数和新 RCA 指数在绝大多数年份均低于 1，且呈现下降态势。说明美国的机电设备出口无论从传统统计上考察还是从全球价值链上考察都表现为比较劣势，国际竞争力较弱，且国际竞争力还逐渐缓慢下降。

7.4　实证结果及分析

7.4.1　产业 GVC 位置与新 RCA 指数协同演化

图 7-18 为中国 5 个产业的产业 GVC 位置与新 RCA 指数协同演化的协调度状况的汇总。5 个产业的复合系统协调度全部都保持了正值❶，表明各个产业 GVC

---

❶ 由于在协调度计算中 2000 年为初始时刻 t_0，因此 2000 年无协调度数值。

位置与新 RCA 指数之间具有一定的协同演化。由于产业 GVC 位置指数越大，产业就越处于 GVC 的上游位置，因此协调度的状况显示出中国产业越向上游位置转移，产业的新 RCA 指数也就越大，产业竞争力就越强。反过来，中国产业的产业竞争力越强，中国产业向上游位置转移的程度就越高。各个产业的年平均协调度数据见表 7-2。

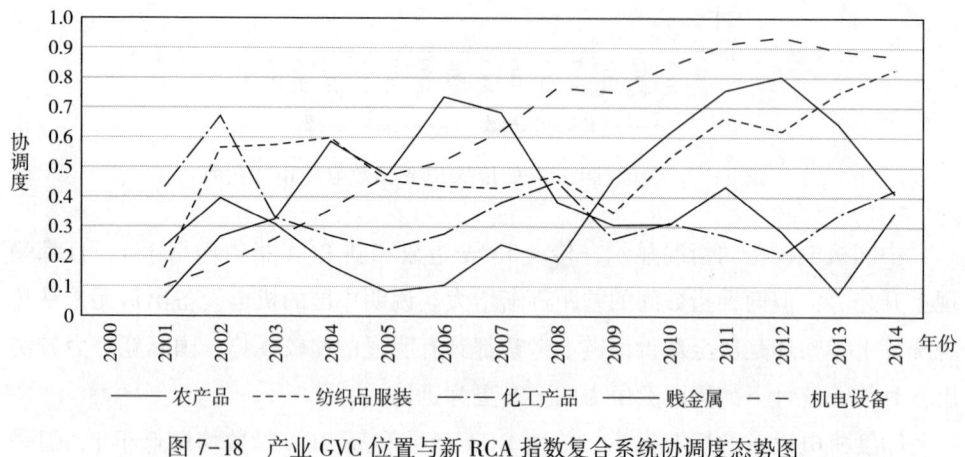

图 7-18 产业 GVC 位置与新 RCA 指数复合系统协调度态势图

表 7-2 5 个产业的产业 GVC 位置指数与新 RCA 指数的年均协调度

农产品	纺织品服装	化工产品	贱金属	机电设备
0.39	0.53	0.35	0.38	0.60

5 个产业的产业 GVC 位置与新 RCA 指数协同演化状况的具体表现如下。

7.4.1.1 农产品

农产品的协调度无明显的趋势变化，产业 GVC 位置与新 RCA 指数之间具有一定的协同演化。大多数年份的协调度维持在 0.2~0.7，协调度总体处于中等水平，年均协调度为 0.39。协同演化在 2009 年之后出现大幅波动。"农产品的产业 GVC 位置对新 RCA 指数的促进"和"新 RCA 指数促进农产品的产业 GVC 位置向上游转移"分别在协同演化过程中起主导作用，但是 2008 年之后的协同演化强度有较大幅度的波动。2004 年、2005 年、2006 年和 2008 年这 4 个年份的协调度较低，低于 0.2，这表明这些年份协同演化强度较弱。

7.4.1.2 纺织品服装

纺织品服装的协调度在 2009 年之前无明显的趋势变化，2009 年之后出现明显的上升态势，产业 GVC 位置与新 RCA 指数之间具有一定的协同演化。大多数年份的协调度维持在 0.4~0.8，协调度总体较高，年均协调度为 0.53。"纺织品服装的产业 GVC 位置对新 RCA 指数的促进"和"新 RCA 指数促进纺织品服装的产业 GVC 位置向上游转移"分别在协同演化过程中起主导作用，且协同演化强度在 2009 年之后逐渐增强。

7.4.1.3 化工产品

化工产品的协调度无明显的趋势变化，2003 年之后总体比较平稳，呈现小幅波动的状态，产业 GVC 位置与新 RCA 指数之间具有一定的协同演化。大多数年份的协调度维持在 0.2~0.5，协调度总体处于中等水平，年均协调度为 0.35。"化工产品的产业 GVC 位置对新 RCA 指数的促进"和"新 RCA 指数促进化工产品的产业 GVC 位置向上游转移"分别在协同演化过程中起主导作用，且协同演化强度在 2003 年之后在中等水平位置小幅波动。

7.4.1.4 贱金属

贱金属的协调度 2006 年之前呈波动上升态势，2006 年之后总体呈波动下降状态，产业 GVC 位置与新 RCA 指数之间具有一定的协同演化。大多数年份的协调度维持在 0.2~0.5，协调度总体处于中等水平，年均协调度为 0.38。"贱金属的产业 GVC 位置对新 RCA 指数的促进"和"新 RCA 指数促进贱金属的产业 GVC 位置向上游转移"分别在协同演化过程中起主导作用，但协同演化强度在 2006 年之后波动下降。

7.4.1.5 机电设备

机电设备的协调度上升趋势非常明显，呈现较快速的持续的上升状态，且没有明显的波动，产业 GVC 位置与新 RCA 指数之间具有一定的协同演化。绝大多数年份的协调度维持在 0.2~0.9，甚至还有超过 0.9 的协调度（2012 年），协调度总体水平较高，年均协调度为 0.6，且 2008 年开始协调度一直超过其他 4 个产业，成为协调度排名第一的产业。"机电设备的产业 GVC 位置对新 RCA 指数的促进"和"新 RCA 指数促进机电设备的产业 GVC 位置向上游转移"分别在协同演化过程中起主导作用，而且协同演化强度总体上不断上升。

7.4.2 产业 GVC 参与度与新 RCA 指数协同演化

图 7-19 为中国 5 个产业的产业 GVC 参与度与新 RCA 指数协同演化的协调度状况的汇总。5 个产业的复合系统协调度全部都保持了正值❶，表明各个产业

---

❶ 由于在协调度计算中 2000 年为初始时刻 t_0，因此 2000 年无协调度数值。

GVC 参与度与新 RCA 指数之间具有一定的协同演化，也表明"产业 GVC 参与度对新 RCA 指数的促进"和"新 RCA 指数促进产业 GVC 参与度增加"分别在协同演化过程中起主导作用。由于 GVC 参与度指数越大，说明该国家部门参与 GVC 的程度比较深，因此协调度的状况显示出中国产业参与 GVC 的程度越深，代表中国产业融入其他国家产品生产或消费的程度就越高，其他国家产品生产或消费对中国产业的依赖程度也就越高，越容易促进中国产业竞争力的提高。反过来，中国产业竞争力的上升激励了中国产业的中间产品增加值出口，最终导致了中国产业参与 GVC 的程度加深。各个产业的年平均协调度数据如表 7-3 所示。

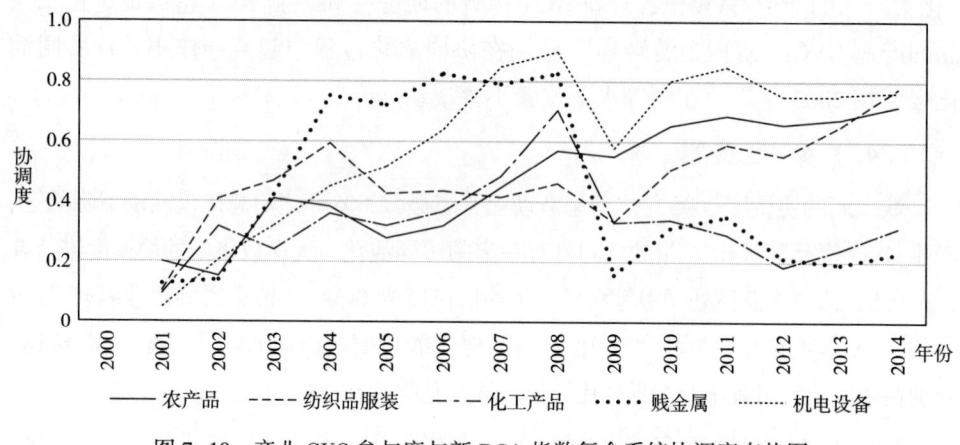

图 7-19 产业 GVC 参与度与新 RCA 指数复合系统协调度态势图

表 7-3 5 个产业的产业 GVC 参与度与新 RCA 指数的年均协调度

农产品	纺织品服装	化工产品	贱金属	机电设备
0.48	0.48	0.33	0.43	0.60

5 个产业的产业 GVC 参与度与新 RCA 指数协同演化状况的具体表现如下。

7.4.2.1 农产品

农产品的协调度总体上呈现上升态势，产业 GVC 参与度与新 RCA 指数之间具有一定的协同演化。大多数年份的协调度维持在 0.3~0.7，协调度总体处于中等偏上水平，年均协调度为 0.48。协调度状况表明"农产品的产业 GVC 参与度对新 RCA 指数的促进"和"新 RCA 指数促进农产品的产业 GVC 参与度增加"分别在协同演化过程中起主导作用，且协同演化强度在 2005 年之后明显持续上升。

7.4.2.2 纺织品服装

纺织品服装的协调度2009之前无明显的趋势变化，2009年之后呈现上升态势，产业GVC参与度与新RCA指数之间具有一定的协同演化。大多数年份的协调度维持在0.4~0.7，协调度总体处于中等偏上水平，年均协调度为0.48。协调度状况表明"纺织品服装的产业GVC参与度对新RCA指数的促进"和"新RCA指数促进纺织品服装的产业GVC参与度增加"分别在协同演化过程中起主导作用，且协同演化强度在2009年之后明显上升。

7.4.2.3 化工产品

化工产品的协调度以2008年为界呈现较明显的两种走势：2008年之前以上升态势为主，2008年之后主要呈现下降态势。产业GVC参与度与新RCA指数之间具有一定的协同演化。大多数年份的协调度维持在0.2~0.5，协调度总体处于中等水平，年均协调度为0.33。协调度状况表明"化工产品的产业GVC参与度对新RCA指数的促进"和"新RCA指数促进化工产品的产业GVC参与度增加"分别在协同演化过程中起主导作用，但是协同演化强度在2008年之后呈较快速的下降状态。

7.4.2.4 贱金属

贱金属的协调度2008之前呈现上升态势，2008年之后总体上以下降态势为主，但有较大的波动，产业GVC参与度与新RCA指数之间具有一定的协同演化。大多数年份的协调度维持在0.3~0.8，协调度总体处于中等偏上水平，年均协调度为0.43。协调度状况表明"贱金属的产业GVC参与度对新RCA指数的促进"和"新RCA指数促进贱金属的产业GVC参与度增加"分别在协同演化过程中起主导作用，但是协同演化强度在2008年之后总体呈下降状态。

7.4.2.5 机电设备

机电设备的协调度2008之前呈现非常明显的快速上升态势，2008年之后虽然有波动，但总体上走势较平缓，产业GVC参与度与新RCA指数之间具有一定的协同演化。大多数年份的协调度维持在0.4~0.8，协调度总体较高，年均协调度达到0.60。且2007年之后几乎所有年份的协调度均超过其他4个产业的协调度（2014年除外，2014年机电设备协调度比纺织品服装的协调度略低，低0.01）。协调度状况表明"机电设备的产业GVC参与度对新RCA指数的促进"和"新RCA指数促进机电设备的产业GVC参与度增加"分别在协同演化过程中起主导作用,且协同演化强度在 2008 年前不断快速和持续增强。

7.5 结论及启示

7.5.1 结论

本章通过对中国 5 个产业在国际市场上的产业竞争力指标的测算和协同演化态势的分析,得出以下结论。

7.5.1.1 不同产业的传统视角产业竞争力与增加值视角产业竞争力的表现存在较大差异,且不同步

在每一种产业上均没有出现 3 个国家同时出现传统 RCA 指数高于新 RCA 指数、或同时出现传统 RCA 指数低于新 RCA 指数的状况,即在 5 个产业上,3 个国家的表现并不同步。传统 RCA 指数均高于新 RCA 指数的产业有:中国的纺织品服装、机电设备,印度的纺织品服装、化工产品、贱金属,美国的农产品、机电设备。传统 RCA 指数均低于新 RCA 指数的产业有:中国的农产品、化工产品、贱金属,印度的农产品、机电设备,美国的纺织品服装、化工产品、贱金属。

中国有两个产业(纺织品服装、机电设备)表现出传统视角的产业竞争力更为突出,而在另外三个产业(农产品、化工产品、贱金属)表现出增加值视角的产业竞争力更为突出。表 7-4 为 5 个产业的传统 RCA 指数与新 RCA 指数的年均数值汇总。就增加值视角的产业竞争力高低而言,中国的 5 类产业中年均新 RCA 最高的为纺织品服装(年均为 3.15),其次为农产品(年均为 1.57),后面依次为贱金属、机电设备、化工产品(年均分别为 1.33、1.29 和 0.95)。机电设备的增加值视角的产业竞争力低于传统视角的产业竞争力,但数值不高(1.29),虽然存在比较优势,但增加值视角的产业竞争力尚有较大提升空间;虽然化工产品的增加值视角的产业竞争力高于传统视角产业竞争力,但增加值视角的产业竞争力仍然偏低(小于 1,仅为 0.95),说明化工产品存在比较劣势。

表 7-4 5 个产业的传统 RCA 指数与新 RCA 指数的年均数值

产业类型	农产品	纺织品服装	化工产品	贱金属	机电设备
传统 RCA 指数	0.55	3.28	0.58	1.01	1.50
新 RCA 指数	1.57	3.15	0.95	1.33	1.29

7.5.1.2 产业 GVC 位置与产业竞争力之间存在协同演化，机电设备的协调度较高，且上升特征表现最为显著

在产业 GVC 位置与产业竞争力复合系统中，5 个产业的协调度全部都保持正值，表明各个产业 GVC 位置与产业竞争力之间具有一定的协同演化，"产业 GVC 位置对产业竞争力的促进"和"产业竞争力促进产业 GVC 位置向上游转移"分别在协同演化过程中起主导作用。

其中，农产品、化工产品、贱金属的协调度总体处于中等水平，而纺织品服装、机电设备的协调度总体较高。机电设备的协调度上升特征表现最为显著。其他 4 个产业的协调度没有明显的趋势变化，且存在较多的波动。

7.5.1.3 产业 GVC 参与度与产业竞争力之间存在协同演化，机电设备的协调度总体较高，农产品、机电设备的协调度上升特征较为显著

在产业 GVC 参与度与产业竞争力复合系统中，5 个产业的协调度全部都保持正值，表明各个产业 GVC 参与度与产业竞争力之间具有一定的协同演化，"产业 GVC 参与度对产业竞争力的促进"和"产业竞争力促进产业 GVC 参与度增加"分别在协同演化过程中起主导作用。

其中，化工产品的协调度总体处于中等水平，农产品、纺织品服装、贱金属的协调度总体处于中等偏上水平，而机电设备的协调度总体较高。农产品、机电设备的协调度上升特征较为显著。其他 3 个产业的协调度存在较多的波动。

7.5.2 启示

我国 5 类不同产业在国际市场上的产业竞争力表现存在较大差异，且在全球价值链中状况也存在较大差异，基于提升产业竞争力的视角，我们得到如下启示。

7.5.2.1 重点关注化工产品和机电设备在国际市场的产业竞争力提升

在全球价值链视角下，机电设备在国际市场上虽存在比较优势，但产业竞争力低于传统视角的产业竞争力，贸易获利缩水；化工产品在国际市场上存在比较劣势，产业竞争力弱。其他产品全球价值链视角的产业竞争力均表现出比较优势，而且有的产品的比较优势非常强（如纺织品服装的年均新 RCA 指数高达 3.15），因此机电设备和化工产品的产业竞争力有较多的潜力提高，需重点关注这两个产业。

7.5.2.2 纺织品服装和机电设备可向全球价值链的上游位置适当转移

在协同演化中"产业 GVC 位置对产业竞争力的促进"起主导作用，因此纺

织品服装和机电设备这两个产业向全球价值链的上游位置适当进行产业转移，这有利于增强这些产业在国际市场的产业竞争力，提高产业的获利水平。其中，机电设备的产业 GVC 位置与产业竞争力之间的协调度较高，因此该产业向上游位置适当转移对于产业竞争力的提升效果会更为明显。

7.5.2.3 机电设备可适当增加中间产品增加值出口

在协同演化中，"产业 GVC 参与度对产业竞争力的促进"起主导作用，而适当增加中间产品增加值出口会提升产业 GVC 参与度，产业 GVC 参与度的提升有利于增强这些产业在国际市场的产业竞争力。其中，机电设备的产业 GVC 参与度与产业竞争力之间的协调度总体较高，因此该产业增加中间产品增加值出口对于产业竞争力的提升效果也会更明显。

7.6 本章小结

本章分别测算了中国的农产品、纺织品服装、化工产品、贱金属、机电设备共计 5 个大类产品对应的 5 个产业 2000—2014 年在国际市场上的产业竞争力指标——传统 RCA 指数与新 RCA 指数，并对这两类指标进行了比较分析。同时，也测算了 5 个产业的产业 GVC 位置、产业 GVC 参与度，并对产业 GVC 位置与产业竞争力、产业 GVC 参与度与产业竞争力构建的复合系统的协调度进行了计算，对协同演化态势进行了分析。研究表明：产业 GVC 位置与产业竞争力、产业 GVC 参与度与产业竞争力均形成了协同演化态势，"产业 GVC 位置对产业竞争力的促进"和"产业竞争力促进产业 GVC 位置向上游转移"、"产业 GVC 参与度对产业竞争力的促进"和"产业竞争力促进产业 GVC 参与度增加"在协同演化过程中起主导作用。最后，基于提升产业竞争力的视角，本章认为应重点关注化工产品和机电设备的产业竞争力的提升，提出应向全球价值链的上游位置转移、应增加中间产品增加值出口的启示。

第8章

基于农产品和工业品视角的双边增加值贸易分解比较研究

8.1 引言

在中国遭受反倾销最多的3类产品❶为：贱金属、化工产品、机电设备，因此本章拟以这几类产品作为研究样本。另外纺织品服装为典型的劳动密集型产品，且是中国非常重要的出口产品（2020年中国纺织品服装出口占中国出口总额的比重高达24.6%❷），因此也将纺织品服装作为研究样本。虽然2020年农产品出口占比不如其他几类产品的占比高（农产品出口占比为2.6%，化工产品出口占比为5.2%，贱金属出口占比为6.8%，机电设备出口占比为44.4%❸），遭受的反倾销数量也不如其他几类产品多，但是农产品是关系国计民生的产品，关系中国的经济安全和社会稳定，因此也将农产品作为研究样本。

对华反倾销的经济体中，对华反倾销数量最多的是印度和美国（分别排第1位和第2位），因此以下将印度和美国作为研究的样本，分析中国与印度、中国与美国之间在农产品、工业品（包括纺织品服装、化工产品、贱金属、机电设备这4类产品）的双边贸易分解状况。本章所有贸易数据的统计期间为2000年至2014年❹。

---

❶ 中国各类产品遭受反倾销的数量和占比详见第2章中的表2-4和表2-5。
❷ 根据联合国UNcomtrade数据库统计数据计算。
❸ 根据联合国UNcomtrade数据库统计数据计算。
❹ 由于增加值数据来源于对外经济贸易大学的 UIBE GVC Indicators 数据库，该数据库基于WIOD2016的投入产出数据表得到的全球价值链的相关数据时间段为2000—2014年，即该数据的最新年份截止到2014年。

8.2 基于农产品视角的双边贸易分解研究

本章以对外经济贸易大学的 UIBE GVC Indicators 数据库的基础数据为基础，对双边贸易所需的增加值数据进行分解和加工，得到本文所需的各类产品的双边贸易数据。

8.2.1 中国与印度农产品的双边贸易分解

表 8-1 为 2000—2014 年中国与印度农产品的双边贸易分解结果。TEXP 为出口总额；TEXPF 为最终产品的出口总额；TEXPI 为中间产品的出口总额；DVA 为被国外吸收的国内增加值（即出口的增加值）；DVA—FIN 为最终产品出口中的增加值；DVA—INT 为中间产品出口并直接被进口国吸收的增加值；DVA—INTrex 为中间产品出口被进口国再生产并向第三国出口的增加值。RDV 为返回并被本国吸收的国内增加值；FVA 为国外增加值；PDC 为纯重复计算部分。

其中，部分指标之间的关系如下所示。

$$TEXP = TEXPF+TEXPI = DVA+RDV+FVA+PDC$$

$$DVA = DVA—FIN+DVA—INT+DVA—INTrex$$

表 8-1　中国与印度农产品的双边贸易分解占比

年份	金额（百万美元） TEXP	TEXP	TEXPF	TEXPI	DVA	DVA—FIN	DVA—INT	DVA—INTrex	RDV	FVA	PDC
中国向印度出口
2000	50.1	100.0	34.6	65.4	94.0	32.6	54.8	6.5	0.1	5.4	0.5
2001	43.8	100.0	73.9	26.1	94.1	69.9	21.6	2.7	0.1	5.5	0.2
2002	102.6	100.0	85.2	14.8	93.9	80.2	12.1	1.7	0.1	5.9	0.2
2003	79.7	100.0	77.3	22.7	92.5	71.9	18.3	2.3	0.1	7.1	0.3
2004	73.6	100.0	68.4	31.6	91.5	62.9	24.7	3.5	0.2	8.2	0.5
2005	82.2	100.0	61.7	38.3	90.7	56.6	29.6	4.5	0.3	8.3	0.7
2006	98.9	100.0	72.7	27.3	91.1	66.8	20.6	3.7	0.2	8.1	0.6

续表

年份	金额(百万美元) TEXP	占比（%） TEXP	TEXPF	TEXPI	DVA	DVA—FIN	DVA—INT	DVA—INTrex	RDV	FVA	PDC
2007	141.1	100.0	70.1	29.9	91.2	64.5	23.2	3.5	0.2	8.1	0.5
2008	143.3	100.0	71.8	28.2	91.6	66.3	21.8	3.5	0.2	7.7	0.5
2009	237.2	100.0	80.4	19.6	93.6	75.7	15.8	2.1	0.1	6.0	0.2
2010	220.9	100.0	69.7	30.3	92.0	64.7	23.7	3.5	0.3	7.3	0.5
2011	354.4	100.0	53.2	46.8	91.3	49.3	37.0	5.0	0.4	7.7	0.7
2012	355.0	100.0	48.7	51.3	91.8	45.3	40.2	6.3	0.4	7.0	0.8
2013	293.6	100.0	65.7	34.3	92.5	61.5	25.7	5.3	0.4	6.4	0.6
2014	298.9	100.0	55.5	44.5	93.0	52.2	34.4	6.4	0.4	5.9	0.7
印度向中国出口											
2000	99.4	100.0	72.4	27.6	92.3	66.9	21.6	3.8	0.0	7.3	0.3
2001	117.4	100.0	83.4	16.6	93.7	78.3	12.9	2.4	0.0	6.1	0.2
2002	102.5	100.0	62.6	37.4	92.9	57.8	28.6	6.6	0.1	6.6	0.5
2003	177.8	100.0	56.3	43.7	94.3	53.0	32.4	9.0	0.1	5.0	0.6
2004	283.7	100.0	25.3	74.7	94.1	23.6	54.5	16.0	0.2	4.7	1.0
2005	460.0	100.0	24.0	76.0	93.4	21.9	53.6	17.8	0.2	5.3	1.1
2006	1196.0	100.0	13.3	86.7	94.6	12.2	60.0	22.4	0.2	4.0	1.2
2007	1327.4	100.0	12.4	87.6	95.0	11.4	61.1	22.5	0.2	3.7	1.1
2008	1115.5	100.0	10.3	89.7	94.8	9.4	65.5	19.8	0.2	4.0	1.0
2009	792.9	100.0	18.3	81.7	94.6	16.9	62.4	15.3	0.2	4.4	0.8
2010	2220.8	100.0	10.1	89.9	95.3	9.4	68.5	17.4	0.3	3.7	0.8
2011	2897.0	100.0	8.6	91.4	95.2	7.9	70.8	16.5	0.3	3.7	0.8
2012	3346.3	100.0	7.8	92.2	95.1	7.2	72.4	15.2	0.3	3.9	0.8
2013	3246.3	100.0	9.0	91.0	95.5	8.5	72.0	15.0	0.2	3.6	0.7
2014	2082.2	100.0	11.4	88.6	95.2	10.8	70.1	14.3	0.2	3.8	0.7

注　占比为双边贸易分解后各种金额与 TEXP（出口总额）的比重（四舍五入）。
资料来源：根据 UIBE GVC Indicators 数据库统计数据整理计算得到。

在中印两国农产品双边贸易中,印度对中国的出口增长很快,出口总额远超过中国,2014年印度对中国出口2082.2百万美元,中国对印度出口298.9百万美元,仅为印度出口额的14.4%,这表明印度在农产品出口上有强大的竞争力。

中国和印度农产品贸易的出口结构也有较大差异,中国主要出口最终产品,印度主要出口中间产品。以2014年为例,最终产品和中间产品的占比分别为,中国55.5%和44.5%,印度11.4%和88.6%。

中国和印度农产品贸易的DVA占比(即出口增加值率)均很高,都超过90%。中国维持在90%~94%变动(2014年为93.0%),印度维持在92%~96%(2014年为95.2%),印度的占比总体上稍高一点。中国和印度的出口增加值结构方面存在较明显的差异。

(1) DVA—FIN方面。中国的DVA出口中,DVA—FIN在农产品出口总额的占比除了2000年外,其余所有年份均是DVA占比结构中占比最大的,约维持在45%~80%(2000年仅为32.6%)。印度的DVA—FIN在农产品出口总额的占比总体上存在下降趋势,可分为两个阶段:2000—2003年为第一阶段,DVA—FIN占比最大,维持在53%~78%;2004—2014年为第二个阶段,DVA—FIN占比迅速降低,DVA—FIN处于次要地位或最小。以2014年为例,中国和印度的DVA—FIN在农产品出口总额的占比分别为52.2%和10.8%,中国DVA—FIN占比远高于印度。

(2) DVA—INT方面。中国DVA—INT在农产品出口总额的占比总体上低于印度(2000和2001年除外),且低于印度较多。中国DVA—INT占比维持在15%~40%(2000年除外,占比达到54.8%),占比不高。印度的DVA—INT在农产品出口总额的占比约维持在13%~72%,2004年以后成为印度DVA占比结构中占比最大的成分。以2014年为例,中国和印度的DVA—INT在农产品出口总额的占比分别为34.4%和70.1%,印度的DVA—INT占比为中国的2.0倍。

(3) DVA—INTrex方面。中国DVA—INTrex在农产品出口总额的占比很低,维持在2%~7%。印度DVA—INTrex虽不处于主要地位,但其占比总体较高。印度DVA—INTrex在农产品出口总额的占比的变化可分为两个阶段:2000—2003年为第一个阶段,DVA—INTrex占比较低,维持在2%~9%;2004—2014为第二个阶段,DVA—INTrex占比增长迅速之后又有所下降,但占比较高,约维持在14%~23%的范围。以2014年为例,中国和印度的DVA—INTrex在农产品出口总额的占比分别为6.4%和14.4%,印度的DVA—INTrex占比为中国的2.3倍。总体上,中国农产品的增加值出口中绝大多数年份以最终产品的增加值出口为主,印度在 2003 年之前以最终产品的增加值出口为主，2004 年以后则以中间产品的增加值出口为主。

中印两国农产品贸易在 FVA（国外增加值）占比较小，且差异不大。中国农产品出口中的国外增加值占比维持在 5%~8%，印度农产品出口中的国外增加值占比约维持在 3%~7% 的范围。2014 年，中国的占比为 5.9%，印度的占比为 3.8%。

从 DVA（被国外吸收的国内增加值）数据考察，由于中国和印度两国的 DVA 占比均较高（均超过 90%），且两国的差距不大，因此用增加值数据测算的农产品双边贸易差额与用传统的出口总额数据测算的双边贸易差额之间的差距比较小。2014 年，中国的农产品 DVA 出口额为 278 百万美元，印度的农产品 DVA 出口额为 1983.2 百万美元，中国为贸易逆差：-1705.2 百万美元。传统出口总额数据显示，2014 年，中国的农产品出口总额为 298.9 百万美元，印度的农产品出口总额为 2082.2 百万美元，中国为贸易逆差：-1783.3 百万美元。基于增加值出口的中国农产品贸易逆差为传统出口总额贸易逆差的 95.6%，逆差稍微有些缩小。

8.2.2　中国与美国农产品的双边贸易分解

表 8-2 为 2000—2014 年中国与美国农产品的双边贸易分解结果，表中的各类指标含义与表 8-1 相同。

表 8-2　中国与美国农产品的双边贸易分解占比

年份	金额（百万美元）TEXP	TEXP	TEXPF	TEXPI	DVA	DVA-FIN	DVA-INT	DVA-INTrex	RDV	FVA	PDC
中国向美国出口											
2000	778.4	100.0	68.4	31.6	93.3	63.8	27.2	2.3	0.1	6.5	0.2
2001	820.4	100.0	70.6	29.4	93.4	65.9	25.4	2.1	0.1	6.4	0.2
2002	1172.6	100.0	73.6	26.4	92.8	68.3	22.7	1.8	0.1	6.9	0.2
2003	1583.8	100.0	77.3	22.7	91.4	70.6	19.3	1.5	0.1	8.3	0.2
2004	1958.1	100.0	78.0	22.0	90.0	70.2	18.6	1.3	0.1	9.7	0.2
2005	2506.3	100.0	78.9	21.1	90.0	71.0	17.7	1.3	0.1	9.8	0.2
2006	3233.1	100.0	80.7	19.3	89.9	72.5	16.1	1.2	0.1	9.8	0.2
2007	4044.4	100.0	82.2	17.8	89.9	73.9	14.7	1.3	0.1	9.8	0.2

续表

年份	金额(百万美元) TEXP	占比（%） TEXP	TEXPF	TEXPI	DVA	DVA—FIN	DVA—INT	DVA—INTrex	RDV	FVA	PDC
2008	4520.7	100.0	81.5	18.5	90.1	73.4	15.1	1.5	0.1	9.6	0.2
2009	3825.7	100.0	82.8	17.2	92.1	76.3	14.5	1.3	0.1	7.6	0.2
2010	4950.5	100.0	82.3	17.7	90.9	74.9	14.6	1.4	0.1	8.7	0.2
2011	5373.2	100.0	80.7	19.3	90.6	73.2	15.7	1.7	0.2	9.0	0.2
2012	5976.2	100.0	77.1	22.9	91.3	70.6	18.7	2.1	0.3	8.1	0.3
2013	5987.9	100.0	77.1	22.9	91.8	71.0	18.8	2.1	0.2	7.7	0.3
2014	5972.9	100.0	77.2	22.8	92.6	71.7	18.8	2.2	0.2	6.9	0.2
美国向中国出口											
2000	988.1	100.0	30.3	69.7	89.2	27.7	54.1	7.3	1.7	7.8	1.3
2001	1148.3	100.0	33.2	66.8	90.0	30.6	52.4	6.9	1.6	7.2	1.1
2002	1162.6	100.0	33.7	66.3	89.6	31.1	51.3	7.3	1.8	7.4	1.2
2003	2540.0	100.0	23.4	76.6	88.6	21.5	56.8	10.3	2.7	7.2	1.6
2004	3829.4	100.0	17.2	82.8	87.6	15.7	59.2	12.7	3.3	7.2	1.9
2005	3921.7	100.0	22.1	77.9	85.4	19.9	52.2	13.2	3.7	8.4	2.5
2006	5210.2	100.0	23.5	76.5	84.5	21.0	49.4	14.2	3.9	8.7	2.8
2007	6928.7	100.0	24.4	75.6	84.7	21.8	48.7	14.1	3.6	9.0	2.8
2008	8999.4	100.0	24.3	75.7	84.0	21.4	50.1	12.5	2.8	10.4	2.8
2009	10103.4	100.0	22.5	77.5	86.4	20.4	54.9	11.1	2.6	8.9	2.2
2010	14166.7	100.0	16.2	83.8	85.5	14.5	58.7	12.3	2.8	9.2	2.5
2011	16370.3	100.0	20.1	79.9	85.2	18.3	55.9	11.0	2.3	10.1	2.3
2012	18928.3	100.0	20.9	79.1	85.1	18.4	56.5	10.2	2.2	10.4	2.3
2013	18327.6	100.0	20.1	79.9	86.8	17.9	58.6	10.3	2.1	9.2	1.9
2014	17013.7	100.0	18.8	81.2	86.4	16.7	59.5	10.3	2.1	9.4	2.1

注 占比为双边贸易分解后各种金额与TEXP（出口总额）的占比（四舍五入）。

资料来源：根据UIBE GVC Indicators 数据库统计数据整理计算得到。

第8章 基于农产品和工业品视角的双边增加值贸易分解比较研究

在中国和美国农产品双边贸易中,中国、美国的出口额均较大,而且出口增长很快。美国的农产品出口总额远超过中国,2014年美国对中国出口17013.7百万美元,中国对美国出口5972.9百万美元,仅为美国出口额的35.1%,这表明美国在农产品出口上具有很强的竞争力。

中国和美国农产品贸易的出口结构存在较大差异,中国主要出口最终产品,美国主要出口中间产品。以2014年为例,最终产品和中间产品的占比分别为,中国77.2%和22.8%(最终产品与中间产品之比为1:0.30),美国18.8%和81.2%(最终产品与中间产品之比为1:4.32)。

中美两国农产品贸易的DVA占比(即出口增加值率)存在较明显差异,中国基本上维持在90%以上(2014年为92.6%),美国维持在80%~90%(2014年为86.4%),中国的出口增加值率明显高于美国。

中国和美国的出口增加值结构方面存在较大差异。

(1)DVA—FIN方面。中国的DVA出口中,DVA—FIN在农产品出口总额的占比维持在60%~75%。美国的DVA—FIN在农产品出口总额的占比维持在15%~30%。以2014年为例,中国和美国的DVA—FIN在农产品出口总额的占比分别为71.7%和16.7%,中国DVA—FIN占比远高于美国,是美国的4.3倍。

(2)DVA—INT方面。中国DVA—INT在农产品出口总额的占比远低于美国。中国DVA—INT占比维持在15%~30%,美国的DVA—INT在农产品出口总额的占比维持在50%~60%。以2014年为例,中国和美国的DVA—INT在农产品出口总额的占比分别为18.8%和59.5%,美国的DVA—INT占比为中国的3.2倍。

(3)DVA—INTrex方面。中国和美国的DVA—INTrex在农产品出口总额的占比虽然都偏低,但美国的占比相对较高,通常为中国的数倍。中国的DVA—INTrex在农产品出口总额的占比维持在1%~2.5%,美国的DVA—INTrex在农产品出口总额的占比维持在6%~15%。以2014年为例,中国和美国的DVA—INTrex在农产品出口总额的占比分别为2.2%和10.3%,美国的DVA—INTrex占比为中国的4.7倍。总体上,中国农产品的增加值出口中以最终产品的增加值出口为主,美国则以中间产品的增加值出口为主。

中国和美国农产品贸易在FVA(国外增加值)占比的差异不大,维持在6%~11%。2014年,中国的占比为6.9%,美国的占比为9.4%。

从DVA(被国外吸收的国内增加值)数据考察,由于中国和美国的DVA占比存在较明显差异,中国的占比更高一些,用增加值数据测算的农产品双边贸易

· 177 ·

差额与用传统的出口总额数据测算的双边贸易差额之间的差距较明显。2014年,中国的农产品 DVA 出口额为 5533.3 百万美元,美国的农产品 DVA 出口额为 14706.9 百万美元,中国为贸易逆差:-9173.6 百万美元。传统出口总额数据显示,2014年,中国的农产品出口总额为 5972.9 百万美元,美国的农产品出口总额为 17013.7 百万美元,中国为贸易逆差:-11040.8 百万美元。基于增加值出口的中国农产品贸易逆差为传统出口总额贸易逆差的 83.1%,逆差明显缩小。

8.3 基于工业品视角的双边贸易分解研究

本章对中国遭受反倾销最多的几类工业品(纺织品服装、化工产品、贱金属、机电设备)的中印、中美之间的双边贸易进行分解研究。

8.3.1 中国与印度工业品双边贸易分解

8.3.1.1 纺织品服装视角

表 8-3 为 2000—2014 年中国与印度纺织品服装的双边贸易分解结果,表中的各类指标含义与表 8-1 相同。

表 8-3 中国与印度纺织品服装的双边贸易分解

年份	金额(百万美元) TEXP	占比(%)									
		TEXP	TEXPF	TEXPI	DVA	DVA—FIN	DVA—INT	DVA—INTrex	RDV	FVA	PDC
中国向印度出口
2000	133.6	100.0	4.9	95.1	83.2	4.1	53.2	25.9	0.3	11.1	5.4
2001	219.5	100.0	5.4	94.6	83.3	4.6	53.4	25.3	0.3	11.0	5.3
2002	378.2	100.0	3.6	96.4	82.0	3.0	52.3	26.7	0.4	11.5	6.2
2003	472.4	100.0	4.5	95.5	81.0	3.7	53.7	23.6	0.4	12.7	5.9
2004	850.8	100.0	4.9	95.1	79.8	3.9	52.9	23.0	0.4	13.5	6.2
2005	1334.3	100.0	5.9	94.1	80.8	4.8	53.6	22.4	0.4	13.1	5.8
2006	1121.5	100.0	8.9	91.1	81.7	7.4	52.6	21.8	0.4	12.6	5.3
2007	1310.3	100.0	11.2	88.8	83.0	9.4	56.1	17.5	0.4	12.7	4.0

续表

年份	金额（百万美元） TEXP	占比（%） TEXP	TEXPF	TEXPI	DVA	DVA—FIN	DVA—INT	DVA—INTrex	RDV	FVA	PDC
2008	1189.2	100.0	16.6	83.4	84.7	14.2	54.9	15.6	0.3	11.8	3.2
2009	1206.8	100.0	14.9	85.1	87.9	13.2	58.2	16.4	0.4	9.2	2.5
2010	1737.0	100.0	22.9	77.1	86.3	20.0	52.7	13.6	0.4	10.8	2.5
2011	1987.4	100.0	25.6	74.4	86.3	22.3	50.1	13.9	0.5	10.6	2.6
2012	1970.1	100.0	30.1	69.9	87.8	26.8	47.8	13.2	0.6	9.4	2.2
2013	2364.3	100.0	31.2	68.8	87.8	27.8	45.1	15.0	0.8	8.9	2.5
2014	2550.4	100.0	36.7	63.3	89.2	33.1	42.5	13.5	0.7	8.2	2
印度向中国出口											
2000	56.3	100.0	5.1	94.9	88.2	4.5	53.1	30.6	0.1	7.5	4.1
2001	83.9	100.0	12.1	87.9	87.8	10.7	48.2	28.8	0.1	8.1	4.1
2002	71.1	100.0	6.0	94.0	86.5	5.2	47.9	33.3	0.2	8.1	5.3
2003	88.5	100.0	5.3	94.7	87.2	4.6	44.0	38.6	0.3	6.9	5.6
2004	117.2	100.0	10.0	90.0	85.6	8.6	37.8	39.2	0.4	7.5	6.6
2005	136.3	100.0	10.9	89.1	84.0	9.2	33.5	41.3	0.5	7.7	7.8
2006	145.1	100.0	4.3	95.7	84.1	3.7	34.5	45.9	0.4	6.9	8.6
2007	149.1	100.0	5.5	94.5	84.3	4.7	35.0	44.7	0.5	7.0	8.2
2008	124.7	100.0	15.2	84.8	84.2	12.9	34.6	36.7	0.3	8.6	6.9
2009	159.4	100.0	21.5	78.5	86.1	18.6	39.0	28.5	0.3	9.0	4.6
2010	338.6	100.0	16.7	83.3	85.5	14.4	38.8	32.3	0.4	8.6	5.5
2011	568.4	100.0	24.0	76.0	85.1	20.5	36.0	28.6	0.4	9.5	5.0
2012	1020.7	100.0	18.2	81.8	85.6	15.6	41.3	28.6	0.4	9.2	4.8
2013	1931.4	100.0	9.8	90.2	86.3	8.5	46.1	31.8	0.4	8.2	5.0
2014	1702.8	100.0	17.5	82.5	86.9	15.3	42.9	28.7	0.4	8.4	4.3

注 占比为双边贸易分解后各种金额与TEXP（出口总额）的占比（四舍五入）。

资料来源：根据UIBE GVC Indicators数据库统计数据整理计算得到。

在中国和印度纺织品服装双边贸易中，中国的出口额高于印度。中国、印度的出口额总体上不断增长，中国出口额在 2005 年超过 1000 百万美元，且出现较大幅度增长，（涨幅为 56.7%），印度出口额则是在 2012 年超过 1000 百万美元，且出现大幅增长（涨幅高达 79.6%）。

中国和印度纺织品服装贸易的出口结构有相似之处，均以中间产品的出口为主，以 2014 年为例，最终产品和中间产品的占比分别为，中国 36.7% 和 63.3%（最终产品和中间产品之比为 1∶1.72），印度 17.5% 和 82.5%（最终产品和中间产品之比为 1∶4.71）。中国中间产品的出口占比低一些（2014 年中国中间产品占比为 63.3%，印度为 82.5%）。中印两国中间产品出口占比总体上均不断降低，中国由 2000 年的 95.1% 下降到 2014 年的 63.3%，印度由 2000 年的 94.9% 下降到 2014 年的 82.5%。

中印两国纺织品服装贸易的 DVA 占比（即出口增加值率）差异不大，基本上维持在 80%~90%。其中，2000—2007 年中国的 DVA 占比稍低一点，2008—2014 年印度的占比稍低一点。

中国和印度纺织品服装的出口增加值结构方面存在差异，但差异不大。①DVA—FIN 方面。中国的 DVA 出口中，DVA—FIN 在纺织品服装出口总额的占比总体上稳步上升，由 2000 年的 4.1% 上升到 2014 年的 33.1%。印度的 DVA—FIN 在纺织品服装出口总额的占比也有所上升，由 2000 年的 4.5% 上升到 2014 年的 15.3%，但上升过程并不稳定，存在较大波动。②DVA—INT 方面。中国和印度在纺织品服装出口都是以中间产品的增加值出口为主，两国的 DVA—INT 在纺织品服装出口总额的占比较为接近，中国维持在 50% 左右，印度维持在 40% 左右。以 2014 年为例，中国和印度的 DVA—INT 在纺织品服装出口总额的占比分别为 42.5% 和 42.9%。③DVA—INTrex 方面。中国和印度的 DVA—INTrex 在纺织品服装出口总额的占比虽然都偏低，但印度的占比相对较高。中国的 DVA—INTrex 在纺织品服装出口总额的占比总体上不断缩小，由 2000 年的 25.9% 缩小为 2014 年的 13.5%，下降较为明显。印度的 DVA—INTrex 在纺织品服装出口总额的占比总体上较为稳定，维持在 30%~45%。2000 年为 30.6%，2014 年为 28.7%。

总体上，中国和印度纺织品服装的增加值出口中都以中间产品的增加值出口为主，但中国在最终产品的增加值出口上的占比高于印度。

中国和印度纺织品服装贸易在 FVA（国外增加值）占比的差异不大，且占比较小，维持在 6%~13%。2014 年，中国的占比为 8.2%，印度的占比为 8.4%。

从 DVA（被国外吸收的国内增加值）数据考察，由于中国、印度的 DVA 占比差异不大，用增加值数据测算的纺织品服装双边贸易差额与用传统的出口总额数据测算的双边贸易差额之间的差距较小。2014 年，中国的纺织品服装 DVA 出口额为 2273.9 百万美元，印度的纺织品服装 DVA 出口额为 1480.3 百万美元，中国为贸易顺差：793.6 百万美元。传统出口总额数据显示，2014 年，中国的纺织品服装出口总额为 2550.4 百万美元，印度的纺织品服装出口总额为 1702.8 百万美元，中国为贸易顺差：847.6 百万美元。基于增加值出口的中国纺织品服装贸易顺差为传统出口总额贸易顺差的 93.6%，顺差有所缩小。

8.3.1.2 化工产品视角

表 8-4 为 2000—2014 年中国与印度化工产品的双边贸易分解结果，表中的各类指标含义与表 8-1 相同。

表 8-4　中国与印度化工产品的双边贸易分解

年份	金额（百万美元） TEXP	占比（%） TEXP	TEXPF	TEXPI	DVA	DVA—FIN	DVA—INT	DVA—INTrex	RDV	FVA	PDC
中国向印度出口											
2000	300.3	100.0	2.5	97.5	81.8	2.2	63.9	15.8	0.5	13.8	3.8
2001	499.7	100.0	2.7	97.3	82.8	2.4	64.9	15.5	0.6	13.0	3.5
2002	678.1	100.0	4.3	95.7	81.3	3.7	60.8	16.8	1.0	13.4	4.3
2003	912.2	100.0	4.0	96.0	78.1	3.3	59.4	15.4	1.1	15.8	4.9
2004	1318.8	100.0	3.3	96.7	74.4	2.7	55.9	15.7	1.3	18.1	6.3
2005	2061.1	100.0	5.6	94.4	73.8	4.4	53.3	16.0	1.3	18.4	6.6
2006	2141.6	100.0	5.0	95.0	73.8	3.9	52.8	17.0	1.3	17.9	7.0
2007	3426.9	100.0	3.5	96.5	74.4	2.8	56.9	14.7	1.1	18.4	6.0
2008	3575.1	100.0	3.8	96.2	75.5	3.1	58.0	14.4	1.0	17.9	5.6
2009	2506.4	100.0	5.8	94.2	79.6	4.9	60.9	13.9	1.1	15.0	4.2
2010	4307.1	100.0	5.1	94.9	76.9	4.2	58.3	14.3	1.2	16.8	5.2
2011	5945.7	100.0	4.3	95.7	75.9	3.5	57.6	14.9	1.2	17.3	5.6
2012	5752.5	100.0	5.1	94.9	77.2	4.2	56.6	16.3	1.4	15.7	5.6
2013	5618.5	100.0	5.4	94.6	78.2	4.5	55.3	18.4	1.5	14.4	5.9
2014	6797.9	100.0	4.6	95.4	80.4	3.9	58.8	17.7	1.3	13.3	5.0

续表

年份	金额(百万美元) TEXP	占比（%）									
		TEXP	TEXPF	TEXPI	DVA	DVA—FIN	DVA—INT	DVA—INTrex	RDV	FVA	PDC
印度向中国出口												
2000	207.5	100.0	1.5	98.5	78.0	1.2	57.0	19.8	0.2	16.1	5.7
2001	268.6	100.0	3.6	96.4	78.2	2.8	56.3	19.0	0.2	16.1	5.4
2002	538.7	100.0	1.4	98.6	77.0	1.1	54.8	21.1	0.3	16.3	6.5
2003	715.9	100.0	5.0	95.0	78.3	4.0	50.5	23.9	0.3	14.6	6.7
2004	1068.5	100.0	5.8	94.2	75.5	4.4	45.7	25.4	0.4	15.6	8.4
2005	1226.0	100.0	7.7	92.3	72.8	5.6	40.8	26.4	0.5	16.6	10.1
2006	1454.9	100.0	1.6	98.4	71.5	1.2	41.2	29.1	0.6	16.2	11.8
2007	1232.4	100.0	2.5	97.5	71.3	1.8	41.5	28.0	0.6	16.5	11.5
2008	942.7	100.0	6.4	93.6	69.6	4.5	41.0	24.2	0.5	19.1	10.8
2009	900.0	100.0	5.8	94.2	74.2	4.3	49.2	20.7	0.5	17.9	7.4
2010	1146.2	100.0	5.2	94.8	72.7	3.9	47.3	21.6	0.6	18.3	8.4
2011	1580.0	100.0	2.9	97.1	73.3	2.2	49.5	21.6	0.6	17.9	8.1
2012	1911.3	100.0	3.0	97.0	70.2	2.2	48.5	19.5	0.5	20.7	8.7
2013	1986.1	100.0	1.3	98.7	71.1	1.0	50.4	19.8	0.5	20.0	8.4
2014	1564.4	100.0	1.7	98.3	72.1	1.6	51.1	19.7	0.5	19.4	8.0

注　占比为双边贸易分解后各种金额与 TEXP（出口总额）的占比（四舍五入）。

资料来源：根据 UIBE GVC Indicators 数据库统计数据整理计算得到。

在中印两国化工产品双边贸易中，中国的出口额远高于印度。2014年，中印两国的出口总额分别为6797.9百万美元和1564.4百万美元，中国是印度的4.3倍。中国、印度的出口额总体上不断增长，印度在2008和2009年的出口额有回落状况。

中印两国化工产品贸易的出口结构非常相似，两国均以中间产品的出口为主，以2014年为例，最终产品和中间产品的占比分别为，中国——4.6%和

95.4%（最终产品和中间产品之比为1∶20.7），印度——1.7%和98.3%（最终产品和中间产品之比为1∶57.8）。中国中间产品的出口占比略低一些（2014年中国中间产品占比为95.4%，印度为98.3%）。

中印两国化工产品贸易的DVA占比（即出口增加值率）差异不大，基本上维持在70%~80%的范围，中国的DVA占比略高一点。2014年中国的占比为80.4%，印度为72.1%。

中国和印度化工产品的出口增加值结构方面存在差异，但差异不大。

（1）DVA—FIN方面。中国的DVA出口中，DVA—FIN在化工产品出口总额的占比很低，维持在2%~5%。印度的DVA—FIN在化工产品出口总额的占比也很低，维持在1%~6%。

（2）DVA—INT方面。中国和印度在化工产品出口都是以中间产品的增加值出口为主，两国的DVA—INT在化工产品出口总额的占比较为接近，中国维持在60%左右，印度维持在50%左右。以2014年为例，中国和印度的DVA—INT在化工产品出口总额的占比分别为58.8%和51.1%。

（3）DVA—INTrex方面。中国和印度的DVA—INTrex在化工产品出口总额的占比虽然都偏低，但印度的占比相对较高。中国约维持在15%，印度维持在20%~30%。总体上，中国和印度化工产品的增加值出口中都以中间产品的增加值出口为主，但印度在通过中间产品出口再进入第三国的增加值出口（即DVA—INTrex）上的占比高于中国。

中国和印度化工产品贸易在FVA（国外增加值）占比的差异不大，且占比较小，维持在13%~20%。2014年，中国的占比为13.3%，印度的占比为19.4%。

从DVA（被国外吸收的国内增加值）数据考察，由于中国、印度的DVA占比差异不大，用增加值数据测算的化工产品双边贸易差额与用传统的出口总额数据测算的双边贸易差额之间的差距不大。2014年，中国的化工产品DVA出口额为5463.7百万美元，印度的化工产品DVA出口额为1127.5百万美元，中国为贸易顺差：4336.2百万美元。传统出口总额数据显示，2014年，中国的化工产品出口总额为6797.9百万美元，印度的化工产品出口总额为1564.4百万美元，中国为贸易顺差：5233.5百万美元。基于增加值出口的中国化工产品贸易顺差为传统出口总额贸易顺差的82.9%，顺差缩小。

8.3.1.3 贱金属视角

表 8-5 为 2000—2014 年中国与印度贱金属的双边贸易分解结果,表中的各类指标含义与表 8-1 相同。

表 8-5 中国与印度贱金属的双边贸易分解

年份	金额(百万美元) TEXP	占比(%) TEXP	TEXPF	TEXPI	DVA	DVA—FIN	DVA—INT	DVA—INTrex	RDV	FVA	PDC
中国向印度出口
2000	141.9	100.0	4.8	95.2	84.3	4.1	69.7	10.5	0.3	13.3	2.2
2001	564.8	100.0	2.0	98.0	85.8	1.7	72.9	11.2	0.4	11.8	2.1
2002	677.6	100.0	2.5	97.5	84.8	2.1	70.1	12.5	0.7	12.0	2.5
2003	684.4	100.0	3.3	96.7	80.9	2.7	67.4	10.8	1.1	14.9	3.1
2004	1194.3	100.0	4.7	95.3	78.1	3.8	63.4	11.0	0.9	17.2	3.7
2005	1459.6	100.0	6.5	93.5	77.6	5.2	61.5	10.9	0.9	17.6	3.8
2006	2527.7	100.0	4.1	95.9	77.7	3.3	62.3	12.1	0.8	17.3	4.2
2007	3353.4	100.0	4.9	95.1	78.1	3.9	64.6	9.5	0.6	18.0	3.4
2008	2783.2	100.0	11.3	88.7	78.7	9.1	60.5	9.1	0.5	17.7	3.1
2009	2692.3	100.0	22.5	77.5	81.6	18.8	55.3	7.5	0.6	15.5	2.2
2010	4675.1	100.0	12.3	87.7	77.9	9.9	58.5	9.4	0.7	18.0	3.4
2011	9238.8	100.0	8.7	91.3	76.3	6.9	60.0	9.4	0.8	19.2	3.7
2012	5523.5	100.0	16.8	83.2	77.4	13.5	54.5	9.3	0.7	18.4	3.5
2013	5098.3	100.0	15.7	84.3	77.1	12.6	53.6	10.9	0.9	18.0	4.1
2014	5794.7	100.0	15.2	84.8	79.6	12.5	55.5	11.6	0.9	15.8	3.7
印度向中国出口
2000	72.2	100.0	7.7	92.3	76.9	5.8	55.4	15.6	0.1	18.2	4.8
2001	69.3	100.0	5.8	94.2	77.7	4.4	58.1	15.2	0.2	17.7	4.4
2002	410.2	100.0	2.0	98.0	78.9	1.6	60.1	17.2	0.3	16.2	4.7

续表

年份	金额(百万美元) TEXP	占比（%）									
		TEXP	TEXPF	TEXPI	DVA	DVA—FIN	DVA—INT	DVA—INTrex	RDV	FVA	PDC
2003	1214.2	100.0	1.0	99.0	79.6	0.8	58.8	20.1	0.3	14.8	5.2
2004	1054.7	100.0	2.1	97.9	75.7	1.5	52.1	22.1	0.4	16.7	7.2
2005	1229.8	100.0	2.3	97.7	72.2	1.6	48.0	22.6	0.5	18.4	8.9
2006	1118.3	100.0	3.4	96.6	67.2	2.3	43.0	21.8	0.5	21.4	10.9
2007	963.0	100.0	3.0	97.0	66.7	2.0	43.0	21.7	0.6	21.6	11.1
2008	580.7	100.0	4.9	95.1	65.8	3.3	42.9	19.5	0.5	23.3	10.5
2009	1175.3	100.0	5.2	94.8	69.4	3.7	50.4	15.3	0.5	23.1	7.0
2010	1925.1	100.0	2.1	97.9	68.0	1.5	49.9	16.7	0.5	23.3	8.2
2011	2147.4	100.0	2.9	97.1	67.4	2.0	49.4	16.0	0.6	23.9	8.1
2012	2146.5	100.0	2.9	97.1	59.2	1.8	44.0	13.3	0.4	30.7	9.7
2013	2882.2	100.0	2.3	97.7	61.2	1.5	46.0	13.6	0.4	29.4	9.1
2014	2632.8	100.0	2.5	97.5	64.3	1.7	48.4	14.2	0.4	27.0	8.3

注 占比为双边贸易分解后各种金额与 TEXP（出口总额）的占比（四舍五入）。
资料来源：根据 UIBE GVC Indicators 数据库统计数据整理计算得到。

在中国和印度的贱金属双边贸易中，中国的出口额较多地高于印度。2014年，中国、印度的出口总额分别为 5794.7 百万美元和 2632.8 百万美元，中国是印度的 2.2 倍。中国、印度的出口额总体上不断增长，中国在 2011 年的出口有大幅跃升的状况，而印度在 2007 和 2008 年的出口额有回落状况。

中国和印度的贱金属贸易的出口结构相似，均以中间产品的出口为主。以 2014 年为例，最终产品和中间产品的占比分别为，中国 15.2% 和 84.8%（最终产品和中间产品之比为 1∶5.8），印度 2.5% 和 97.5%（最终产品和中间产品之比为 1∶39.0）。中国的中间产品占比总体上有缓慢下降的状况，印度中间产品占比较稳定，且总体上稍高于中国。

中国和印度的贱金属贸易的 DVA 占比（即出口增加值率）差异不大，中国基本上维持在 75%~85%，中国的 DVA 占比略高一点，印度基本上维持在 60%~

80%的范围，且印度的DVA占比存在下降的态势。2014年中国的占比为84.8%，印度为64.3%。

中国和印度贱金属的出口增加值结构方面存在一定差异。

（1）DVA—FIN方面。中国的DVA出口中，DVA—FIN在贱金属出口总额的占比在2007年之前较低（低于6%），2007年以后有较大幅度增加。印度的DVA—FIN在贱金属出口总额的占比很低，维持在1%~6%。

（2）DVA—INT方面。中国和印度的贱金属出口都是以中间产品的增加值出口为主，中国维持在50%~70%的范围，印度维持在40%~60%的范围，中国的占比更高一些。以2014年为例，中国和印度的DVA—INT在贱金属出口总额的占比分别为55.5%和48.4%。

（3）DVA—INTrex方面。中国和印度的DVA—INTrex在贱金属出口总额的占比虽然都偏低，但印度的占比相对较高。中国约维持在10%，印度维持在10%~20%。总体上，中国和印度贱金属的增加值出口都以中间产品的增加值出口为主，但印度在通过中间产品出口再进入第三国的增加值出口（即DVA—INTrex）上的占比高于中国。

中国和印度贱金属贸易在FVA（国外增加值）占比较小，中国维持在10%~20%，印度维持在15%~30%。2014年，中国的占比为15.8%，印度的占比为27.0%。

从DVA（被国外吸收的国内增加值）数据考察，由于中印两国的DVA占比存在一定差异，用增加值数据测算的贱金属双边贸易差额与用传统的出口总额数据测算的双边贸易差额之间也会存在一定差距。2014年，中国的贱金属DVA出口额为4614.1百万美元，印度的贱金属DVA出口额为1692.9百万美元，中国为贸易顺差：2921.2百万美元。传统出口总额数据显示，2014年，中国的贱金属出口总额为5794.7百万美元，印度的贱金属出口总额为2632.8百万美元，中国为贸易顺差：3161.9百万美元。基于增加值出口的中国贱金属贸易逆差为传统出口总额贸易顺差的92.4%，顺差缩小。

8.3.1.4 机电设备视角

表8-6为2000—2014年中国与印度机电设备的双边贸易分解结果，表中的各类指标含义与表8-1相同。

表8-6 中国与印度机电设备的双边贸易分解

年份	金额（百万美元） TEXP	占比（%） TEXP	TEXPF	TEXPI	DVA	DVA—FIN	DVA—INT	DVA—INTrex	RDV	FVA	PDC
中国向印度出口											
2000	122.5	100.0	49.6	50.4	83.2	41.6	35.8	5.9	0.2	15.2	1.4
2001	167.4	100.0	50.3	49.7	84.4	42.7	35.5	6.2	0.2	14.1	1.3
2002	308.9	100.0	58.4	41.6	83.4	49.0	28.8	5.6	0.2	15.0	1.3
2003	421.4	100.0	63.5	36.5	80.0	51.1	24.4	4.5	0.3	18.4	1.4
2004	985.4	100.0	64.1	35.9	77.5	50.2	22.8	4.5	0.3	20.5	1.7
2005	1936.2	100.0	61.8	38.2	77.3	48.3	23.9	5.1	0.4	20.3	1.9
2006	3051.7	100.0	65.5	34.5	77.5	51.4	21.4	4.7	0.3	20.3	1.8
2007	5279.7	100.0	62.4	37.6	77.0	48.7	23.9	4.4	0.3	20.9	1.8
2008	6319.8	100.0	64.7	35.3	78.4	51.3	22.7	4.4	0.3	19.7	1.7
2009	6870.4	100.0	65.0	35.0	81.4	53.4	23.5	4.5	0.4	16.9	1.4
2010	7866.1	100.0	62.7	37.3	79.1	50.2	24.1	4.8	0.3	18.8	1.7
2011	10152.0	100.0	60.7	39.3	78.9	48.4	25.3	5.2	0.4	18.9	1.9
2012	10099.3	100.0	60.7	39.3	80.2	49.2	25.4	5.6	0.4	17.6	1.9
2013	9336.1	100.0	58.4	41.6	80.1	47.3	26.2	6.6	0.4	17.3	2.2
2014	9921.7	100.0	58.9	41.1	82.4	49.0	26.8	6.6	0.4	15.4	1.9
印度向中国出口											
2000	32.5	100.0	65.1	34.9	77.0	50.0	20.7	6.3	0.0	21.1	1.9
2001	42.8	100.0	52.5	47.5	76.3	39.9	27.9	8.6	0.1	21.0	2.6
2002	71.0	100.0	59.2	40.8	77.0	45.7	23.9	7.4	0.1	20.6	2.3
2003	101.6	100.0	45.9	54.1	76.9	35.2	30.9	10.9	0.1	19.7	3.3
2004	184.1	100.0	50.9	49.1	73.4	37.4	25.4	10.6	0.2	22.5	3.9
2005	286.9	100.0	53.8	46.2	70.3	37.7	22.3	10.2	0.2	25.1	4.4
2006	326.4	100.0	55.3	44.7	70.9	39.2	21.0	10.8	0.2	24.3	4.5

续表

年份	金额（百万美元） TEXP	占比（%） TEXP	TEXPF	TEXPI	DVA	DVA—FIN	DVA—INT	DVA—INTrex	RDV	FVA	PDC
2007	349.7	100.0	39.7	60.3	70.1	27.9	27.7	14.5	0.4	23.2	6.4
2008	325.7	100.0	43.2	56.8	71.5	30.9	27.2	13.4	0.3	22.7	5.5
2009	500.5	100.0	57.9	42.1	73.2	42.4	22.7	8.1	0.2	23.5	3.1
2010	496.5	100.0	42.8	57.2	71.6	30.8	29.0	11.8	0.3	23.2	4.9
2011	592.8	100.0	46.1	53.9	71.0	32.9	27.2	10.9	0.3	24.0	4.7
2012	615.7	100.0	49.6	50.4	69.9	34.7	25.6	9.6	0.3	25.6	4.3
2013	770.7	100.0	45.8	54.2	72.5	33.3	28.9	10.3	0.2	23.1	4.1
2014	757.6	100.0	47.3	52.7	74.9	35.6	29.1	10.2	0.3	21.3	3.6

注 占比为双边贸易分解后各种金额与 TEXP（出口总额）的占比（四舍五入）。

资料来源：根据 UIBE GVC Indicators 数据库统计数据整理计算得到。

在中国和印度机电设备双边贸易中，中国的出口额远高于印度。2014年，中印两国的出口总额分别为9921.7百万美元和757.6百万美元，中国是印度的13.1倍。中国、印度的出口额总体上不断增长，中国在2013年和2014年的出口有回落状况。

中国和印度的机电设备贸易的出口结构相似，两国的最终产品和中间产品的出口都占很大比例。以2014年为例，最终产品和中间产品的占比分别为，中国58.9%和41.1%（最终产品和中间产品之比为1:0.7），印度47.3%和52.7%（最终产品和中间产品之比为1:1.1）。中国的最终产品占比在大多数年份高于印度。

中国和印度的机电设备贸易的 DVA 占比（即出口增加值率）差异不大，中国基本上维持在75%~85%，中国的 DVA 占比略高一点，印度基本上维持在70%~80%的范围。2014年中国的占比为82.4%，印度为74.9%。

中国和印度机电设备的出口增加值结构方面存在一定差异，但差异不大。①DVA—FIN 方面。在 DVA 出口中，中国和印度的机电设备出口都是以最终产品的增加值出口为主。中国的 DVA—FIN 在机电设备出口总额的占比主要维持在50%左右。印度的 DVA—FIN 在机电设备出口总额的占比总体上比中国稍低一些，维持在30%~50%。②DVA—INT 方面。中国的 DVA—INT 占比维持在

20%~35%左右，印度维持在20%~30%左右，两国的占比差异不大。以2014年为例，中国和印度的DVA—INT在机电设备出口总额的占比分别为26.8%和29.1%。③DVA—INTrex方面。中国和印度的DVA—INTrex在机电设备出口总额的占比虽然都偏低，但印度的占比相对较高。中国约维持在4%~7%的范围，印度维持在6%~12%。总体上，中国和印度机电设备的增加值出口中都以最终产品的增加值出口为主，但中间产品的增加值出口的占比并不低。

中国和印度的机电设备贸易在FVA（国外增加值）占比不低，中国维持在14%~21%，印度维持在20%~26%。2014年，中国的占比为15.4%，印度的占比为21.3%。

从DVA（被国外吸收的国内增加值）数据考察，由于中印两国的DVA占比存在一定差异，用增加值数据测算的机电设备双边贸易差额与用传统的出口总额数据测算的双边贸易差额之间也会存在一定差距。2014年，中国的机电设备DVA出口额为8175.2百万美元，印度的机电设备DVA出口额为567.4百万美元，中国为贸易顺差：7607.8百万美元。传统出口总额数据显示，2014年，中国的机电设备出口总额为9921.7百万美元，印度的机电设备出口总额为757.6百万美元，中国为贸易顺差：9164.1百万美元。基于增加值出口的中国机电设备贸易顺差为传统出口总额贸易顺差的83.0%，顺差缩小。

8.3.2 中国与美国工业品双边贸易分解

8.3.2.1 纺织品服装视角

表8-7为2000—2014年中国与美国纺织品服装的双边贸易分解结果，表中的各类指标含义与表8-1相同。

表8-7 中国与美国纺织品服装的双边贸易分解

年份	金额（百万美元） TEXP	占比（%）									
	TEXP	TEXP	TEXPF	TEXPI	DVA	DVA—FIN	DVA—INT	DVA—INTrex	RDV	FVA	PDC
中国向美国出口											
2000	10411.7	100.0	95.5	4.5	83.8	80.0	3.2	0.5	0.0	16.1	0.1
2001	11372.0	100.0	95.9	4.1	84.0	80.6	3.0	0.5	0.0	15.9	0.1
2002	13592.5	100.0	95.5	4.5	82.8	79.2	3.2	0.5	0.0	17.0	0.1

续表

年份	金额 (百万美元) TEXP	占比（%）									
		TEXP	TEXPF	TEXPI	DVA	DVA—FIN	DVA—INT	DVA—INTrex	RDV	FVA	PDC
2003	17142.3	100.0	95.3	4.7	81.9	78.1	3.3	0.5	0.0	18.0	0.2
2004	21537.8	100.0	94.8	5.2	80.8	76.6	3.6	0.6	0.0	19.0	0.2
2005	30359.8	100.0	94.9	5.1	81.7	77.6	3.6	0.6	0.0	18.1	0.2
2006	35996.3	100.0	95.0	5.0	82.7	78.6	3.5	0.6	0.0	17.1	0.2
2007	40594.0	100.0	95.2	4.8	83.8	79.8	3.4	0.6	0.0	16.0	0.2
2008	38632.3	100.0	94.7	5.3	85.4	80.9	3.8	0.7	0.0	14.4	0.2
2009	36344.6	100.0	95.2	4.8	88.6	84.4	3.6	0.6	0.0	11.3	0.1
2010	46028.2	100.0	95.0	5.0	87.1	82.8	3.6	0.6	0.0	12.8	0.1
2011	48613.7	100.0	94.3	5.7	87.2	82.3	4.1	0.8	0.1	12.6	0.2
2012	49351.5	100.0	94.6	5.4	88.7	84.0	4.1	0.7	0.0	11.1	0.1
2013	51776.6	100.0	94.3	5.7	89.1	84.1	4.3	0.7	0.1	10.8	0.1
2014	53479.5	100.0	94.2	5.8	90.2	85.0	4.5	0.7	0.1	9.7	0.1
美国向中国出口											
2000	144.7	100.0	15.2	84.8	80.6	13.4	47.4	19.8	6.4	8.5	4.5
2001	125.9	100.0	29.0	71.0	82.1	25.6	39.8	16.8	5.5	8.7	3.6
2002	150.4	100.0	19.7	80.3	80.0	17.3	42.1	20.6	7.2	8.2	4.6
2003	208.6	100.0	14.5	85.5	77.1	12.5	40.0	24.6	8.3	8.5	6.2
2004	275.4	100.0	14.0	86.0	76.2	12.0	36.9	27.3	8.9	8.1	6.9
2005	323.2	100.0	15.5	84.5	73.9	13.1	32.5	28.3	10.0	8.2	7.9
2006	389.5	100.0	12.7	87.3	73.0	10.7	31.0	31.3	10.4	7.8	8.8
2007	338.7	100.0	14.3	85.7	74.9	12.1	31.9	30.9	9.2	7.8	8.0
2008	319.7	100.0	20.4	79.6	76.4	17.2	32.6	26.6	7.0	9.4	7.2
2009	259.3	100.0	30.7	69.3	81.4	26.8	35.1	19.4	5.4	9.0	4.2
2010	410.3	100.0	23.8	76.2	79.0	20.5	36.0	22.5	6.3	9.2	5.5

续表

年份	金额 (百万美元) TEXP	占比 (%)									
		TEXP	TEXPF	TEXPI	DVA	DVA—FIN	DVA—INT	DVA—INTrex	RDV	FVA	PDC
2011	507.2	100.0	27.5	72.5	78.3	23.2	34.2	20.9	5.3	10.7	5.7
2012	375.7	100.0	29.4	70.6	79.1	24.9	34.8	19.4	5.0	10.8	5.1
2013	451.3	100.0	26.9	73.1	79.5	22.8	36.4	20.7	4.9	10.5	5.1
2014	457.8	100.0	31.5	68.5	80.0	26.9	34.5	18.6	4.5	10.7	4.7

注 占比为双边贸易分解后各种金额与 TEXP（出口总额）的占比（四舍五入）。
资料来源：根据 UIBE GVC Indicators 数据库统计数据整理计算得到。

在中国和美国的纺织品服装双边贸易中，中国与美国的出口额存在巨大差距，中国的纺织品服装出口总额远超过美国，2014 年中国对美国出口 53479.5 百万美元，美国对中国出口 457.8 百万美元，仅为中国出口额的 0.9%，这表明中国在纺织品服装出口上有强大的竞争力，具有压倒性的优势。

中国和美国纺织品服装贸易的出口结构存在很大差异，中国以最终产品出口为主，而且最终产品处于绝对统治地位，中间产品出口占比很低，基本维持在 4%~6%。美国以中间产品出口为主，中间产品维持在 70%~85%。以 2014 年为例，最终产品和中间产品的占比分别为，中国 94.2% 和 5.8%（最终产品与中间产品之比为 1：0.06），美国 31.5% 和 68.5%（最终产品与中间产品之比为 1：2.17）。

中国和美国纺织品服装贸易的 DVA 占比（即出口增加值率）存在较明显差异，每个年份中国的 DVA 占比均高于美国。中国 DVA 占比大部分年份高于 80%，而美国大部分年份低于 80%。以 2014 年为例，中国的出口增加值率为 90.2%，美国为 80.0%。

中国和美国纺织品服装的出口增加值结构方面存在很大差异。

（1）DVA—FIN 方面。中国的 DVA 出口中，DVA—FIN 在纺织品服装出口总额的占比维持在 75%~85%，占比较高。美国的 DVA—FIN 在纺织品服装出口总额的占比维持在 15%~25%，该指标远低于中国。以 2014 年为例，中国和美国的 DVA—FIN 在纺织品服装出口总额的占比分别为 85.0% 和 26.9%，中国 DVA—FIN 占比远高于美国，是美国的 3.2 倍。

(2) DVA—INT 方面。中国 DVA—INT 在纺织品服装出口总额的占比远低于美国。中国 DVA—INT 占比很低，维持在 3%~4.5%，美国的 DVA—INT 在纺织品服装出口总额的占比维持在 30%~50%。以 2014 年为例，中国和美国的 DVA—INT 在纺织品服装出口总额的占比分别为 4.5% 和 34.5%，美国的 DVA—INT 占比为中国的 7.7 倍。

(3) DVA—INTrex 方面。中国和美国的 DVA—INTrex 在纺织品服装出口总额的占比存在很大差异。中国的占比非常低，维持在 0.5%~0.7%，而美国的占比相对较高，维持在 16%~32%，为中国的数十倍。以 2014 年为例，中国和美国的 DVA—INTrex 在纺织品服装出口总额的占比分别为 0.7% 和 18.6%，美国的 DVA—INTrex 占比为中国的 26.6 倍。总体上，中国纺织品服装的增加值出口中以最终产品的增加值出口为主，最终产品的增加值占到绝大多数。美国则以中间产品的增加值出口为主，但最终产品的增加值出口以及通过中间产品出口再进入第三国的增加值出口（即 DVA—INTrex）这两类的占比也较多。

中国和美国纺织品服装贸易在 FVA（国外增加值）占比的差异不大，中国维持在 9%~19%，且存在逐渐下降的态势。美国的占比稍微低一些，维持在 7%~11%，且呈现缓慢上升的态势。2014 年，中国的占比为 9.7%，美国的占比为 10.7%。总体上，在纺织品服装贸易中，中国和美国出口中的国外增加值占比都比较低，而且中国国外增加值的占比越来越低，更多地出口国内增加值。

从 DVA（被国外吸收的国内增加值）数据考察，由于中国和美国的 DVA 占比存在较明显差异，中国的占比更高一些，用增加值数据测算的纺织品服装双边贸易差额与用传统的出口总额数据测算的双边贸易差额之间的差距较明显。2014 年，中国的纺织品服装 DVA 出口额为 48221.0 百万美元，美国的纺织品服装 DVA 出口额为 366.3 百万美元，中国为贸易顺差：47854.7 百万美元。传统出口总额数据显示，2014 年，中国的纺织品服装出口总额为 53479.4 百万美元，美国的纺织品服装出口总额为 457.8 百万美元，中国为贸易顺差：53021.6 百万美元。基于增加值出口的中国纺织品服装贸易顺差为传统出口总额贸易顺差的 90.3%，顺差缩小约为 10%。

8.3.2.2 化工产品视角

表 8-8 为 2000—2014 年中国与美国化工产品的双边贸易分解结果，表中的各类指标含义与表 8-1 相同。

表 8-8 中国与美国化工产品的双边贸易分解

年份	金额（百万美元）TEXP	占比（%） TEXP	TEXPF	TEXPI	DVA	DVA—FIN	DVA—INT	DVA—INTrex	RDV	FVA	PDC
中国向美国出口											
2000	2077.7	100.0	24.0	76.0	83.8	20.9	53.6	9.4	0.2	13.7	2.2
2001	2381.3	100.0	21.6	78.4	84.5	18.9	56.5	9.0	0.3	13.2	2.1
2002	2992.3	100.0	22.4	77.6	83.2	19.3	55.4	8.4	0.3	14.3	2.2
2003	4098.9	100.0	25.3	74.7	80.6	21.2	51.4	7.9	0.3	16.6	2.5
2004	5663.9	100.0	28.1	71.9	77.0	22.5	46.9	7.6	0.4	19.5	3.0
2005	7287.3	100.0	25.3	74.7	76.4	20.1	48.0	8.2	0.4	19.8	3.4
2006	8546.2	100.0	23.7	76.3	76.5	19.0	48.6	8.9	0.5	19.4	3.7
2007	10012.8	100.0	25.2	74.8	76.8	20.3	46.8	9.8	0.6	18.7	3.9
2008	14088.1	100.0	22.0	78.0	77.6	18.1	48.6	10.9	0.7	17.6	4.2
2009	19994.1	100.0	25.9	74.1	81.6	22.1	49.9	9.7	0.8	14.7	2.9
2010	13325.8	100.0	24.2	75.8	78.8	20.0	48.2	10.7	0.9	16.5	3.8
2011	16830.2	100.0	21.2	78.8	77.7	17.4	48.7	11.6	1.1	16.9	4.3
2012	16523.2	100.0	22.3	77.7	79.2	18.6	49.1	11.5	1.1	15.8	3.9
2013	17950.1	100.0	22.0	78.0	80.1	18.6	50.0	11.5	1.1	15.1	3.8
2014	19541.2	100.0	20.8	79.2	81.8	17.8	51.9	12.0	1.1	13.6	3.5
美国向中国出口											
2000	1410.1	100.0	9.3	90.7	83.1	8.3	59.5	15.4	5.1	8.4	3.4
2001	1399.3	100.0	10.3	89.7	84.4	9.3	60.0	15.1	4.9	7.7	3.0
2002	1871.7	100.0	9.7	90.3	83.5	8.8	58.3	16.5	5.8	7.5	3.2
2003	3104.3	100.0	8.3	91.7	81.1	7.4	54.5	19.2	6.5	8.2	4.2
2004	4604.6	100.0	8.2	91.8	79.2	7.1	50.8	21.3	7.0	8.6	5.1
2005	5432.4	100.0	8.4	91.6	76.7	7.2	46.8	22.8	7.8	9.2	6.3

续表

年份	金额(百万美元) TEXP	占比（%）										
		TEXP	TEXPF	TEXPI	DVA	DVA—FIN	DVA—INT	DVA—INTrex	RDV	FVA	PDC
2006	6148.2	100.0	10.8	89.2	76.9	9.3	44.0	23.7	7.7	9.1	6.4
2007	7807.0	100.0	10.2	89.8	77.7	8.7	45.1	23.9	6.9	9.1	6.3
2008	8166.8	100.0	10.7	89.3	77.0	8.9	46.4	21.7	5.7	10.8	6.5
2009	8051.8	100.0	13.0	87.0	83.2	11.5	53.6	18.0	4.8	8.4	3.7
2010	10581.0	100.0	12.8	87.2	81.1	11.1	51.1	18.8	4.8	9.6	4.6
2011	11537.4	100.0	16.9	83.1	79.9	14.4	48.5	17.1	4.0	11.3	4.8
2012	11012.8	100.0	18.3	81.7	80.5	15.6	49.2	15.8	3.8	11.3	4.3
2013	10817.2	100.0	15.8	84.2	81.1	13.5	51.5	16.1	3.7	11.0	4.3
2014	10875.1	100.0	15.9	84.1	81.1	13.6	51.5	15.9	3.7	10.9	4.3

注 占比为双边贸易分解后各种金额与 TEXP（出口总额）的占比（四舍五入）。
资料来源：根据 UIBE GVC Indicators 数据库统计数据整理计算得到。

在中国和美国化工产品的双边贸易中，中国与美国的出口额均比较多，且存在较大差距，中国的化工产品出口总额高于美国，2014 年中国对美国出口 19541.2 百万美元，美国对中国出口 10875.1 百万美元，仅为中国出口额的 55.7%，这表明中国在化工产品出口上有较强的竞争力。

中国和美国化工产品贸易的出口结构有相似之处，中国、美国均以中间产品出口为主，其中美国在中间产品上的占比更高一些，约维持在 80% 以上，而中国的占比低于 80%，维持在 70%~80%。以 2014 年为例，最终产品和中间产品的占比分别为，中国 20.8% 和 79.2%（最终产品与中间产品之比为 1∶3.81），美国 15.9% 和 84.1%（最终产品与中间产品之比为 1∶5.29）。

中国和美国化工产品贸易的 DVA 占比（即出口增加值率）存在一定差异，但差异不大。中国和美国的 DVA 占比基本在 80% 左右波动，有的年份中国的 DVA 占比高于美国，有的年份中国低于美国。以 2014 年为例，中国的出口增加值率为 81.8%，美国为 81.1%。

中国和美国化工产品的出口增加值结构方面差异不大。

(1) DVA—FIN 方面。中国的 DVA 出口中，DVA—FIN 在化工产品出口总额的占比不大，约维持在 20%。美国的 DVA—FIN 在化工产品出口总额的占比约维持在 7%~16% 的范围，该指标稍低于中国。以 2014 年为例，中国和美国的 DVA—FIN 在化工产品出口总额的占比分别为 17.8% 和 13.6%。

(2) DVA—INT 方面。中国和美国的 DVA—INT 在化工产品出口总额的占比均是最大的。中国 DVA—INT 在化工产品出口总额的占比与美国基本持平，不同年份各有高低，两国约维持在 50%。以 2014 年为例，中国和美国的 DVA—INT 在化工产品出口总额的占比分别为 51.9% 和 51.5%。

(3) DVA—INTrex 方面。中国和美国的 DVA—INTrex 在化工产品出口总额的占比不大。中国的占比低于美国，中国维持在 7%~12%，而美国维持在 15%~24%。以 2014 年为例，中国和美国的 DVA—INTrex 在化工产品出口总额的占比分别为 12.0% 和 15.9%。总体上，中国和美国化工产品的增加值出口均以中间产品的增加值出口为主，中间产品的增加值占到一半左右，美国通过中间产品出口再进入第三国的增加值出口（即 DVA—INTrex）的占比比中国稍高一些。

中国和美国化工产品贸易在 FVA（国外增加值）占比差异不大，中国维持在 13%~20%。美国的占比稍微低一些，维持在 7%~12%。2014 年，中国的占比为 13.6%，美国的占比为 10.9%。总体上，在化工产品贸易中，中国和美国出口中的国外增加值占比都比较低。

从 DVA（被国外吸收的国内增加值）数据考察，由于中国和美国的 DVA 占比存在一定差异，有的年份中国的 DVA 占比高于美国，有的年份中国低于美国，用增加值数据测算的化工产品双边贸易差额与用传统的出口总额数据测算的双边贸易差额之间也会存在一定差距。2014 年，中国的化工产品 DVA 出口额为 15975.0 百万美元，美国的化工产品 DVA 出口额为 8818.9 百万美元，中国为贸易顺差：7156.1 百万美元。传统出口总额数据显示，2014 年，中国的化工产品出口总额为 19541.2 百万美元，美国的化工产品出口总额为 10875.1 百万美元，中国为贸易顺差：8666.1 百万美元。基于增加值出口的中国化工产品贸易顺差为传统出口总额贸易顺差的 82.6%，顺差缩小。

8.3.2.3 贱金属视角

表 8-9 为 2000—2014 年中国与美国贱金属的双边贸易分解结果，表中的各类指标含义与表 8-1 相同。

表 8-9 中国与美国贱金属的双边贸易分解

年份	金额（百万美元） TEXP	占比（%） TEXP	TEXPF	TEXPI	DVA	DVA—FIN	DVA—INT	DVA—INTrex	RDV	FVA	PDC
中国向美国出口											
2000	2843.0	100.0	24.8	75.2	84.2	21.0	51.8	11.4	0.3	13.1	2.4
2001	2738.7	100.0	29.5	70.5	85.6	25.3	50.2	10.1	0.3	12.1	1.9
2002	3500.2	100.0	30.6	69.4	84.9	26.1	49.8	9.0	0.3	12.9	1.9
2003	4652.7	100.0	31.1	68.9	81.8	25.6	47.9	8.3	0.3	15.6	2.2
2004	8026.6	100.0	27.3	72.7	79.2	21.9	48.4	8.9	0.5	17.4	2.9
2005	9768.8	100.0	25.0	75.0	79.0	20.0	49.8	9.2	0.5	17.5	3.1
2006	12666.5	100.0	21.5	78.5	79.0	17.3	50.8	10.8	0.6	16.8	3.6
2007	13953.7	100.0	24.7	75.3	79.0	19.9	48.0	11.1	0.6	16.7	3.7
2008	18240.2	100.0	28.3	71.7	78.8	22.7	44.7	11.4	0.7	16.7	3.8
2009	11468.0	100.0	39.7	60.3	81.9	32.9	40.4	8.6	0.7	15.0	2.4
2010	14908.6	100.0	42.5	57.5	79.3	34.1	37.1	8.1	0.7	17.3	2.7
2011	16927.8	100.0	43.3	56.7	78.3	34.3	35.7	8.3	0.7	18.1	2.9
2012	19665.9	100.0	45.5	54.5	79.2	36.4	34.9	7.9	0.7	17.5	2.6
2013	19819.7	100.0	44.9	55.1	78.8	35.9	35.3	7.7	0.7	17.7	2.7
2014	21439.7	100.0	41.2	58.8	81.2	34.0	38.7	8.5	0.8	15.3	2.6
美国向中国出口											
2000	398.3	100.0	20.9	79.1	82.9	18.6	53.4	10.9	3.8	10.4	3.0
2001	369.8	100.0	26.0	74.0	85.5	23.5	52.1	9.9	3.4	8.9	2.2
2002	406.1	100.0	27.0	73.0	84.6	24.2	50.0	10.3	3.7	9.2	2.4
2003	814.7	100.0	16.9	83.1	82.4	15.1	53.5	13.8	4.7	9.5	3.4
2004	917.4	100.0	14.6	85.4	79.3	12.8	50.2	16.4	5.4	10.6	4.6
2005	1227.2	100.0	11.2	88.8	76.7	9.7	49.0	18.0	6.0	11.4	5.8

续表

年份	金额 (百万美元) TEXP	占比 (%)									
		TEXP	TEXPF	TEXPI	DVA	DVA—FIN	DVA—INT	DVA—INTrex	RDV	FVA	PDC
2006	1379.7	100.0	9.5	90.5	74.0	8.0	47.0	19.1	5.9	12.9	7.2
2007	1456.8	100.0	8.3	91.7	74.6	6.9	47.8	19.8	5.4	12.8	7.2
2008	2518.4	100.0	7.4	92.6	73.5	6.1	49.0	18.4	4.4	14.6	7.5
2009	2217.5	100.0	7.3	92.6	78.4	6.3	57.5	14.6	3.4	13.3	4.8
2010	2429.0	100.0	8.5	91.5	76.0	7.2	53.7	15.1	3.4	14.8	5.8
2011	2044.9	100.0	12.0	88.0	74.7	10.0	50.8	13.9	3.0	16.4	5.9
2012	2052.3	100.0	17.2	82.8	77.0	14.4	50.0	12.7	2.8	15.3	4.9
2013	2313.2	100.0	21.4	78.6	78.0	17.9	48.0	12.0	2.5	15.0	4.5
2014	2486.0	100.0	21.2	78.8	77.6	17.8	48.0	11.8	2.5	15.3	4.6

注 占比为双边贸易分解后各种金额与 TEXP（出口总额）的占比（四舍五入）。
资料来源：根据 UIBE GVC Indicators 数据库统计数据整理计算得到。

在中国和美国贱金属的双边贸易中，中国与美国的出口额存在非常大的差距，中国的贱金属出口总额远远高于美国，2014 年中国对美国出口 21439.7 百万美元，美国对中国出口 2486.0 百万美元，仅为中国出口额的 11.6%，这表明中国在贱金属出口上有很强的竞争力。

中国和美国贱金属贸易的出口结构有相似之处，中国、美国均以中间产品出口为主，其中美国在中间产品上的占比更高，维持在 78%~93%，而中国的占比维持在 54%~79%。以 2014 年为例，最终产品和中间产品的占比分别为，中国 41.2% 和 58.8%（最终产品与中间产品之比为 1:1.43），美国 21.2% 和 78.8%（最终产品与中间产品之比为 1:3.72）。

中国和美国贱金属贸易的 DVA 占比（即出口增加值率）存在一定差异，但差异不大。中国和美国的 DVA 占比基本在 80% 左右波动，绝大多数年份中国的 DVA 占比稍高于美国。以 2014 年为例，中国的出口增加值率为 81.2%，美国为 77.6%。

中国和美国贱金属的出口增加值结构方面差异不大。

(1) DVA—FIN 方面。中国的 DVA 出口中，DVA—FIN 在贱金属出口总额的占比总体上不大，维持在 17%~36%，变化范围比较大，2007 年后逐渐上升，甚至在 2012 年和 2013 年超过 DVA—INT 的占比。美国的 DVA—FIN 在贱金属出口总额的占比维持在 6%~25%，变动范围也比较大。美国在该指标上低于中国。以 2014 年为例，中国和美国的 DVA—FIN 在贱金属出口总额的占比分别为 34.0% 和 17.8%。

(2) DVA—INT 方面。中国和美国的 DVA—INT 在贱金属出口总额的占比均是最大的（中国在 2012 年和 2013 年除外）。中国 DVA—INT 在贱金属出口总额的占比比美国稍低一些，中国维持在 35%~52%，美国维持在 47%~54%。以 2014 年为例，中国和美国的 DVA—INT 在贱金属出口总额的占比分别为 38.7% 和 48.0%。

(3) DVA—INTrex 方面，中国和美国的 DVA—INTrex 在贱金属出口总额的占比不大。中国的占比低于美国，中国约维持在 10%，而美国约维持在 15%。以 2014 年为例，中国和美国的 DVA—INTrex 在贱金属出口总额的占比分别为 8.5% 和 11.8%。总体上，中国和美国贱金属的增加值出口均以中间产品的增加值出口为主，中国的中间产品的增加值出口占比稍低一些。

中国和美国的贱金属贸易在 FVA（国外增加值）占比差异不大，中国维持在 12%~18%。美国的占比稍微低一些，维持在 9%~17%。2014 年，中国和美国的占比均为 15.3%。总体上，在贱金属贸易中，中美两国出口中的国外增加值占比都比较低。

从 DVA（被国外吸收的国内增加值）数据考察，由于中美两国的 DVA 占比存在一定差异，用增加值数据测算的贱金属双边贸易差额与用传统的出口总额数据测算的双边贸易差额之间也会存在一定差距。2014 年，中国的贱金属 DVA 出口额为 17414.8 百万美元，美国的贱金属 DVA 出口额为 1930.0 百万美元，中国为贸易顺差：15484.8 百万美元。传统出口总额数据显示，2014 年，中国的贱金属出口总额为 21439.7 百万美元，美国的贱金属出口总额为 2486.0 百万美元，中国为贸易顺差：18953.7 百万美元。基于增加值出口的中国贱金属贸易顺差为传统出口总额贸易顺差的 81.7%，顺差大幅缩小。

8.3.2.4　机电设备视角

表 8-10 为 2000—2014 年中国与美国机电设备的双边贸易分解结果，表中的各类指标含义与表 8-1 相同。

表 8-10 中国与美国机电设备的双边贸易分解

年份	金额(百万美元) TEXP	占比（%） TEXP	TEXPF	TEXPI	DVA	DVA—FIN	DVA—INT	DVA—INTrex	RDV	FVA	PDC
中国向美国出口											
2000	6018.5	100.0	70.4	29.6	83.4	58.8	21.0	3.5	0.1	15.7	0.8
2001	7031.3	100.0	69.2	30.8	84.3	58.5	22.4	3.4	0.1	14.8	0.8
2002	8973.0	100.0	69.9	30.1	83.5	58.5	21.8	3.1	0.1	15.6	0.8
2003	12129.0	100.0	69.2	30.8	80.0	55.6	21.5	2.9	0.1	18.9	1.0
2004	17441.3	100.0	68.8	31.2	77.5	53.6	21.0	3.0	0.2	21.1	1.2
2005	21555.6	100.0	66.6	33.4	77.4	51.8	22.3	3.3	0.2	21.2	1.3
2006	27750.7	100.0	64.3	35.7	77.3	50.0	23.4	3.8	0.2	20.9	1.5
2007	36287.9	100.0	65.5	34.5	76.9	50.8	22.0	4.1	0.3	21.1	1.7
2008	40683.8	100.0	63.5	36.5	78.1	50.0	23.3	4.8	0.3	19.8	1.8
2009	32441.5	100.0	65.4	34.6	81.1	53.4	23.5	4.2	0.4	17.2	1.3
2010	41998.9	100.0	64.6	35.4	78.7	51.4	22.9	4.5	0.4	19.2	1.6
2011	50307.6	100.0	62.9	37.1	78.4	49.9	23.5	5.0	0.5	19.2	1.9
2012	51850.4	100.0	59.1	40.9	79.6	47.5	26.5	5.6	0.5	17.9	1.9
2013	55998.8	100.0	59.0	41.0	79.6	47.5	26.9	5.3	0.5	18.0	1.9
2014	61972.2	100.0	57.9	42.1	81.9	48.0	28.5	5.4	0.6	15.8	1.7
美国向中国出口											
2000	2381.7	100.0	69.7	30.3	85.6	60.8	20.6	4.1	1.4	11.9	1.2
2001	2784.4	100.0	67.2	32.8	86.7	59.4	22.8	4.5	1.4	10.7	1.1
2002	3014.8	100.0	68.9	31.1	86.6	60.9	21.1	4.5	1.5	10.8	1.1
2003	3685.2	100.0	67.5	32.5	85.7	59.2	21.1	5.4	1.7	11.2	1.3
2004	6666.7	100.0	65.5	34.5	83.4	56.2	20.8	6.4	2.0	12.8	1.8
2005	6696.1	100.0	63.2	36.8	82.2	53.7	21.2	7.3	2.3	13.3	2.2
2006	8105.6	100.0	60.4	39.6	80.6	50.5	21.7	8.5	2.5	14.2	2.7
2007	9419.9	100.0	60.2	39.8	80.8	50.3	21.5	9.0	2.4	14.0	2.8
2008	10820.4	100.0	60.0	40.0	80.3	49.6	21.8	8.9	2.0	14.9	2.8

续表

年份	金额 (百万美元) TEXP	占比 (%)									
		TEXP	TEXPF	TEXPI	DVA	DVA—FIN	DVA—INT	DVA—INTrex	RDV	FVA	PDC
2009	9338.8	100.0	58.7	41.3	84.3	50.6	26.1	7.6	1.7	12.1	1.9
2010	12375.5	100.0	61.6	38.4	82.4	52.0	22.7	7.7	1.7	13.7	2.2
2011	14003.5	100.0	65.7	34.3	80.6	54.1	19.9	6.6	1.4	15.8	2.2
2012	12117.9	100.0	62.9	37.1	80.0	51.5	21.9	6.7	1.4	16.3	2.3
2013	11041.4	100.0	58.7	41.3	80.4	48.4	24.7	7.3	1.5	15.7	2.4
2014	11543.5	100.0	59.1	40.9	80.3	48.6	24.6	7.2	1.5	15.8	2.4

注 占比为双边贸易分解后各种金额与 TEXP（出口总额）的占比（四舍五入）。
资料来源：根据 UIBE GVC Indicators 数据库统计数据整理计算得到。

在中国与美国机电设备双边贸易中，中国与美国的出口额均很大，且出口额存在非常大的差距。中国的机电设备出口总额远远高于美国，2014 年中国对美国出口 61972.2 百万美元，美国对中国出口 11543.5 百万美元，仅为中国出口额的 18.6%，这表明中国在机电设备出口上有很强的竞争力。

中国和美国机电设备贸易的出口结构有相似之处，中国、美国均以最终产品出口为主，两国占比差不多，总体约维持在 60%~70% 的范围。以 2014 年为例，最终产品和中间产品的占比分别为，中国 57.9% 和 42.1%（最终产品与中间产品之比为 1∶0.73），美国 59.1% 和 40.9%（最终产品与中间产品之比为 1∶0.69）。

中国和美国机电设备贸易的 DVA 占比（即出口增加值率）存在一定差异，但差异不大。中国的 DVA 占比基本在 80% 左右波动，美国的 DVA 占比基本维持在 80%~85%，所有年份中国的 DVA 占比都稍低于美国。以 2014 年为例，中国的出口增加值率为 81.9%，美国为 80.3%。

中国和美国机电设备的出口增加值结构方面很相似。

（1）DVA—FIN 方面。中国和美国的 DVA 出口中，DVA—FIN 在机电设备出口总额的占比都是最大的，中国和美国维持在 47%~60%，总体上均存在逐渐下降的趋势。以 2014 年为例，中国和美国的 DVA—FIN 在机电设备出口总额的占比分别为 48.0% 和 48.6%。

（2）DVA—INT 方面。中国和美国的 DVA—INT 在机电设备出口总额的占比均较小，且差距较小。中国和美国 DVA—INT 在机电设备出口总额的占比约维持在 20%~30% 的范围。以 2014 年为例，中国和美国的 DVA—INT 在机电设备出口总额的占比分别为 28.5% 和 24.6%。

（3）DVA—INTrex 方面。中国和美国的 DVA—INTrex 在机电设备出口总额的占比均很小。中国的占比略低于美国，中国维持在 3%~6%，而美国维持在 4%~9%。以 2014 年为例，中国和美国的 DVA—INTrex 在机电设备出口总额的占比分别为 5.4% 和 7.2%。总体上，中国和美国机电设备的增加值出口均以最终产品的增加值出口为主，两国在最终产品的增加值出口占比上比较接近。

中国和美国机电设备贸易在 FVA（国外增加值）占比差异不大，中国维持在 15%~21%，美国的占比稍微低一些，维持在 10%~16%。2014 年，中国和美国的占比均为 15.8%。总体上，在机电设备贸易中，中国和美国出口中的国外增加值占比都比较低。

从 DVA（被国外吸收的国内增加值）数据考察，由于中国和美国的 DVA 占比存在一定差异，用增加值数据测算的机电设备双边贸易差额与用传统的出口总额数据测算的双边贸易差额之间也会存在一定差距。2014 年，中国的机电设备 DVA 出口额为 50763.3 百万美元，美国的机电设备 DVA 出口额为 9269.0 百万美元，中国为贸易顺差：41494.3 百万美元。传统出口总额数据显示，2014 年，中国的机电设备出口总额为 61972.2 百万美元，美国的机电设备出口总额为 11543.5 百万美元，中国为贸易顺差：50428.7 百万美元。基于增加值出口的中国机电设备贸易顺差为传统出口总额贸易顺差的 82.3%，顺差缩小明显。

8.4 主要结论

本章选取对华反倾销数量最多的印度和美国（分别排第 1 位和第 2 位）作为对比研究对象，并且选取了农产品、工业品（包括纺织品服装、化工产品、贱金属、机电设备这 4 类产品）这些中国遭受反倾销的大类产品作为研究对象，分析了中国与印度、中国与美国之间在农产品、工业品的双边贸易分解状况，对此总结如下。

8.4.1 农产品双边贸易方面

（1）出口总额。印度和美国的出口总额远高于中国，显示出印度、美国在农产品出口上有很强的竞争力。

（2）出口结构。中国主要出口最终产品，印度和美国主要出口中间产品。

（3）DVA 占比。中国和印度的 DVA 占比均很高，且差异不大；中国与美国的 DVA 占比差异较为明显，中国占比为 90%以上，美国 80%~90%。

（4）出口增加值结构。中国以最终产品的增加值出口为主，印度则分为两个阶段（2000—2003 年和 2004—2014 年），分别以最终产品和中间产品增加值出口为主。美国一直以中间产品增加值出口为主。

（5）国外增加值占比。中国、印度、美国的占比都比较小，且差异不大。

（6）贸易差额。中国在与印度、美国的双边贸易中均为贸易逆差，且基于增加值的逆差缩小，其中中国和美国的双边贸易的逆差缩小较多。

8.4.2 工业品双边贸易方面

（1）纺织品服装方面。①出口总额。中国高于印度、美国。中国和美国之间，中国远超美国的出口总额，表明中国在纺织品服装对美出口有强大竞争力。②出口结构中国和印度之间，均以中间品出口为主。中国和美国之间，中国主要出口最终产品，美国主要出口中间产品。③DVA 占比。三个国家的出口中的国内增加值出口都处于主要地位，都占有最大的比例。中国和印度之间差异不大，中国和美国之间存在较明显差异。④出口增加值结构。中国和印度均以中间产品增加值出口为主。中国和美国之间，中国以最终产品增加值出口为主，美国以中间产品增加值出口为主。⑤国外增加值占比。三个国家的占比都小。⑥贸易差额。中国和印度之间，中国为顺差，基于增加值出口的顺差有所缩小。中国和美国之间，中国有很大顺差，基于增加值出口的顺差明显缩小。

（2）化工产品方面。①出口总额。中国和印度之间，中国远高于印度。中国和美国之间，中国超出美国较多。表明中国在化工产品出口有很强竞争力。②出口结构。三个国家均以中间产品出口为主。③DVA 占比。三个国家的出口中的国内增加值出口都处于主要地位，都占有最大的比例。中国和印度之间、中国和美国之间的差异不大。④出口增加值结构。三个国家均以中间产品增加值出口为主。⑤国外增加值占比。三个国家的占比都小。⑥贸易差额。中国和印度之间，中国为顺差，基于增加值出口的顺差缩小较多。中国和美国之间，中国有很大顺差，基于增加值出口的顺差缩小。

（3）贱金属方面。①出口总额。中国和印度之间，中国高于印度较多。中国和美国之间，中国远高于美国。表明中国在贱金属出口有很强竞争力。②出口结构。三个国家均以中间产品出口为主。③DVA 占比。三个国家的出口中的国内增加值出口都处于主要地位，都占有最大的比重。中国和印度之间、中国和美国之间的差异不大。④出口增加值结构。三个国家均以中间产品增加值出口为主。⑤国外增加值占比。三个国家的占比都小。⑥贸易差额。中国和印度之间，中国为顺差，基于增加值出口的顺差有所缩小。中国和美国之间，中国有很大顺差，基于增加值出口的顺差大幅缩小。

（4）机电设备方面。①出口总额。中国和印度之间，中国远高于印度。中国和美国之间，中国也远高于美国。表明中国机电设备出口有很强竞争力。②出口结构。中国和印度之间，中国和印度的最终产品和中间产品出口占比均比较大。中国和美国之间，中国和美国以最终产品出口为主。③DVA 占比。三个国家的出口中的国内增加值出口都处于主要地位，都占有最大的比重。中国和印度之间、中国和美国之间的差异不大。④出口增加值结构。中国和印度之间，两国以最终产品的增加值出口为主，但中间产品的增加值出口不低。中国和美国之间，两国以最终产品的增加值出口为主。⑤国外增加值占比。中国和印度之间，两国的占比不低，差异不大。中国和美国之间，两国的占比较低，差异不大。⑥贸易差额。中国和印度之间，中国很大顺差，基于增加值出口的顺差大幅缩小。中国和美国之间，中国也有很大顺差，基于增加值出口的顺差缩小明显。

8.5 本章小结

本章通过中国与印度、中国与美国的农产品和工业品的双边贸易分解对比，分析了中国在双边贸易中农产品、工业品出口的状况，发现中国农产品出口的竞争力低于印度和美国，且有较大差距，另外在增加值出口方面的表现也存在较多差异；发现中国工业品出口上有较为强大的竞争力，在出口结构、增加值出口状况上各有不同，另外中国在工业品出口的双边贸易上均是顺差。

第9章
基于出口增加值率和相对出口增加值率的双边贸易利益分配研究

9.1 引言

印度是对华反倾销最多的国家。美国是对华反倾销排名第二的国家。在反倾销频繁发生、国际分工不断深化、同时也不断出现"逆全球化"潮流的状态下，在国际环境不断变化和呈现更多复杂性的背景下，中国与印度之间、中国与美国之间的贸易不平衡以及贸易利益的分配成为各国非常关注的问题。中国、印度、美国都是全球价值链上的重要国家。中国与印度、中国与美国的贸易利益既具有双边意义，也具有全球意义，其中中国与美国的贸易利益的全球意义更大。如何判断双边贸易中两个国家在贸易利益的相对分配情况对于厘清全球价值链中的贸易利益分配以及贸易差额的真实状况有积极的意义。

9.2 研究概况

不少学者用出口增加值率指标测度贸易利益在不同国家之间的分配状况。出口增加值率是最早由 Johnson 和 Noguera（2012）提出来的概念，即被国外吸收的国内增加值在出口总额中的占比。用此方法进行出口增加值率的测算，唐泽地等（2020）认为中国制造业出口增加值率明显低于美国、日本等发达国家，也低于一些发展中国家和新兴经济体。Koopman 等（2014）将出口总额分解为 9 个部分，以此计算出某国的出口增加值率。采用此方法测算出的出口增加值率可能会超过 100%。王直等（2015）对出口总额的分解进行了改进，将总出口分解为 16 项，被国外吸收的国内增加值（DVA）在总出口中的占比才是出口增加值率，而且最高不超过 100%。这种方法测度出来的结果能更准确表达一国的出口增加值率的状况，而且便于进行不同国家、不同产业间的横向比较。如龙飞扬、殷凤（2021）采用上述方法对中国制造业的出口增加值率进行了测算，发现中国制造业的出口增加值率在 2014 年达到了 79%，比美国、日本高（美国、日本分别为 73.6% 和 72.4%）。这与一些学者采用不同方法测算的结果不一样，可见对国内增加值率的测算方法的合理选用对于后期的分析非常重要。

另外，还有学者（张丽娟、赵佳颖，2019）认为出口增加值率主要是一国贸易利益在时间序列上的纵向比较，不能真正体现贸易利益在国家间的相对分配状况，进而提出了相对增加值率指标。在研究全球价值链分工中的双边贸易利益如何进行分配时，相对出口增加值率的确更能描述清楚两国间的各类产业或所有产业汇聚下的贸易利益相对分配格局。

9.3 指标的计算及研究样本选取

出口增加值率和相对出口增加值率的计算公式分别如下所示。
出口增加值率为：

$$\text{DVAs}^s = \frac{\text{DVA}^s}{E} \times 100\% \tag{9-1}$$

相对出口增加值率为：

$$\text{R\_DVAs}^{sr} = \frac{\text{DVAs}^s}{\text{DVAs}^r} \times 100\% \tag{9-2}$$

式中：DVAs^s 为 s 国的出口增加值率；DVA 为增加值出口额；E 为出口额；R_DVAs^{sr} 即为 s 国相对于 r 国的相对出口增加值率；s 为出口国；r 为进口国；DVAs^s 为 s 国的出口增加值率；DVAs^r 为 r 国的出口增加值率。

本章选取了中国与印度、中国与美国的双边增加值贸易为考察对象。主要研究以下几个问题。

（1）不分产业情况下整个货物贸易（将农业、矿业、制造业汇聚在一起，即将 C01—C23 这 23 个产业汇聚为一个整体）的出口增加值率与相对出口增加值率。

（2）为了分析双边贸易利益的分配状况，本章还选取了三类具有典型对比意义的产品：一是劳动密集型产品——纺织品服装（C06），二是劳动密集和技术密集交叉型产品——机电设备（C18+C19），三是技术密集型产品——计算机、电子和光学产品（C17），分别研究中国与印度之间、中国与美国之间在这三类产品增加值贸易上的出口增加值率与相对出口增加值率[1]。

  本章以对外经济贸易大学的 UIBE GVC Indicators 数据库的基础数据为基础，对双边贸易的增加值数据进行分解和加工，测算出本章所需的中印、中美的双边贸易货物贸易出口增加值率及相对出口增加值率，进而分析中国与印度、中国与美国双边贸易中的贸易利益分配状况。本章所有贸易数据的统计期间为 2000 年至 2014 年[2]。

9.4 中印双边贸易利益分配研究

  本节对中印之间的双边贸易中的整个货物贸易，以及纺织品服装，机电设备，计算机、电子和光学产品这三类产品的贸易的出口增加值率与相对出口增加值率分别进行了测算。表 9-1 为中印出口增加值率与相对出口增加值率的测算结果。

表 9-1 中国与印度双边货物及分类产品贸易出口增加值率及相对出口增加值率

年份	货物 中国对印度出口增加值率（%）	货物 印度对中国出口增加值率（%）	货物 相对出口增加值率（%）	纺织品服装 中国对印度出口增加值率（%）	纺织品服装 印度对中国出口增加值率（%）	纺织品服装 相对出口增加值率（%）	机电设备 中国对印度出口增加值率（%）	机电设备 印度对中国出口增加值率（%）	机电设备 相对出口增加值率（%）	计算机、电子和光学产品 中国对印度出口增加值率（%）	计算机、电子和光学产品 印度对中国出口增加值率（%）	计算机、电子和光学产品 相对出口增加值率（%）
2000	82.5	86.2	95.6	83.2	88.2	94.3	83.2	77.0	108.1	70.3	75.9	92.6
2001	84.0	87.9	95.6	83.3	87.8	94.9	84.4	76.3	110.8	70.9	75.2	94.3
2002	81.3	86.2	94.2	82.0	86.5	94.8	83.4	77.0	108.3	68.2	73.8	92.4
2003	77.5	85.5	90.6	81.0	87.2	92.8	80.0	76.9	104.0	64.2	75.4	85.2
2004	75.0	87.8	85.4	79.8	85.6	93.3	77.5	73.4	105.6	62.5	72.4	86.3

---

[1] 对外经贸大学的 UIBE GVC Indicators 数据库中使用了根据 WIOD2016 投入产出数据表进一步分解后得到的各类指标，文中的 C01、C06、C17 等代码为 WIOD 中的产品分类代码。

[2] 由于增加值数据来源于对外经济贸易大学的 UIBE GVC Indicators 数据库，该数据库基于 WIOD2016 的投入产出数据表得到的全球价值链的相关数据时间段为 2000—2014 年，即该数据的最新年份截至 2014 年。

续表

年份	货物 中国对印度出口增加值率（%）	货物 印度对中国出口增加值率（%）	货物 相对出口增加值率（%）	纺织品服装 中国对印度出口增加值率（%）	纺织品服装 印度对中国出口增加值率（%）	纺织品服装 相对出口增加值率（%）	机电设备 中国对印度出口增加值率（%）	机电设备 印度对中国出口增加值率（%）	机电设备 相对出口增加值率（%）	计算机、电子和光学产品 中国对印度出口增加值率（%）	计算机、电子和光学产品 印度对中国出口增加值率（%）	计算机、电子和光学产品 相对出口增加值率（%）
2005	74.5	87.0	85.6	80.8	84.0	96.1	77.3	70.3	110.1	62.6	72.1	86.9
2006	74.5	85.8	86.9	81.7	84.1	97.2	77.5	70.9	109.3	62.3	72.4	86.1
2007	73.7	86.6	85.1	83.0	84.3	98.4	77.0	70.1	109.8	60.7	72.5	83.7
2008	76.2	87.9	86.7	84.7	84.2	100.6	78.4	71.5	109.8	63.4	75.4	84.1
2009	79.1	85.2	92.9	87.9	86.1	102.1	81.4	73.2	111.1	69.1	73.0	94.7
2010	77.2	86.8	88.9	86.3	85.5	101.0	79.1	71.6	110.6	68.0	72.7	93.5
2011	77.0	84.7	90.8	86.3	85.1	101.5	78.9	71.0	111.2	68.8	70.8	97.1
2012	78.5	81.7	96.0	87.8	85.6	102.6	80.2	69.9	114.7	70.4	70.8	99.5
2013	78.6	79.4	98.9	87.8	86.3	101.7	80.1	72.5	110.4	70.8	72.6	97.5
2014	81.0	78.2	103.5	89.2	86.9	102.6	82.4	74.9	110.0	73.6	75.2	97.9

资料来源：根据 UIBE GVC Indicators 数据库统计数据整理计算得到

为了更直观地呈现和分析中国与印度双边货物贸易整体及不同产品的增加值率和相对增加值率的变动状况，特通过以下折线图的形式进行描述和分析（图 9-1~图 9-4）。

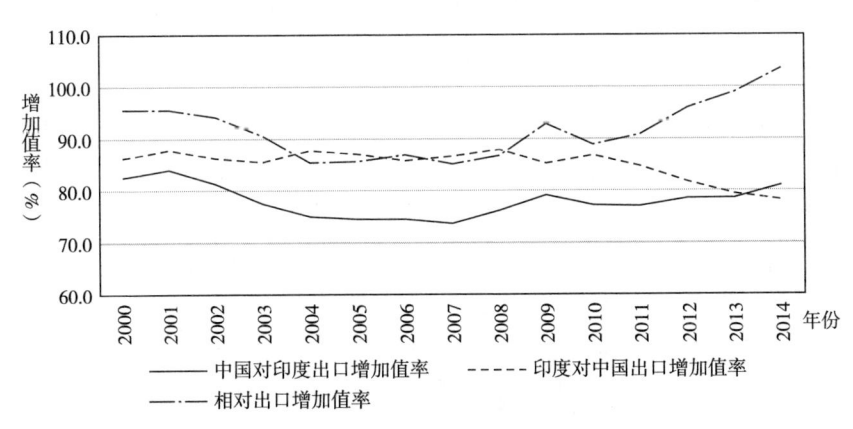

图 9-1 中印货物贸易出口增加值率和相对出口增加值率变动状况

资料来源：根据 UIBE GVC Indicators 数据库统计数据整理计算得到

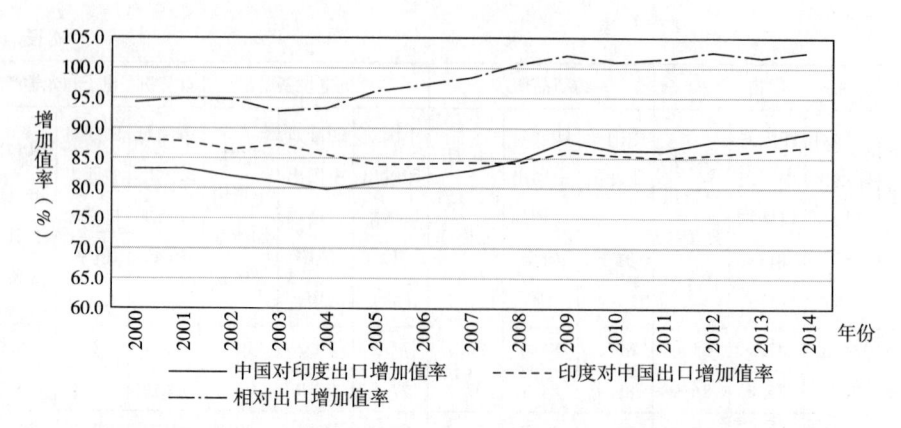

图 9-2 中印纺织品服装出口增加值率和相对出口增加值率变动状况

资料来源：根据 UIBE GVC Indicators 数据库统计数据整理计算得到

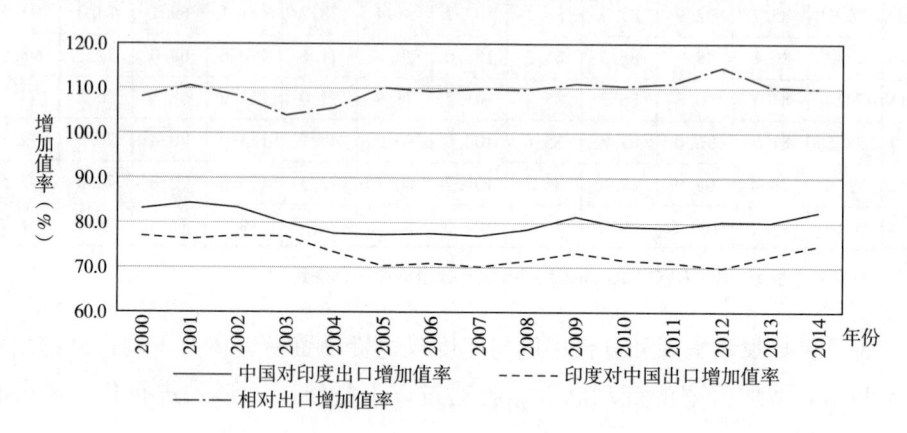

图 9-3 中印机电设备出口增加值率和相对出口增加值率变动状况

资料来源：根据 UIBE GVC Indicators 数据库统计数据整理计算得到

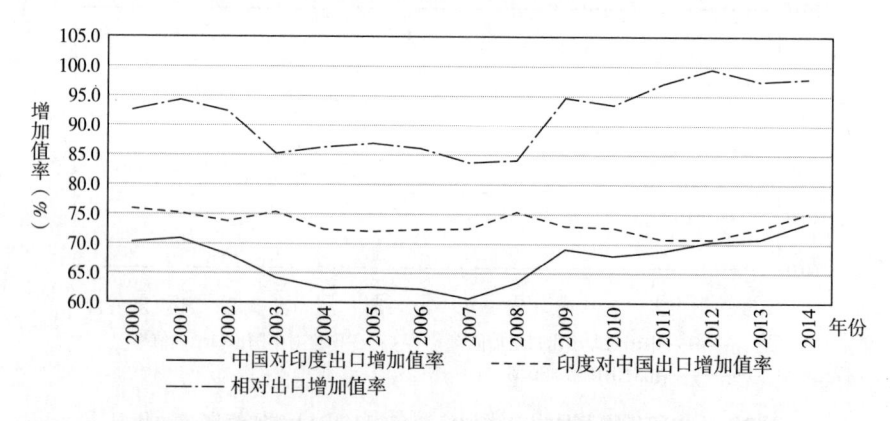

图 9-4 中印计算机、电子和光学产品出口增加值率和相对出口增加值率变动状况

资料来源：根据 UIBE GVC Indicators 数据库统计数据整理计算得到

中印两国之间货物贸易的出口增加值率和相对出口增加值率对比数据显示如下状况。

（1）整体货物贸易方面。中国的出口增加值率长期低于印度，仅2014年高于印度。中印货物贸易相对出口增加值率小于100%（2014年除外），显示出在中印双边货物贸易的贸易利益分配中我国长期处于不利地位，仅2014年中国的贸易利益分配处于有利地位，但是2013、2014年两国贸易利益分配差距不大。

（2）纺织品服装方面。分为两个阶段：第一个阶段为2000—2007年，中国纺织品服装出口增加值率低于印度；第二个阶段为2008—2014年，中国纺织品服装出口增加值率高于印度。中印纺织品服装相对出口增加值率相应分为对应两个阶段。2000—2007年，中印相对出口增加值率为92.8%~98.4%的范围。2008—2014年，中印相对出口增加值率为100.6%~102.6%的范围，显示出第一个阶段中国在纺织品服装上的贸易利益分配上处于不利地位，在第二个阶段中国的贸易利益获取超过印度。纺织品服装是典型的劳动密集型产品，中印两国在劳动力供给上都较为丰富。2000—2007年印度更具有劳动力禀赋优势，2008—2014年中国更具劳动力禀赋优势。

（3）机电设备方面。中国的出口增加值率一直高于印度，2005—2014年两国差距总体上变化不大、较为稳定。中印机电设备相对出口增加值率一直大于100%，且大部分年份维持在110%以上，表明在该类产品的贸易利益分配中我国一直处于较强的有利地位。机电设备是劳动密集型和技术密集型交叉的产品，数据显示出中国在劳动力和技术禀赋交叉程度较大的领域具有较强的实力，印度在劳动力和技术禀赋交叉程度较大的领域上长期处于劣势，这说明印度对机电设备的零部件进口依赖还较大，导致印度的国外附加值占比指标偏高。不过2005年以后中国优势并没有明显扩大，基本维持了现状，而且中国对机电设备的零部件进口依赖没有明显降低的趋势。

（4）计算机、电子和光学产品方面。中国的出口增加值率一直低于印度，只是2011年之后差距有所缩小。中印计算机、电子和光学产品相对出口增加值率一直小于100%，表明在该类产品的贸易利益分配中我国一直处于不利地位，但是2011年之后相对增加值率接近100%，显示出近几年中国在贸易分配中的弱势有所降低。计算机、电子和光学产品是典型的技术密集型产品，数据显示出印度在技术禀赋具有较强的实力，中国在技术禀赋上长期处于劣势，不过近几年中国在技术禀赋上的劣势有所缩小。这说明中国关键零部件对进口的依赖还较大，导致中国的国外附加值占比指标偏高，中国自主研发能力还有待提高。

通过中国、印度双边贸易的利益分配的对比，我们发现中国在贸易利益的分配中总体上是处于不利地位的。在劳动密集型产品上，由于印度也拥有很强的劳动力禀赋优势，因此中国在该类产品上的贸易利益分配仅在后期才处于有利地位。在技术密集型产品的贸易利益分配上中国处于不利地位，说明中国在技术禀赋上处于劣势，印度的确具有很强的技术优势。在劳动密集型和技术密集型交叉的产品的贸易利益分配上中国处于有利地位，说明中国的技术禀赋和劳动力禀赋累加后的综合优势比较明显。

9.5 中美双边贸易利益分配研究

本节对中美之间的双边贸易中的整个货物贸易，以及纺织品服装，机电设备，计算机、电子和光学产品这三类产品的贸易的出口增加值率与相对出口增加值率分别进行了测算。表 9-2 为中美出口增加值率与相对出口增加值率的测算结果。

表 9-2 中国与美国双边货物及分类产品贸易出口增加值率及相对出口增加值率

年份	货物 中国对美国出口增加值率（%）	货物 美国对中国出口增加值率（%）	货物 相对出口增加值率（%）	纺织品服装 中国对美国出口增加值率（%）	纺织品服装 美国对中国出口增加值率（%）	纺织品服装 相对出口增加值率（%）	机电设备 中国对美国出口增加值率（%）	机电设备 美国对中国出口增加值率（%）	机电设备 相对出口增加值率（%）	计算机、电子和光学产品 中国对美国出口增加值率（%）	计算机、电子和光学产品 美国对中国出口增加值率（%）	计算机、电子和光学产品 相对出口增加值率（%）
2000	81.2	84.0	96.6	83.8	80.6	103.9	83.4	85.6	97.4	70.5	83.1	84.8
2001	82.4	85.3	96.6	84.0	82.1	102.3	84.3	86.7	97.3	71.1	85.0	83.7
2002	80.2	84.9	94.5	82.0	80.0	103.5	83.5	86.6	96.4	68.3	84.2	81.1
2003	77.2	84.1	91.8	81.9	77.1	106.2	80.0	85.7	93.3	64.3	83.7	76.8
2004	74.5	82.1	90.8	80.8	76.3	106.1	77.5	83.4	92.9	62.5	81.0	77.1
2005	74.7	81.0	92.2	81.7	73.9	110.5	77.4	82.2	94.1	62.6	82.2	76.2

续表

年份	货物 中国对美国出口增加值率(%)	货物 美国对中国出口增加值率(%)	货物 相对出口增加值率(%)	纺织品服装 中国对美国出口增加值率(%)	纺织品服装 美国对中国出口增加值率(%)	纺织品服装 相对出口增加值率(%)	机电设备 中国对美国出口增加值率(%)	机电设备 美国对中国出口增加值率(%)	机电设备 相对出口增加值率(%)	计算机、电子和光学产品 中国对美国出口增加值率(%)	计算机、电子和光学产品 美国对中国出口增加值率(%)	计算机、电子和光学产品 相对出口增加值率(%)
2006	75.0	80.1	93.6	82.7	73.0	113.3	77.3	80.6	95.9	62.3	80.5	77.4
2007	74.6	80.1	93.2	83.8	74.9	111.9	76.9	80.8	95.2	60.7	78.2	77.6
2008	76.2	79.7	95.6	85.4	76.4	111.8	78.1	80.3	97.3	63.5	79.9	79.4
2009	79.9	84.2	94.8	88.6	81.4	108.9	81.1	84.3	96.2	69.5	85.8	81.0
2010	77.9	83.1	93.7	87.1	79.0	110.3	78.7	82.4	95.5	68.3	87.2	78.3
2011	78.0	81.9	95.3	87.2	78.3	111.3	78.4	80.6	97.3	69.2	88.1	78.6
2012	79.3	82.2	96.5	88.7	79.1	112.1	79.6	80.0	99.5	70.9	89.0	79.7
2013	79.4	82.3	96.6	89.1	79.5	112.1	79.6	80.4	99.0	70.7	87.5	80.7
2014	81.3	82.0	99.2	90.2	80.0	112.7	81.9	80.3	102.0	73.2	86.7	84.5

资料来源：根据 UIBE GVC Indicators 数据库统计数据整理计算得到

为了更直观地呈现和分析中国与美国双边货物贸易整体及不同产品的增加值率和相对增加值率的变动状况，特通过以下折线图的形式进行描述和分析（图 9-5 ~ 图 9-8）。

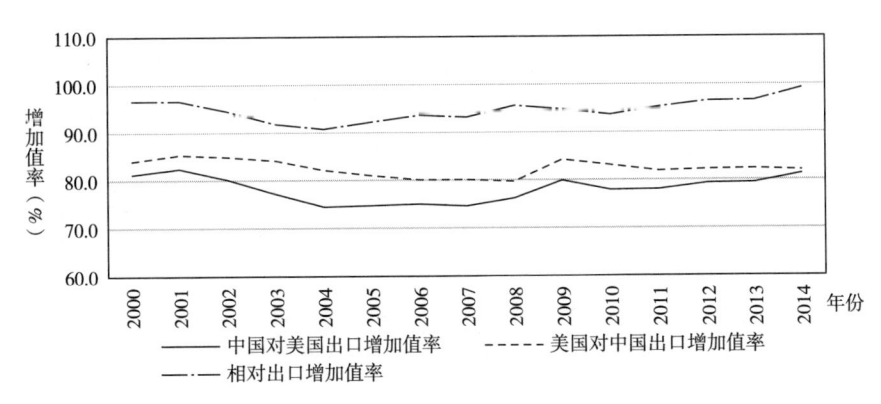

图 9-5 中美货物贸易出口增加值率和相对出口增加值率变动状况

资料来源：根据 UIBE GVC Indicators 数据库统计数据整理计算得到。

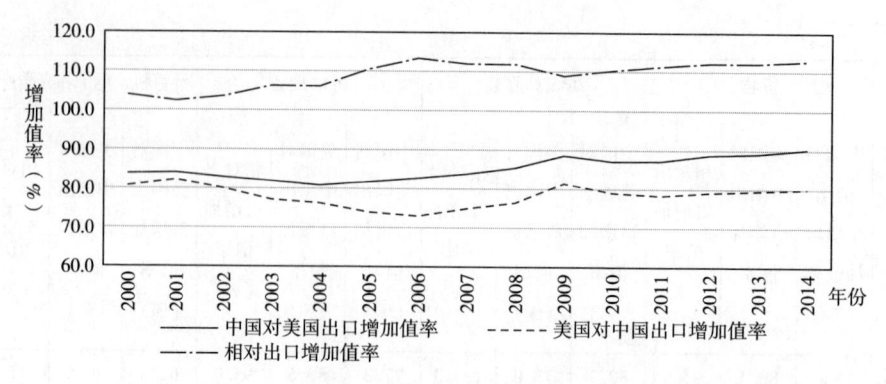

图 9-6 中美纺织品服装出口增加值率和相对出口增加值率变动状况
资料来源：根据 UIBE GVC Indicators 数据库统计数据整理计算得到。

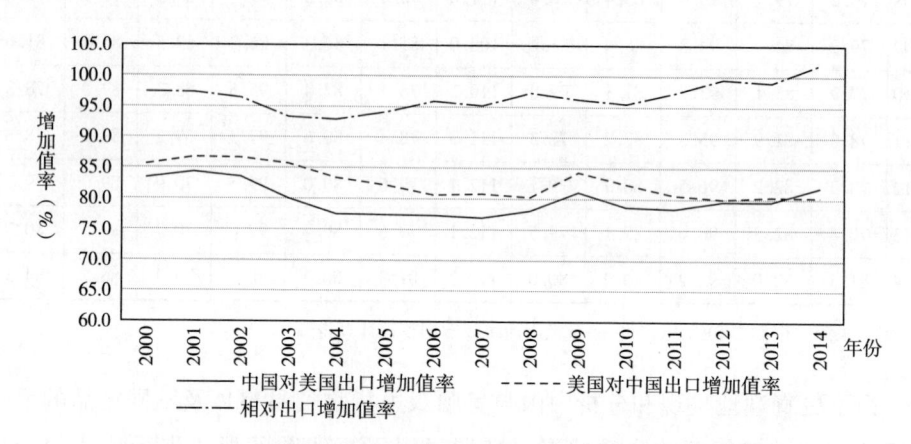

图 9-7 中美机电设备出口增加值率和相对出口增加值率变动状况
资料来源：根据 UIBE GVC Indicators 数据库统计数据整理计算得到。

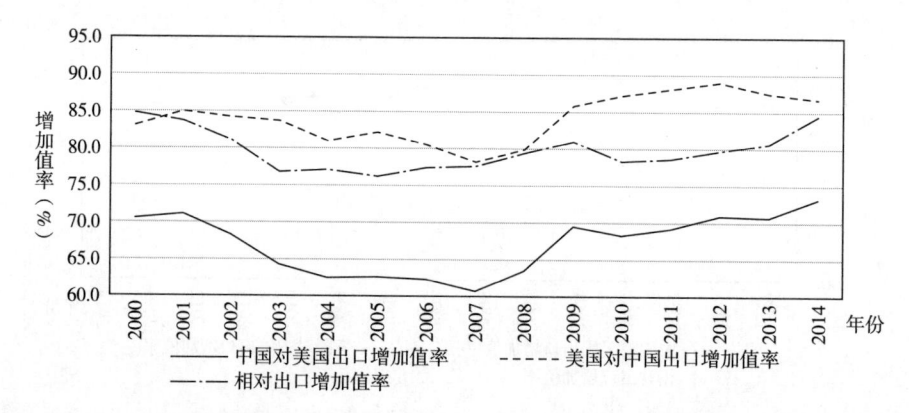

图 9-8 中美计算机、电子和光学产品出口增加值率和相对出口增加值率变动状况
资料来源：根据 UIBE GVC Indicators 数据库统计数据整理计算得到。

中美两国之间货物贸易的出口增加值率和相对出口增加值率对比数据显示如下状况。

（1）整体货物贸易方面。2000—2014年，中国的出口增加值率均低于美国。中美货物贸易相对出口增加值率小于100%，显示出在中美双边货物贸易的贸易利益分配中我国长期处于不利地位。以2004年为界可分为两个阶段：2000—2004年为第一个阶段，相对出口增加值率不断下降，表明中国在双边贸易利益分配中的获利不断减少；2004—2014年为第二个阶段，相对出口增加值率总体上不断上升，2014年已接近100%（达到99.2%），表明中美贸易利益分配差距逐渐缩小，2014年已基本持平。

（2）纺织品服装方面。2000—2014年，中国纺织品服装出口增加值率一直高于美国，且两国间的差距逐渐加大。中国和美国纺织品服装相对出口增加值率总体上相应呈现不断上升的状态。所有年份的中美相对出口增加值率均高于100%，维持在102.3%~112.7%，显示出中国在纺织品服装上的贸易利益分配上长期处于有利地位，贸易利益获取超过美国，且贸易利益的分配优势不断增大。纺织品服装是典型的劳动密集型产品，中国劳动力供给丰富，更具有劳动力禀赋优势，因此这正好能解释中国和美国在纺织品服装产品上的贸易利益分配上为什么中国更能处于有利地位。

（3）机电设备方面。2000—2014年，除了2014年之外中国机电设备出口增加值率一直低于美国，但差距不大。中国和美国机电设备相对出口增加值率绝大多数年份低于100%，但最低也超过了92%，仅在2014年超过100%（达到102%），显示出中国在机电设备上的贸易利益分配上长期处于不利地位，贸易利益获取低于美国，但贸易利益的分配劣势不断缩小，2014年中国在机电设备上的贸易利益获取已开始显示出有利地位和优势。机电设备是劳动密集和技术密集交叉型产品，中国劳动力供给丰富，与美国相比具有劳动力禀赋优势，而中国技术要素方面与美国相比不具备技术禀赋优势。数据显示出长期以来在机电设备的双边贸易中中国的劳动力优势没有得到充分的体现，而美国在技术方面的优势填补了该国在劳动力方面的劣势。2014年相对增加值率超过100%的情况意味着中国在技术方面的劣势可能有所缩小。只有中国在机电设备上的技术水平能持续增加，才可使中国在机电设备上的中美贸易利益分配上持续处于有利地位。

（4）计算机、电子和光学产品方面。2000—2014年，中国的出口增加值率一直低于美国，而且存在较大的差距。中美计算机、电子和光学产品相对出口增加值率一直小于100%，且指标较低，维持在76.2%~84.8%，表明在该类产品的贸易利益分配中我国一直处于不利地位，且与美国有较大差距。计算机、电子和光学产品是典型的技术密集型产品，数据显示出美国在技术禀赋具有较强的实力。虽然近几年中国在技术禀赋上的劣势有所缩小，但是中国关键零部件对进口的依赖还较大，导致中国的国外附加值占比指标偏高。中国还需加大自主研发，特别需要尽早提高"卡脖子"技术研发能力。

通过中国、美国双边贸易的利益分配的对比，可以发现中国在贸易利益的分配中总体上是处于不利地位的，但是在劳动密集型产品的贸易方面中国的劳动力禀赋优势得到充分的体现，使中国在该类产品的贸易利益分配中能长期处于有利地位。中国在技术密集型产品的贸易利益分配上明显处于不利地位，同时在劳动密集型和技术密集型交叉的产品的贸易利益分配上也处于不利地位，说明中国在技术禀赋上处于相对劣势，且劳动力禀赋的优势未能发挥或优势比重太小。

9.6 主要结论

9.6.1 中印双边贸易的利益分配

（1）中国在整体货物贸易的贸易利益分配中长期处于不利地位。

（2）中国在纺织品服装上的贸易利益分配上的地位呈现阶段性变化：2000—2007年中国在贸易利益分配上处于不利地位，印度更具有劳动力禀赋优势；2008—2014年中国的贸易利益获取超过印度，中国更具有劳动力禀赋优势。

（3）中国在机电设备的贸易利益分配中一直处于较强的有利地位，说明中国在劳动和技术禀赋交叉程度较大的领域具有较强的实力。印度对机电设备的零部件进口依赖还较大。

（4）中国在计算机、电子和光学产品的贸易利益分配中一直处于不利地位，说明中国在技术禀赋上长期处于相对劣势，但近几年中国的劣势有所降低。中国关键零部件对进口的依赖还较大。

9.6.2 中美双边贸易的利益分配

（1）中国在整体货物贸易的贸易利益分配中长期处于不利地位。其中，2000—2004年中国的获利不断减少，2004—2014年中美贸易利益分配差距逐渐缩小。

（2）中国在纺织品服装的贸易利益分配上长期处于有利地位，且贸易利益的分配优势不断增大。在该类产品上中国更具有劳动力禀赋优势。

（3）中国在机电设备的贸易利益分配上长期处于不利地位，但贸易利益的分配劣势不断缩小。长期以来在机电设备的双边贸易中中国的劳动力优势没有得到充分的体现，而美国在技术方面的优势填补了该国在劳动力方面的劣势。

（4）中国在计算机、电子和光学产品的贸易利益分配中一直处于不利地位，且与美国有较大差距。中国关键零部件对进口的依赖还较大，还需加大自主研发力度。

9.7　本章小结

本章通过中国与印度之间、中国与美国之间在整个货物贸易方面以及三类产品增加值贸易上的出口增加值率与相对出口增加值率的情况比较，进而分析中国与印度、中国与美国双边贸易中的贸易利益分配状况。发现中国在针对不同国家、不同产品的双边贸易中所获取的贸易利益的状况存在差异。无论针对印度还是针对美国的双边贸易，中国在整体货物贸易的贸易利益分配中长期处于不利地位，但是中国在劳动密集型产品的贸易中的劳动力禀赋优势发挥比较突出，这使中国在该类产品的贸易利益分配中处于有利地位。

第10章
基于中国增加值出口的产业层面的绝对贸易利益的影响因素研究

10.1 引言

自2009年以来，我国跃升为世界货物出口贸易第一大国，但是在全球产品分工深化的背景下，传统的静态贸易利益难以反映一国对外贸易的真实情况，而基于全球价值链下的增加值出口所反映的动态贸易利益能够更加清晰地说明一国对外贸易的实质。2018年国务院新闻办公室发布的《关于中美经贸摩擦的事实与中方立场》白皮书重点阐述了以贸易增加值核算中美贸易利益的内容，并论证了从出口总额的视角出发容易混淆贸易双方的贸易利益。因此，从增加值的角度衡量产业出口将更为客观。贸易利益研究是国际贸易领域不可避免的核心问题，随着国际贸易规模的迅速扩张和全球化分工形态的不断演化，影响贸易利益的因素同样不能简单以传统的贸易利益框架界定，在全球化生产过程中，价值链地位、出口产品的竞争优势等将对一国贸易利益做出新的解释。除此之外，贸易往来成员间的行为对贸易利益也有着不可忽视的影响。WTO成立以来，我国受反倾销影响严重。反倾销作为保护本国贸易的被动手段被一些国家过度使用演化成影响他国产业的工具。

10.2 研究概况

在全球分工的背景下，产品和服务的不同生产阶段分布在不同地区，中间品多次跨境贸易，这些特征无疑会放大传统贸易统计的缺陷。对此，世界贸易组织和经合组织提倡从全球制造的视角看待国际化生产，以贸易增加值核算的方法衡量各国参与全球价值链的地位和收益将更有利于判断一国的真实贸易利益。Hummels 等（2001）指出一类商品的连续生产过程被分割成一条垂直的贸易链，链中各个国家根据其比较优势对生产的各阶段附加价值。这种全球分工的现象被称为垂直专业化。并在此基础上提出了投入产出分析框架下的增加值贸易核算法。Fally（2012）提出了两种测度全球价值链生产长度的方法——上游度（到最终需求的距离）和下游度（产品和服务中的生产阶段数）。Antrás 等（2012）用产品生产端到最终需求的距离定义了上游度，并论证了其与 Fally 的结论是一致的。Koopman 等（2014）将中国海关贸易数据和投入产出表结合提供了贸易增加值的计算方法。王直等（2015）在 Koopman 的基础上将一国总贸易流扩展到部门、双边和双边部门的层面，将各层面的国际贸易流分解为增加值出口、返回国内的增加值、国外增加值和重复计算的中间产品贸易等部分。

有关贸易利益的研究一直是国际贸易中的核心，一国的真实贸易利益常隐含在产业的碎片化分工中，而在全球分工的背景之下传统的贸易统计模糊了贸易利益，这种测度方法也是导致中美贸易摩擦的主要导火索。因此众多学者展开了在全球价值链背景下的贸易利益研究。（王岚，2018；李洲、马野青，2021）等多位学者从 GVC 角度测算中美双边贸易的真实贸易利益，证伪了中美贸易利益分配中中国获益美国受损这一命题。值得一提的是，在中美增加值贸易中中国始终处于相对劣势。Ramondo 和 Rodríguez-Clare（2013）认为在全球价值链的视角下，贸易利益来源于跨国生产。显性的贸易利益包括利润、劳动成本降低等，隐性的贸易利益还包括引入外资的环境成本、贸易摩擦成本、企业竞争成本。但是在跨国公司主导的国际分工背景下，通过利润和成本的方法难以量化精确的贸易利益。在全球价值链体系中如何衡量一国贸易利益成为研究的关键。

在贸易利益的影响因素方面的研究比较丰富，王岚（2019）从中国参与全球价值链的两种路径（前向产业关联和后向产业关联）研究中国的贸易利益，结果发现中国从前向关联的路径参与全球价值链形成的专业化效应能够发挥自身的比较优势促进生产率的提升，而从后向关联的路径参与全球分工则通过干中学效应提升技术存量促进生产率的提升。中国在参与全球分工的同时通过上述两种渠道提升生产率继而获取贸易利益。Cohen 和 Levinthal（1989）研究发现两国之间技术吸收存在门槛效应，当两国技术差距过大时会降低技术后进国的吸收效率。金钰莹等（2020）利用中国制造业和服务业 GVC 位置度和参与度解释了中国贸易利益环境和变化。

本章拟研究的产品仍以前面章节选取的中国 5 个大类的产品（农产品、纺织品服装、化工产品、贱金属、机电设备）为研究对象。5 个大类的产品，对应 5 个相关产业。已有的文献显示，不论是国家层面还是产业层面的贸易利益测算和研究已较为丰富，本章可能的边际贡献在于：一是，在贸易利益绝对金额的影响因素方面，将反倾销纳入 GVC 贸易利益测算的文献较少，本章以中国 5 个大类产品遭受的反倾销数量作为影响中国贸易利益的考量因素；二是，贸易利益的衡量难以界定，本文以 5 个产业的出口增加值作为绝对贸易利益的测度指标，结合 5 个大类产品参与 GVC 的特点，将产业 GVC 前向参与度、产业 GVC 位置指数、产业新 RCA 指数、产业劳动资本比、人民币有效汇率等作为解释变量，尝试解读 5 个产业在国际贸易中的利益分配。

10.3 价值链视角中贸易利益的影响机制：理论基础

10.3.1 贸易利益的衡量： 5 个产业的国内增加值出口

5 个大类产品对应 5 个相关产业，本文借鉴王直等（2015）所提出的双边贸易流分解框架计算得出 5 个大类产品的"被国外吸收的国内增加值（DVA）"（为便于本章的表述，文中均称为"增加值出口"），计算公式如下所示：

$$DVA^{sr} = (V^s B^{ss})^T \# Y^{sr} + (V^s L^{ss})^T \# (A^{sr} B^{rr} Y^{rr}) + (V^s L^{ss})^T \# (A^{sr} B^{rt} Y^{tt})$$
$$+ (V^s L^{ss})^T \# (A^{sr} B^{rr} Y^{rt})$$
$$+ (V^s L^{ss})^T \# (A^{sr} B^{rt} Y^{tr})$$

$$(10-1)$$

式中：T 为转置运算；# 为分块矩阵点乘运算；V^s 为增加值向量；A^{sr} 为直接消耗系数矩阵；Y^{sr} 为最终需求向量；B^{sr} 为里昂惕夫逆矩阵。

出口国内增加值的提升意味着出口商品参与全球价值链所获取的收益提升。

图 10-1 为 5 个大类产品 2000—2014 年[①]增加值出口的变动状况。在中国加入 WTO 以后，国际贸易越来越依赖进口中间品。总体上，5 个大类产品的增加值出口呈现不同程度上升状态。受 2008 年金融危机的影响，各大类产品的增加

[①] 由于增加值数据来源于对外经济贸易大学 UIBE GVC Indicators 数据库，该数据库基于 WIOD2016 的投入产出数据表得到的全球价值链的相关数据时间段为 2000—2014 年，即该数据的最新年份截至 2014 年。

值出口在 2009 年均出现了短暂的下降状况（除了农产品的下降较小外，其他 4 个大类的产品都有较大幅度的下降），但随后又开始呈现上升状态。

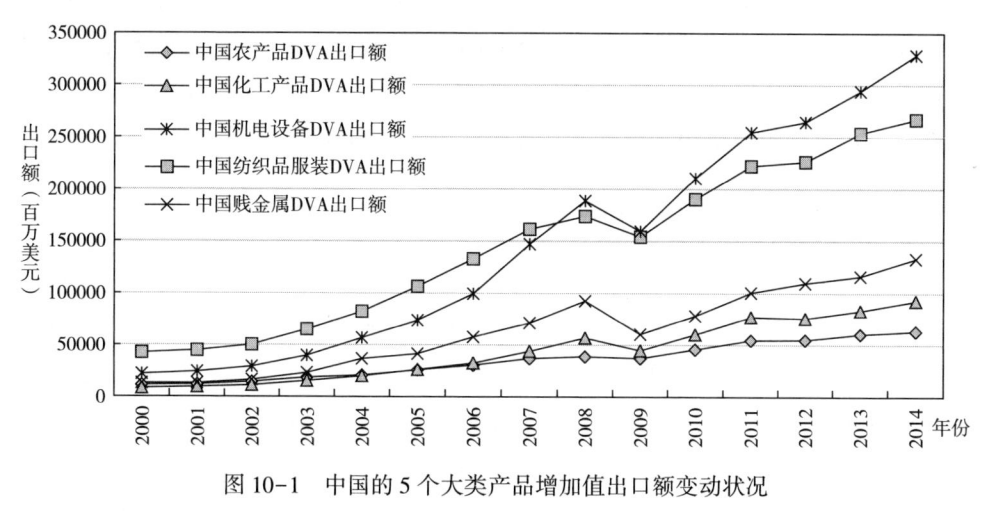

图 10-1　中国的 5 个大类产品增加值出口额变动状况

资料来源：根据 UIBE GVC Indicators 数据库统计数据整理计算得到。

10.3.2　反倾销与贸易利益

全球碎片化分工的背景下，产品内分工联系紧密使得产业在价值链中的位置度提高，产业的价值链嵌入度提高进而促进产业的技术进步。全球价值链的本质是产品的跨境分工，而反倾销贸易壁垒会影响产品流动，提高参与成本，对一国参与 GVC 可能具有一定的抑制作用。

10.3.3　GVC 位置指数与贸易利益

Koopman 等（2010）提出了测度一国在全球价值链中所处的国际分工地位指标，即 GVC 位置指数。后来，其他一些学者对该指数的计算做了不同的改进和完善。GVC 位置指数越大，产业就越处于 GVC 的上游位置。上游的产业主要出口中间产品，下游的产业主要承担最终产品组装。

10.3.4　GVC 前向参与度与贸易利益

GVC 前向参与度衡量了总体行业的增加值（GDP）中所包含的 GVC 生产和贸易活动的国内增加值占比的状况。中国的出口产品中包括大量的中间产品，因此本章仅选择 GVC 前向参与度进行测算和研究。

对于一个行业来说，前向参与度高能够说明该行业在全球价值链分工中处于主导地位。在全球产业内分工的背景下，前向参与度高的行业位于价值链分工的上游，而生产的中低端环节则通过外包等形式转移到价值链下游，这样使该行业生产成本大幅降低，间接提高了贸易利益的分配。另外，前向参与度高的行业出口技术含量高的中间品，通常这种中间品的可替代性低，抗市场风险水平高，能够将成本转移到价值链中下游国家，从而保护贸易利益。

10.3.5 新RCA指数与贸易利益

在分析某产品或某产业在国际市场上的竞争力时，常常会用到"显性比较优势指数（Revealed Comparative Advantage，简称RCA指数）"。传统的RCA指数指的是该国某行业或部门的出口总值占到全球总出口的比例，来刻画该行业或部门的显性比较优势，从全球价值链的角度看，传统的RCA指数忽略了国际分工，因此本文借鉴了王直等（2015）提出的新RCA指数。

新RCA指数可以表述为，某国的某产品或某产业增加值出口额在该国所有产品或产业的增加值出口总额中的占比，相对于世界该产品或该产业增加值出口额在世界所有产品或产业的增加值出口总额占比的相对比重。

新RCA指数代表着产品或产业在增加值贸易中的出口竞争力，新RCA指数的高低可以说明某一产品或行业在增加值贸易中的全球相对市场份额，而市场占有率高的产品或行业通常因规模效应使得产品单位成本降低，从而更容易获取贸易利益。

10.3.6 劳动资本比与贸易利益

劳动资本比刻画的是一个产业的劳动力成本，即每单位资本投入中用于支付劳动报酬的比重，计算公式如下所示：

$$LK_{it} = \frac{LAB_{it}}{K_{it}} \tag{10-2}$$

式中：LAB_{it}为i产业t时期的劳动报酬；K_{it}为i产业t时期的资本存量，数据基于WIOD2016数据库中社会经济账户（SEA）。

对于劳动密集型传统制造业来说，在参与全球价值链的过程中更多的是承担生产、组装等环节，其原因在于其较低的劳动力成本，正因为价值链上游国家昂贵的劳动力成本，价值链下游劳动密集型产业获得了参与全球价值链的机会，低劳动成本也为我国产业发展、出口增速带来了诸多优势。

10.3.7 人民币有效汇率与贸易利益

当人民币汇率贬值时，出口增加，进口减少，但传统贸易利益的多少还取决于价格的因素。在增加值贸易中，受人民币汇率的贬值影响较大的环节是中间品的进口，此时进口中间品的成本提升会对贸易利益的分配产生不利影响。因此人民币汇率变动对贸易利益影响的分析并不能给出明确的影响结论，需要通过后面的实证分析加以验证。

考虑到中国对外出口中的贸易伙伴不止一个，双边汇率无法反映出人民币与这些贸易伙伴所使用货币之间的汇率的整体情况，正如人民币对美元的双边汇率只能用于中国与美国双边贸易的研究，而无法用于中国与印度双边贸易的研究，另外还由于真正对贸易活动进行贸易结算以及利润核算时所用的人民币汇率是名义汇率，因此本章采用人民币名义有效汇率（BNER）作为考查变量。由于研究的贸易利益问题是基于增加值出口的，因此需要以增加值进出口额为权重计算人民币名义有效汇率，而传统上对有效汇率的计算都是采用传统的贸易额为权重，这也是本章的创新之一。

为了获得人民币名义有效汇率，本章对该汇率进行了测算。虽然国际货币基金组织（IMF）和国际清算银行（BIS）公布人民币有效汇率，但并不适用本章的研究，因为这两个国际机构测算人民币有效汇率时所选用的样本经济体与本章选取的经济体不匹配，且未使用全球价值链数据进行测算。本章研究贸易利益问题是基于增加值出口，所使用的增加值出口数据来源于对外经济贸易大学的 UIBE GVC Indicators 数据库，该数据库基于 WIOD2016 的投入产出数据表，WIOD2016 的数据表中涉及的样本经济体为 43 个（表 3-1），这 43 个经济体与 IMF 和 BIS 选取的经济体不匹配，因此本章将对人民币名义有效汇率重新进行测算。该 43 个经济体中将中国排除之后剩余 42 个经济体❶，本章测算人民币名义有效汇率就以 42 个经济体为测算样本。所有样本经济体都调整为以 2000 年为基期，基期点数为 100。人民币名义有效汇率的计算公式如下所示：

$$\text{NEER}_t = \prod_{e=1}^{n} \left[\frac{\text{BNER}_e}{\text{BNER}_{be}} \times 100 \right]^{w_e} = \sum_{e=1}^{n} w_e = 1 \qquad (10-3)$$

---

❶ 42 个样本经济体为：澳大利亚、奥地利、比利时、保加利亚、巴西、加拿大、瑞士、塞浦路斯、捷克、德国、丹麦、西班牙、爱沙尼亚、芬兰、法国、英国、希腊、克罗地亚、匈牙利、印度尼西亚、印度、爱尔兰、意大利、日本、韩国、立陶宛、卢森堡、拉脱维亚、墨西哥、马耳他、荷兰、挪威、波兰、葡萄牙、罗马尼亚、俄罗斯、斯洛伐克、斯洛文尼亚、瑞典、土耳其、中国台湾、美国。

式中：$NEER_t$ 为人民币名义有效汇率；$BNER_e$ 为第 e 个经济体的计算期双边名义汇率；$BNER_{be}$ 为第 e 个经济体的基期双边名义汇率；n 为 n 个贸易伙伴；w_e 为权重，即第 e 个经济体的贸易占比。其中双边名义汇率为年度平均汇率，数据来源于国际清算银行，但是该原始数据为 42 个经济体货币对美元的年度平均汇率，因此需进一步计算，将这些年度平均汇率转化为 1 人民币兑换若干外币的形式❶；贸易比重通过对外经济贸易大学的 UIBE GVC Indicators 数据库的各样本经济体的增加值进出口额进行测算得出。人民币名义有效汇率的数值越大，代表人民币升值的幅度越大。表 10-1 为根据上述样本经济体数据测算出来的 2000—2014 年人民币名义有效汇率的具体数据。数据显示人民币名义有效汇率从 2003 年开始逐渐下降，2008 年之后总体上不断上升，2014 年涨到 126.2756，与 2000 年的 100 相比人民币升值了约 26.3%。

表 10-1 人民币名义有效汇率（2000—2014 年）

年份	人民币名义有效汇率	年份	人民币名义有效汇率
2000	100.0000	2008	102.8929
2001	107.2082	2009	109.8805
2002	106.9100	2010	107.2892
2003	99.9657	2011	107.5120
2004	94.7873	2012	115.4715
2005	94.1708	2013	122.6336
2006	97.6274	2014	126.2756
2007	96.6310		

10.4 模型构建与变量选取

10.4.1 模型设定

从价值链角度看，一国贸易利益很大程度来源于全球价值链的分工深度，全

---

❶ 进一步计算公式为：42 个样本经济体货币对美元的年度平均汇率/当年美元对人民币的年度平均汇率，最后整理为 1 人民币兑换若干外币的形式。

球价值链地位高的国家倾向于获取更多贸易利益。由于生产力的差异导致各国参与全球分工的方式和在价值链中的位置造成差别。因此，影响一国全球价值链贸易的影响因素包括产业 GVC 位置指数、产业 GVC 前向参与度、产业新 RCA 指数、劳动资本比。另外，在出口贸易中汇率的变动对贸易往来也会产生影响。本文还考虑了贸易壁垒行为对贸易利益的影响，将我国不同产业遭受反倾销数量作为影响贸易利益的因素之一。本章运用虚拟最小二乘估计（LSDV）方法进行面板数据模型的估计，并使用 Stata 软件辅助进行实证分析。本章之所以选用虚拟最小二乘估计（LSDV）方法主要基于以下考虑：一方面，本章选用了 $T = 15$，$N = 5$ 的长面板数据，普通的 OLS 面板估计即（POOL 模型）假设每个截面都相同，而 LSDV 模型能够把每个截面的差异通过截距项的不同分离出来，即将不可观测的个体效应看作待估计的参数，估计 n 个截距的方法就是引入 $n-1$ 个虚拟变量（本章研究了 5 个个体，故引入 4 个虚拟变量）；另一方面，面板数据 OLS 回归无法使用聚类稳健标准误，而普通标准误仅仅是聚类标准误的一半，故 OLS 的 F 检验不一定是有效的。LSDV 则可以使用聚类稳健标准误以避免伪回归。基于上述分析，建立如下计量模型：

$$\ln DVA_{it} = \alpha_0 + \beta_1 AD_{it} + \beta_2 \ln GVCPs_{it} + \beta_3 \ln GVCPt\_f_{it} + \beta_4 \ln RCA_{it} \\ + \beta_5 \ln LK_{it} + \beta_6 \ln NEER_t + \mu_0 + \varepsilon_{it} \quad (10\text{-}4)$$

式中：DVA 为增加值出口额，以此代表绝对贸易利益，其中 i 代表产业，t 代表年份；α_0 为常数项；μ_0 为行业固定效应；ε_{it} 为随机误差项；AD_{it} 为产业 i 在 t 年份遭受的反倾销数量；$GVCPs_{it}$ 为产业 i 在 t 年份的 GVC 位置指数；$GVCPt\_f_{it}$ 为产业 i 在 t 年份的 GVC 前向参与度；RCA_{it} 为产业 i 在 t 年份的新 RCA；LK 为劳动资本比（具体为劳动报酬与资本存量的比值）；$NEER_t$ 为 t 年份的人民币名义有效汇率。

由于变量间量纲的差异，故对变量作对数处理进行分析[1]。

10.4.2 变量说明与数据来源

被解释变量。5 个产业的出口增加值为被解释变量，这 5 个产业的出口增加值是根据王直等（2015）提出的贸易增加值分解方法测算得到，以出口增加值来衡量增加值贸易利益。产业的出口增加值数据根据对外经济贸易大学的 UIBE

---

[1] 这里由于某些年份一些产业遭受的反倾销数量为 0，在做对数处理时会出现缺失值，故本章参考了陆铭、陈钊（2004）在《经济研究》上发表的一篇论文中的处理方法，对所有反倾销数据加上了一个微小的数值（0.001），以避免出现缺失值。

GVC Indicators 数据库统计数据整理计算得到。

解释变量。反倾销数量 AD_{it} 是 2000—2014 年 5 大类产品遭受的反倾销数量，数据根据世界银行反倾销数据库的反倾销统计数据整理得到。GVC 位置指数、GVC 前向参与度、新 RCA 指数均通过根据对外经济贸易大学的 UIBE GVC Indicators 数据库统计数据整理计算得到。人民币名义有效汇率 NEER 通过国际清算银行和对外经济贸易大学的 UIBE GVC Indicators 数据库的各类数据计算得出（具体计算说明见本章的"10.3.6 人民币有效汇率与贸易利益"中的内容）。劳动资本比 LK 是通过社会经济账户（SEA）中的 LAB（劳动报酬）与 K（名义资本存量）之比计算得出，其含义是一单位资本存量中所包含的劳动报酬。

整个变量体系包括 1 个被解释变量，6 个解释变量。6 个解释变量又分为两类，其中 5 个为产业类解释变量（即分为 5 个产业分别统计的产业口径的变量，具体包括反倾销数量、GVC 位置指数、GVC 前向参与度、新 RCA 指数、劳动资本比），剩余的 1 个为非产业类解释变量（即不分产业的适用于所有产业的非产业口径的变量，具体为人民币名义有效汇率）。

各个变量的描述性统计情况见表 10-2。本章所有数据的统计区间为 2000—2014 年❶。

表 10-2　变量描述性统计

变量			变量含义	均值	标准差	最小值	最大值
被解释变量		lnDVA	增加值出口额	10.96146	0.94895	9.02555	12.70322
解释变量	产业类解释变量	lnAD	反倾销数量	2.00012	2.04092	-6.90776	3.91204
		lnGVCPs	GVC 位置指数	-0.09006	0.1159	-0.29397	0.14629
		lnGVCPt_f	GVC 前向参与度	-2.11629	0.52291	-3.47553	-1.41883
		lnRCA	新显性比较优势指数	0.41445	0.41103	-0.13961	1.24172
		lnLK	劳动资本比	-1.51063	0.48125	-2.30356	-0.64302
	非产业类解释变量	lnNEER	人民币名义有效汇率	4.65923	0.08634	4.54511	4.83847

---

❶ 由于增加值数据来源于对外经济贸易大学的 UIBE GVC Indicators 数据库，该数据库基于 WIOD2016 的投入产出数据表得到的全球价值链的相关数据时间段为 2000—2014 年，即该数据的最新年份截至 2014 年。

10.5 实证分析

10.5.1 面板单位根检验

为避免伪回归，本文采用 Levin—Lin—Chu 检验（LLC）进行单位根检验，检验结果均在不同程度上拒绝原假设，故所有变量截面数据具备平稳性。结果如表 10-3 所示。

表 10-3 LLC 单位根检验

变量	t 值	P 值
lnDVA	-1.3383	0.0904*
lnAD	-1.7224	0.0425**
lnGVCPs	-3.0364	0.0012***
lnGVCPt_f	-1.9109	0.0280**
lnRCA	-4.2891	0.0000***
lnLK	-3.0925	0.0010***
lnNEER	-3.7697	0.0001***

注 ***、**、* 分别代表满足 1%、5%、10%的显著水平。

10.5.2 豪斯曼检验

利用豪斯曼检验结果见表 10-4，P 值为 0.0000，所以强烈拒绝原假设，选用固定效应比随机效应拟合结果更加合适。

表 10-4 豪斯曼检验结果

估计量	伴随概率
58.94	Prob=0.0000***

注 *** 代表满足 1%的显著水平。

10.5.3 实证结果分析

表 10-5 显示了通过混合回归（Pool 回归）与 LSDV 回归结果对比情况，可

发现LSDV的拟合结果要更加稳健，所有变量都满足了不同程度的显著水平。

表10-5 贸易利益影响因素与增加值出口额关系的回归结果

变量	混合回归 估计量	混合回归 P值	LSDV（固定效应）估计量	LSDV（固定效应）P值
ln*AD*	−0.08154	0.203 (0.05357)	−0.04137	0.001*** (0.00499)
lnGVCPs	−2.08221	0.523 (2.98093)	1.93013	0.006*** (0.3655)
lnGVCPt_f	1.26854	0.166 (0.75091)	2.39189	0.000*** (0.05317)
ln*RCA*	0.83139	0.352 (0.78928)	1.92343	0.009*** (0.40868)
ln*LK*	0.56877	0.638 (1.11902)	−1.99565	0.001*** (0.25229)
lnNEER	6.03741	0.005*** (1.06838)	4.4074	0.000*** (0.40423)
cons（纺织品服装）			−3.01331	0.001*** (0.35852)
cons（化工产品）			−4.59887	0.000*** (0.31688)
cons（贱金属）			−3.90551	0.000*** (0.22269)
cons（机电设备）			−2.03597	0.000*** (0.17317)
cons	−13.99345	0.003*** (2.24917)	−5.35624	0.039** (1.77097)
ADJ. R—squared	0.6352		0.9525	

注 ***、**、*分别代表满足1%、5%、10%的显著水平，括号内的数值为标准差。cons为常数项，cons（纺织服装）代表LSDV估计中纺织服装产品的个体效应，其余类推。

从具体结果进行以下分析。

（1）反倾销数量（*AD*）的系数显著为负（−0.04137），表明遭受反倾销调查的行业或产品其贸易利益也会遭受损失。深层次原因在于，遭受反倾销的产品在出口中受到限制，一方面海外订单减少，另一方面部分产品会转向国内市场，减少了全球价值链分工的参与，从而导致出口增加值降低。

（2）产业 GVC 位置指数（GVCPs）的系数显著为正（1.93013），说明产业的 GVC 位置指数的提升对贸易利益具有正向的促进作用，即 GVC 位置指数的提升意味着该行业在国际分工中的获利能力和技术水平提升。

（3）产业 GVC 前向参与度（GVCPt_f）的系数同样显著为正（2.39189），前向参与度的提高意味着以我国技术和资本为主导的价值链活动更加频繁。前向参与度对贸易利益的提升还有间接效应，国际分工地位的提升会倒逼国内企业促进产业转型和技术升级，降低生产成本从而提升在国际市场中的竞争力。

（4）产业新 RCA 指数的系数显著为正（1.92343），意味着随着新 RCA 指数代表的产业国际竞争力的提升，中国能获得更多的贸易利益。

（5）劳动资本比（LK）的系数显著为负（-1.99565），意味着随着产业的劳动资本比的增加生产成本也相对增加，而这种成本的增加会抑制中国增加值出口，不利于中国获取贸易利益。

（6）人民币名义有效汇率（NEER）的系数显著为正（4.4074），意味着人民币的升值导致中国的国内增加值出口增加。在传统贸易框架中汇率的提升不利于出口，而在 GVC 框架中汇率的提升，国内增加值相较于国外增加值所占的比重提升，并且降低了使用国外中间品的成本，有助于促进贸易利益的增加。

10.6　结论及启示

10.6.1　结论

本章从增加值的视角下，选取了中国的 5 个大类产品（对应 5 个产业），采用 2000—2014 年的数据对中国的贸易利益影响因素进行了实证分析，并得到以下结论。

第一，反倾销壁垒会通过提高生产交易成本，改变市场格局由国外转向国内，降低产品在全球价值链中的参与从而降低中国的贸易利益。

第二，产业 GVC 位置指数和产业 GVC 前向参与度除了对中国的贸易利益具有正向的促进作用，还会通过倒逼国内企业转型和技术升级来间接提升贸易利益。

第三，产业新 RCA 指数反映的是产业在国际市场的竞争力，中国产业竞争力的提升能够带来中国贸易利益的提升。

第四，人民币名义有效汇率的上升会降低中国使用国外中间品的成本，从而增加中国的贸易利益。

第五，劳动资本比的提升会增加中国产品的生产成本进而削减中国的贸易利益。

10.6.2 启示

世界经济格局变化导致全球贸易格局以及全球价值链发生微妙变化，甚至重构。如何更好地把握全球价值链重构的战略机遇，提升中国各个产业在全球价值链分工中的竞争力，获取更多的贸易利益，对促进我国经济社会发展具有重要意义。本章得出了以下启示。

第一，通过多个渠道的联合作用去抑制对华反倾销的发生，减少反倾销的频率。对华反倾销将长期存在，无法完全规避，但可以通过多个渠道减少反倾销，比如：中国在对外贸易方面注重双边贸易的均衡发展，避免中国出现长期双边巨额顺差；针对大类产品或具体产品建立反倾销预警体系；出口企业要提高科研投入，通过产品升级实现依靠竞争优势出口；提高中国在反倾销方面的报复能力和自我保护能力；通过政府和行业协会的贸易救济增加涉案企业的"胜诉预期"等。

第二，中国应积极参与全球价值链，从宏观政策到产业政策两个方面提升各个产业在全球价值链中的地位。在顺应国际分工由产品分工转向要素分工的趋势时，同时要兼顾传统产业的发展。过去的产业政策更多的是扶持产业的整体发展，在全球价值链分工的背景下，需要及时调整产业政策，应更加注重产业发展中的研发、设计环节，特别地，加大技术密集型产业的研发创新力度，增加资本的投入程度，相对减少简单劳动力成本所占的比重，由加工组装等环节向研发设计、技术服务等环节过渡，进而向价值链中上游攀升。此外，过去若干年，纺织品服装等劳动密集型传统产业在我国经济发展和出口增长中发挥了重要作用，从获取增加值的能力看，劳动密集型产业也有很好的表现，因此，在注重技术资本密集型产业的同时也不能降低对劳动密集型传统制造业的关注。

第三，需要抛弃将人民币贬值作为促进中国增加值出口的路径依赖。实证研究的结果已明确显示出在增加值贸易中人民币贬值将导致增加值出口减少，而升值将导致增加值出口增加。这与传统贸易中人民币汇率变动对出口贸易的影响并不一样，因此我们无须将人民币贬值作为促进中国增加值出口的关键因素，从而减少对人民币贬值的路径依赖。同时也证实了在中国的对外贸易中，他国的增加值贸易逆差并不是人民币被低估导致的。

第四，实施更加积极开放的贸易战略，鼓励更多企业"走出去"。目前主导全球价值链增加值贸易的仍然以跨国公司为主，中国应从优势产业开始，做大、做强自己的跨国公司，创造更多以我国产业为主导的价值链经济活动，增强我国对全球价值链的影响力。因此，要想改变我国处于全球价值链中低端的现状，需要培育自己的跨国公司，在一些产业上逐步构建我国主导的全球价值链，增加中国在全球价值链中的话语权。

第五，以"一带一路"倡议和"中国制造2025"规划为契机，通过实现互联互通来加强中国与沿线国家的经贸关系。一方面能降低遭受印度、欧美对华反倾销的风险；另一方面能加强商品、服务及资本的自由流动，带动国内外需求，促进中国增加值贸易的繁荣，加速我国经济现代化的进程。

10.7　本章小结

本章选取了中国5个大类的产品（农产品、纺织品服装、化工产品、贱金属、机电设备）为研究对象，以这5个产业（5个大类产品对应5个产业）的出口增加值作为绝对贸易利益的测度指标，结合5个大类产品参与GVC的特点，将产业GVC前向参与度、产业GVC位置指数、产业新RCA指数、产业劳动资本比、人民币有效汇率等作为解释变量，首先从理论上分析了价值链视角中贸易利益的影响机制，然后使用虚拟最小二乘估计（LSDV）方法进行了实证分析了，尝试解读5个产业在国际贸易中的利益分配的主要影响因素。研究结果显示：产业GVC位置指数、产业GVC前向参与度、产业新RCA指数、人民币名义有效汇率的上升能促进中国绝对贸易利益的获取；国外对华反倾销、劳动资本比的上升则会削减中国的绝对贸易利益。中国需要采取多种措施抑制国外对华反倾销，提升国内各个产业在全球价值链中的地位，抛弃对人民币贬值的路径依赖，实施更加积极开放的贸易策略。

第11章
基于中印、中美双边贸易层面的相对贸易利益的影响因素研究

11.1 引言

上一章从全球层面探讨了价值链中贸易利益的影响，本章更进一步从双边贸易层面深入研究价值链贸易利益的影响。印度商务部数据显示，中印双边贸易额由2019年的855亿美元降至2020年的777亿美元，尽管近年来印度对我国采取了一定程度的贸易限制措施，印度与中国的贸易逆差仍然接近400亿美元，这也使得中国成为印度最大的贸易逆差来源。美国作为我国第三大贸易伙伴，2020年双边货物贸易总值达4.06万亿元，中美贸易中，中国对美的长期顺差被理解为，美国在与中国的贸易中向中国输送了大量的贸易利益。而事实是，在2018年国务院新闻办公室发布的《关于中美经贸摩擦的事实与中方立场》白皮书中，以2016年为例，从贸易增加值角度核算中美贸易顺差较传统的总值贸易减少了44.4%。在全球分工的体系下，传统总值贸易统计关注在商品出口的最终环节，而忽略了中间的加工组装环节，因此造成了总值贸易框架中的"统计幻象"。本章从中印、中美两个具有代表性的双边贸易层面展开研究，从全球价值链的视角测度贸易双方的真实贸易利益。

11.2 研究概况

在贸易利益分配的研究中，有许多文献从不同的视角和被解释变量分析了贸易利益的分配，增加值率是贸易利益的一种体现，因此有些学者对此给予了关注。王孝松等（2017）深入研究了反倾销给价值链嵌入带来的影响，结果发现，

中国出口产品遭遇反倾销带来的直接效应、连带效应、报复效应、选择效应使得中国出口的国外增加值率降低。GVC作为生产活动的跨境分割,反倾销这种贸易壁垒会使跨境贸易的成本上升,从而降低GVC参与程度,影响贸易利益分配平衡。龙飞扬、殷凤(2021)则是在行业层面使用出口增加值率指标衡量GVC贸易利益,作者分别从前向分工和后向分工两个角度分析了其对出口增加值率的影响机制。在双边贸易层面的相对出口增加值率方面,张丽娟、赵佳颖(2019)的研究做出了积极的贡献,通过相对出口增加值率指标从双边贸易层面衡量中美两国的贸易利益,研究发现中美间的技术差异和要素禀赋主导着相对出口增加值率的变化,相对出口增加值率的上升,使得贸易利益分配趋向平衡。通过对相对出口增加值率去研究贸易利益的分配,特别在研究双边贸易中两国的相对贸易利益分配方面有重要的解释作用,但此研究仅以中美双边贸易中的电子与光学产业为例进行分析,研究对象有一定局限性,如只涉及中国与发达国家之间的双边贸易,缺乏中国与发展中国家的双边贸易;只涉及技术密集型产业(或产品),不涉及劳动密集型产业(或产品);缺乏对贸易摩擦对贸易利益影响的考量等。

已有的文献显示,不论是国家层面还是产业层面的贸易利益测算和研究已较为丰富,本章可能的边际贡献在于以下几个方面。一是,专注于相对贸易利益的影响因素研究。本章以相对出口增加值率作为考查相对贸易利益的指标,代表绝对贸易利益的增加值金额越多并不能说明相对贸易利益的获取也越多。二是,大多文献通过分解全球价值链测算贸易利益,将反倾销这种贸易壁垒纳入贸易利益研究的较少,反倾销作为国家间的特定行为,在双边贸易中的影响可能更加明显,本章以中印、中美双边贸易的贸易双方5个大类产品遭受的反倾销数量的相对情况作为影响两国双边贸易利益的考量因素。三是,缺少针对中国与发展中国家双边贸易的贸易利益分配研究,也缺乏中国与发达国家双边贸易、中国与发展中国家双边贸易这两类情况下贸易利益分配的比较研究,因此本章同时分析中印、中美的双边贸易的贸易利益分配影响因素,并进行比较研究。四是,本章涉及的产业(或产品)更为广泛,实证结果更具解释力度。选取的产品既有农产品也有工业品,共计5大类产品——农产品、纺织服装产品、化工产品、贱金属、机电设备制品。

本章以中印、中美的双边贸易的贸易双方5个产业的相对出口增加值率作为贸易利益的测度指标,结合5个大类产品参与GVC的特点,将贸易双方产业GVC前向参与度比值、产业GVC位置指数比值、产业新RCA指数比值、贸易双方的货币汇率、劳动资本比的比值等作为解释变量,尝试解读5个产业在双边贸易中的贸易利益分配的影响因素。相对出口增加值率是一种比值的形式，反映的贸易利益分配不是贸易利益的绝对状况，而是双边贸易中的贸易利益分配的相对状况，因此各个解释变量都采用比值的形式。

11.3 相对出口增加值率与贸易利益

11.3.1 相对出口增加值率的计算

考虑到增加值出口额和出口增加值率指标衡量的是一国贸易利益的纵向比较，并不能体现双边贸易中国家间贸易利益的分配。所以本章使用相对出口增加值率这一指标来衡量中印、中美在双边贸易中的利益分配。

在贸易增加值统计的基础上，相对出口增加值率定义为双边贸易国出口增加值率之比，其计算公式见式（9-1）、式（9-2）。

11.3.2 相对出口增加值率的含义

相对出口增加值率这一指标克服了使用单一国家出口增加值率的纵向比较缺陷，并且能够体现出两国间贸易利益的分配。其现实意义可理解为 s 国对 r 国的出口收入能够支付多少来自 r 国的进口支出。通过 R_DVAs^{sr} 与参照标准"100"的对比可以得知两国间贸易利益分配的情况，当 R_DVAs^{sr} 等于 100 时，说明 s 国来自 r 国的出口收入刚好与对 r 国的进口支出相抵，说明两国贸易利益分配处于平衡；R_DVAs^{sr} 大于 100 时，说明以 s 国来自 r 国的出口收入支付对 r 国的进口支出尚有盈余，说明 s 国在双边贸易中处于有利地位；R_DVAs^{sr} 小于 100 时，说明 s 国来自 r 国的出口收入不足以支付对 r 国的进口支出，s 国在双边贸易中处于不利地位。综上，当 R_DVAs^{sr} 越偏离参照标准时便说明两国的贸易利益分配越不均衡，反之，两国贸易利益处于均衡状态。

图 11-1 和图 11-2 分别为中印、中美在 2000—2014 年[1]的 5 个大类产品相对出口增加值率的变化状况。可以看到无论是中美还是中印的双边贸易中，相对出口增加值率都是处于波动上升的状态。在中美双边贸易中，我国的农产品、纺织

---

[1] 由于增加值数据来源于对外经济贸易大学的 UIBE GVC Indicators 数据库，该数据库基于 WIOD2016 的投入产出数据表得到的全球价值链的相关数据时间段为 2000—2014 年，即该数据的最新年份截至 2014 年。

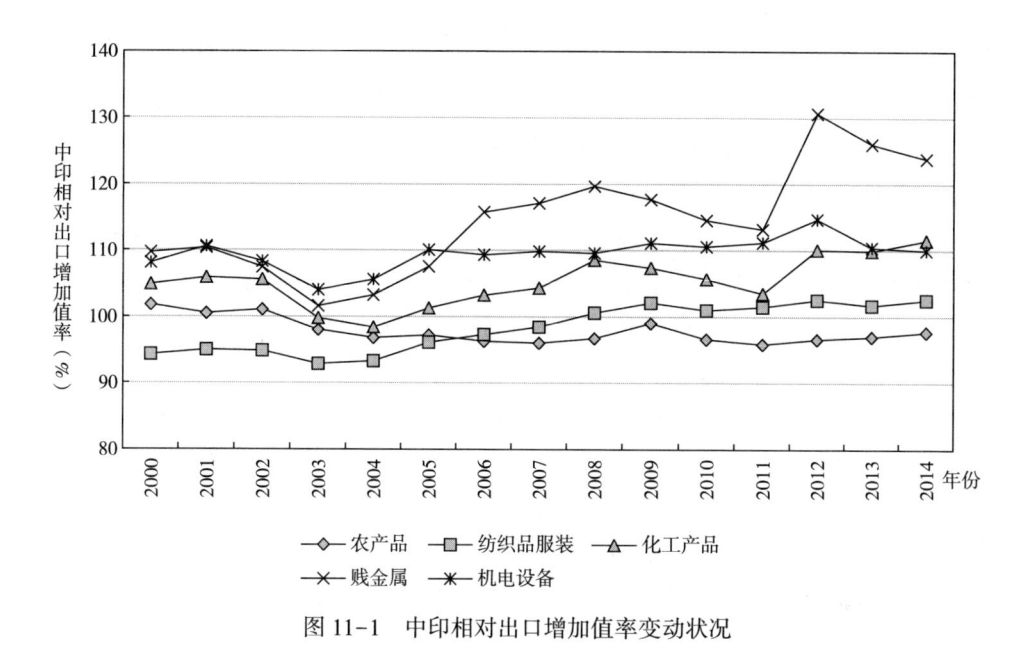

第 11 章　基于中印、中美双边贸易层面的相对贸易利益的影响因素研究

图 11-1　中印相对出口增加值率变动状况

图 11-2　中美相对出口增加值率变动状况

品服装、贱金属的相对出口增加值率大部分时间都是大于 100 的，而化工产品和机电设备长期处于 100 以下，说明我国在与美国的双边贸易中大部分时间农产品、纺织品服装、贱金属产业处于贸易利益获取方，而在化工产品和机电设备产业我国处于贸易利益损失方。在中印双边贸易中除农产品外其余产业的相对出口增加值率长期高于参照标准，且贱金属产品的相对出口增加值率偏离参照标准幅

度较大,说明我国贱金属、化工产品、机电设备产业在与印度的双边贸易的过程中处于贸易利益的绝对有利方,纺织品服装从 2000 年低于参照标准稳步上升,在 2008 年后超过了参照标准,由贸易利益损失转变为贸易利益获取的一方,农产品则是从有利方逐渐转变为不利方。

美国处于价值链的上游,因此在技术、资本密集型的产业处于优势地位,例如机电设备产品;而印度处于价值链的中下游,因此在劳动密集型产业具备比较优势,例如农产品、纺织品服装。这就造成了中美在机电设备、化工产品贸易双边贸易中我国的贸易利益分配不利地位,但是在与印度的机电设备、化工产品等产业的双边贸易中我国处于贸易利益优势的一方。

11.4 模型构建变量说明

11.4.1 模型设定

同上一章类似,本章使用虚拟最小二乘估计(LSDV)的方法研究中印、中美间五大类产品(农产品、纺织品服装、化工产品、贱金属、机电设备产品)在双边贸易中的贸易利益分配的影响因素,并建立了如下计量模型:

$$\ln R\_DVAs_{it}^{sr} = \alpha_0 + \beta_1 \ln R\_AD_{it}^{sr} + \beta_2 \ln R\_GVCPs_{it}^{sr} + \beta_3 \ln R\_GVCPt\_f_{it}^{sr} + \beta_4 \ln R\_RCA_{it}^{sr}$$
$$+ \beta_5 \ln R\_ER_{it}^{sr} + \beta_6 \ln R\_LK_{it}^{sr} + \mu_0 + \varepsilon_{it}$$

(11-1)

式中:$R\_DVAs_{it}^{sr}$ 为 t 时期 s 国与 r 国在的 i 产业相对出口增加值率,即 s 国某产业出口增加率/r 国某产业出口增加值率,以此代表相对贸易利益的获取情况。$R\_AD_{it}^{sr}$ 代表 t 时期 s 国遭受 r 国 i 产业的反倾销次数与 r 国遭受 s 国的 i 产业的反倾销次数之比。$R\_GVCPs_{it}^{sr}$ 是 i 产业 t 时期 s 国与 r 国的 GVC 位置指数之比。$R\_GVCPt\_f_{it}^{sr}$ 是 i 产业 t 时期 s 国与 r 国的前向参与度之比。$R\_RCA_{it}^{sr}$ 是 i 产业 t 时期 s 国与 r 国的新 RCA 指数之比。$R\_ER_{it}^{sr}$ 是 i 产业 t 时期 s 国与 r 国的双边名义汇率(双边汇率实际上也是一种比值,比如两国货币的购买力之比)。$R\_LK_{it}^{sr}$ 是 i 产业 t 时期 s 国与 r 国的劳动资本比的比值。被解释变量和各个解释变量均取自然对数。

11.4.2 变量说明和数据来源

被解释变量。相对出口增加值率(R_DVAs)分别根据中印、中美的 5 个产业出口增加值率的比值计算得到（比如中印的相对出口增加值率=中国对印度出口的出口增加值率/印度对中国出口的出口增加值率×100%）。中国、印度、美国的5个产业出口增加值依据王直等（2015）提出的贸易增加值分解法测算，5个产业的出口增加值率数据来源于对外经济贸易大学的 UIBE GVC Indicators 数据库统计数据整理计算得到。产品相对出口增加值率的大小能够衡量两国间该产品的贸易利益分配情况，当 s 国相对出口增加值率高于参照标准时可以说明 s 国在与 r 国的某产品贸易中更倾向于获得贸易利益。

解释变量。反倾销数量比（R_AD）是2000—2014年中印、中美5个产业彼此实施反倾销的次数之比（比如中印的反倾销数量比=中国遭受印度反倾销的数量/印度遭受中国反倾销的数量），5个产业反倾销数据根据世界银行反倾销数据库的反倾销统计数据整理得到。GVC 位置指数之比（R_GVCPs）、GVC 前向参与度之比（R_GVCPt_f）、新 RCA 指数之比均通过对外经济贸易大学的 UIBE GVC Indicators 数据库统计数据整理计算得到。两国双边名义汇率（R_ER）采用年度平均汇率，汇率形式为1单位人民币折合若干外币数量（比如，1元人民币=若干印度卢比），汇率数据来源国际清算银行。两国劳动资本比的比值（R_LK）是通过社会经济账户（SEA）中的 LAB（劳动报酬）与 K（名义资本存量）的数值计算得出（比如中印劳动资本比的比值=中国的劳动资本比/印度的劳动资本比）。

表11-1为被解释变量和各个解释变量的汇总说明。本章所有数据的统计期间为2000—2014年[1]。

表11-1 变量汇总说明

变量			变量含义
被解释变量		R_DVAs	相对出口增加值率
解释变量	产业类解释变量	R_AD	反倾销数量比
		R_GVCPs	GVC 位置指数之比
		R_GVCPt_f	GVC 前向参与度之比
		R_RCA	新显性比较优势指数之比
		R_LK	劳动资本比的比值
	非产业类解释变量	R_ER	双边名义汇率

---

[1] 由于增加值数据来源于对外经济贸易大学的 UIBE GVC Indicators 数据库，该数据库基于 WIOD2016 的投入产出数据表得到的全球价值链的相关数据时间段为2000—2014年，即该数据的最新年份截至2014年。

11.5 实证分析

11.5.1 面板单位根检验及协整检验

为避免回归中单位根的存在造成拟合结果的不平稳,本章用 Levin—Lin—Chu 检验(LLC)进行单位根检验,结果如表 11-2 所示。

表 11-2 面板单位根检验结果

变量(中印)	t 值	P 值	变量(中美)	t 值	P 值
lnR_DVAs	−2.7775	0.0027***	lnR_DVAs	−1.5194	0.0643*
lnR_AD	−2.4965	0.0063***	lnR_AD	−3.6085	0.0002***
lnR_GVCPs	−3.5294	0.0002***	lnR_GVCPs	−1.8271	0.0338**
lnR_GVCPt_f	−3.7401	0.0001***	lnR_GVCPt_f	−1.9674	0.0246**
lnR_RCA	−2.0210	0.0221**	lnR_RCA	−3.1755	0.0007***
lnR_ER	−0.8329	0.2025	lnR_ER	−2.2348	0.0127**
lnR_LK	−2.7489	0.0030***	lnR_LK	−2.38559	0.0085***

从表 11-2 的结果可以看到,除中印汇率之比 lnR_ER 结果不显著,其余变量都在不同程度的显著水平上拒绝了存在单位根的原假设。建立在非平稳变量上的回归结果是不可靠的,但是非平稳变量之间存在协整关系能够说明变量之间存在稳定的平稳关系。在此基础上本文对中印的变量进行协整考(Kao)检验,考(Kao)检验是在恩格尔(Engle)和格兰杰(Granger)二步法的基础上提出,检验结果如表 11-3 所示。

表 11-3 Kao 检验结果

Cointegrating vector: Same	AR parameter: Same	Augmented lags: 1
Panel means: Included	Kernel: Bartlett	
Time trend: Not included	Lags: 1.60(Newey—west)	
统计量	t 值	P 值
Modified Dickey—Fuller t	−1.8566	0.0317
Dickey—Fuller t	−2.5127	0.0060
Augmented Dickey—Fuller t	−3.0634	0.0011

Kao 检验的原假设 H_0：不存在协整关系，且检验仅含个体固定效应，不含时间趋势项，残差以及残差的一阶自回归系数同质。结果显示三种统计量的 P 值均在 5% 水平下显著，强烈拒绝 Kao 检验的原假设，即变量间存在协整关系。

11.5.2 豪斯曼检验

表 11-4 和表 11-5 分别为中印、中美贸易利益分配模型的豪斯曼检验的结果。

表 11-4　中印豪斯曼检验

估计量	伴随概率
35.26	0.0000

表 11-5　中美豪斯曼检验

估计量	伴随概率
41.35	0.0000

结果显示中印、中美模型均强烈拒绝豪斯曼检验的随机效应的原假设，故采用固定效应模型。本章分别对中印间的贸易利益分配和中美间的贸易利益分配使用虚拟最小二乘估计（LSDV）的方法进行分析。

11.5.3 实证结果分析

表 11-6 为中印、中美双边贸易的贸易利益分配影响因素的实证结果。

表 11-6　中印、中美贸易利益分配的实证结果

变量	中印 系数	中印 P 值	中美 系数	中美 P 值
lnR_ADs	0.01013	0.06081* (0.00531)	-0.00277	0.41047 (0.00335)
lnR_GVCPs	-0.42880	0.0000*** (0.07925)	0.08181	0.18342 (0.06083)
lnR_GVCPt_f	-0.09964	0.01325** (0.03911)	-0.00244	0.88002 (0.01610)
lnR_RCA	0.11153	0.00435*** (0.03772)	0.06812	0.00021*** (0.01730)

续表

变量	中印 系数	中印 P 值	中美 系数	中美 P 值
lnR_ER	0.12350	0.0000 *** (0.01909)	0.05972	0.02505 ** (0.02603)
lnR_LK	-0.06550	0.05321 * (0.03326)	-0.03428	0.06320 * (0.01813)
cons（农产品）	4.48916	0.0000 *** (0.04537)	4.68862	0.0000 *** (0.07439)
cons（纺织品服装）	4.36717	0.0000 *** (0.05273)	4.62566	0.0000 *** (0.08472)
cons（化工产品）	4.44531	0.0000 *** (0.06779)	4.73125	0.0000 *** (0.05085)
cons（贱金属）	4.52327	0.0000 *** (0.07947)	4.70251	0.0000 *** (0.05850)
cons（机电设备产品）	4.37597	0.0000 *** (0.07794)	4.63942	0.0000 *** (0.06082)
Adj R-squared	1		1	

注 ***、**、*分别代表满足1%、5%、10%的显著水平，括号内的数值为标准差。cons（农产品）代表LSDV估计中农产品的个体效应，其余类推。

从回归结果上看，中印贸易利益分配实证结果中所有变量均在不同程度上显著，中美贸易利益分配实证结果中有3个变量显著，另外反倾销数量之比（R_AD）、GVC位置指数之比（R_GVCPs）、GVC前向参与度之比（R_GVCPt_f）这3个变量不显著。

11.5.3.1 中印实证结果分析

中印反倾销数量之比（R_AD）为正向影响，系数为0.01013。上一章的研究结果显示，反倾销因素对增加值出口的影响为负向影响，系数为-0.08154，两章的研究结果中反倾销因素的影响方向相反。本章研究结果中反倾销影响因素的影响方向之所以为正向，原因在于两个方面：一方面，本章研究的不是增加值出口额的绝对金额，而是中印两国出口增加值率的相对数值（即中印两国的相对增加值率）；另一方面，中国遭受反倾销数量的增加会抑制中国产品的低价出口，导致中国出口产品价格的上涨（许家云等，2021），而中国出口产品价格的上涨又会导致中国出口增加值率的上升，最终导致中印间相对出口增加值率的上升。中印贸易中这一渠道的正向影响大过了印度对华反倾销导致对中国出口产品的限制，以及产品回流国内造成的价值链参与减少。

中印 GVC 位置指数之比（R_GVCPs）为负向影响，系数为-0.42880。通常一国处于价值链的上游更容易获得贸易利益，但是在两国贸易中由于各国各行业异质性的因素模糊了 GVC 位置提升带来贸易利益的提升这一判断。两国之间技术差距是影响技术吸收的重要因素（Cohen 和 Levinthal，1989），印度在贱金属、化工制品、机电设备制品这些产业作为技术后进的一方，技术差距与中国并没有那么大，印度通过从中国进口低成本的中间品，使得中国通过前向关联参与价值链获取贸易利益受到抑制；印度农产品、纺织服装制品的相对出口增加值率长期高于中国，印度相对中国有着更低的劳动力成本，导致中国并不能显著地从这种后向关联的方式在价值链中获取贸易利益。

中印 GVC 前向参与度之比（R_GVCPt_f）为负向影响，系数为-0.09964。技术、服务等中间品的出口是前向参与获取贸易利益的重要途径，但是作为技术吸收的一方能够通过干中学效应（王岚，2019）这一途径中提升生产率获取贸易利益，使得中国通过前向参与获取贸易利益的途径受到抑制。

中印新显性比较优势指数之比（R_RCA）为正向影响，系数为 0.11153，产业新 RCA 指数的提高意味着产品在国际市场的竞争力提升，当中国产业新 RCA 指数高于印度产业新 RCA 指数时，在双边贸易中中国该产业的竞争力更强。

中印双边名义汇率（R_ER）为正向影响，系数为 0.12350。在 GVC 贸易框架中人民币对印度卢比的汇率提升意味使用进口中间品的成本下降，有助于中国获取更多的贸易利益。

中印劳动资本比的比值（R_LK）为负向影响，系数为-0.06550。劳动资本比高的一方意味着更高的劳动力使用成本，成本的提升将不利于在贸易中获取利益。

从具体结果上看，反倾销数量之比（R_AD）每增加一个单位会使中国在中印双边贸易中的贸易利益提升约 1.0%；GVC 位置指数之比（R_GVCPs）每增加一个单位会使得中国在中印双边贸易中的贸易利益损失约 42.8%；GVC 前向参与度（R_GVCPt_f）每增加一个单位会使中国在中印双边贸易中的贸易利益损失约 10.0%；中印新显性比较优势指数之比（R_RCA）每增加一个单位会使中国在中印双边贸易中的贸易利益增加约 11.2%；中印双边名义汇率（R_ER）每增加一个单位会使中国在中印双边贸易中的贸易利益增加约 12.4%；中印劳动资本比的比值（R_LK）每增加一个单位会使中国在中印双边贸易中的贸易利益损失约 6.6%。

11.5.3.2 中美实证结果分析

在中美贸易利益分配的实证结果中，反倾销数量之比（R_AD）、GVC 位置指数之比（R_GVCPs）、GVC 前向参与度之比（R_GVCPt_f）不显著，说明在中美贸易利益分配中，这五大类产品的贸易利益分配并不存在明显的与中印贸易利益分配中类似的相关关系，可能的原因在于中美在价值链中的贸易利益获取方式与中印有所差别。中印贸易利益分配中两国价值链地位相差不大，两国既可以通过前向关联也可以通过后向关联的方式从价值链中互相获取贸易利益，而中美价值链地位差别较中印价值链地位差别更大，中国更多还是从加工、组装等低技术环节的后向关联获取贸易利益导致中美 GVC 地位指数之比与中美 GVC 前向参与度之比这两个变量的不显著。而对于反倾销数量之比，印度对我国这五大类产品发起反倾销的频率常年高于我国对印度，使得中印贸易中反倾销与贸易利益的关联更加明显。相比之下，中美在这 5 大类产品的贸易中反倾销的频率较大地低于中印贸易，造成中美贸易中反倾销与贸易利益的相关关系不那么明显。

中美新显性比较优势指数之比（R_RCA）、中美双边名义汇率（R_ER）、中美劳动资本比的比值（R_LK）均在不同程度水平上显著，这 3 个变量的具体影响如下所示。

中美新显性比较优势指数之比（R_RCA）为正向影响，系数为 0.06812，产业新 RCA 指数的提高意味着产品在国际市场的竞争力提升，当中国产业新 RCA 指数高于美国产业新 RCA 指数时，在双边贸易中中国该产业的竞争力更强。具体而言，中美新显性比较优势指数之比每增加一个单位会使得中国在中美双边贸易中的贸易利益提升约 6.8%。

中美双边名义汇率（R_ER）为正向影响，系数为 0.05972。在 GVC 贸易框架中人民币对美元的汇率提升意味着使用进口中间品的成本下降，有助于中国获取更多的贸易利益。具体而言，中美双边名义汇率每增加一个单位会使得中国在中美双边贸易中的贸易利益提升约 6.0%。

中美劳动资本比的比值（R_LK）为负向影响，系数为-0.03428。劳动资本比高的一方意味着更高的劳动力使用成本，成本的提升将不利于在贸易中获取利益。具体而言，中美劳动资本比的比值每增加一个单位会使得中国在中美双边贸易中的贸易利益损失约 3.4%。

这些影响因素和贸易利益分配的相关关系与中印贸易研究相同，也印证了其对贸易利益分配影响机制的可靠性。

11.6 结论及启示

11.6.1 结论

本章从增加值的视角，运用相对出口增加值率指标衡量两国相对贸易利益的分配情况，选取了 2000—2014 年中印、中美双边增加值贸易数据对双边贸易利益分配的影响因素进行研究，并得到以下结论。

第一，中印、中美双边贸易的贸易利益分配的影响因素存在差异，并不完全相同。其中新显性比较优势指数之比（R_RCA）、双边名义汇率（R_ER）、劳动资本比的比值（R_LK）均在中印、中美双边贸易的贸易利益分配中产生影响，且影响方向相同。而反倾销数量之比（R_AD）、GVC 位置指数之比（R_GVCPs）、GVC 前向参与度之比（R_GVCPt_f）仅对中印双边贸易的相对贸易利益分配产生影响。

第二，国外反倾销可以通过提高出口国的生产交易成本，改变市场格局的途径降低产品在价值链中的参与从而降低出口国的贸易利益；除此之外，国外反倾销虽然抑制了产品的低价出口，但是这也导致产品出口价格提高，若该产品的需求依然存在还会使该产品的相对出口增加值率上升，从而获取更多的贸易利益。因此国外反倾销对出口国贸易利益的影响取决于这两种途径的影响大小。对于中印双边贸易而言，中印双边贸易中后面一种途径的影响更大，从而使中国在贸易利益的分配能获取更多的利益。

第三，在中印双边贸易中，中国在农产品、纺织服装这两类产品中 GVC 位置指数高于印度，因此导致 GVC 位置指数之比大于 1。在以相对出口增加值率衡量贸易利益的视角中，中印的农产品、纺织品服装相对出口增加值率却低于100，说明中国农产品、纺织品服装的出口增加值率低于印度。原因在于农产品、纺织服装属于典型的劳动密集型产品，中国有着更高的劳动力成本，而劳动密集型产品在 GVC 出口环节中产生的附加值较低，这是中国获取的贸易利益受限的原因。这导致了 GVC 位置指数之比越高，中国在中印双边贸易中的贸易利益分配越低。在贱金属、机电设备的GVC位置指数上，我国略低于印度，而中印的相对出口增加值率却高于100，说明中国贱金属、机电设备的出口增加值率高于印度。中印贸易中，从贸易结构上看中国向印度主要出口工业制品，而印度向中国主要出口原材料，原材料的出口在工序上少于工业制品，因此少了许多产生附加值的环节。在贱金属、机电设备制品这类资源和技术密集型产业，印度的优势在于资源禀赋，而中国凭借制造业水平的优势在中印贸易中获得贸易利益。这导致了GVC位置指数越低，我国在中印双边贸易中的贸易利益分配越高。化工产品我国GVC位置指数高于印度，中印相对出口增加值率也是长期处于参照标准之上，说明化工产品我国出口增加值率大部分时间高于印度。化工产品是我国向印度出口的主要产品，在技术水平上我国有着竞争优势。因此并未展现出GVC位置指数和相对出口增加值率的反比关系。

通常价值链地位越高越倾向于获得贸易利益，而在双边贸易中，受产品类型、成本优势和技术差异等国家异质性因素影响，并没有体现出价值链地位与贸易利益的正向相关关系。

第四，GVC前向参与度的提高主要来源于技术升级，GVC前向参与度使国际分工地位提升的同时会因为利润导向引致国内企业通过技术升级降低生产成本从而获取贸易利益；另外，在双边贸易中技术落后国还可以通过干中学效应从前向分工中得到技术的提升相应提高生产率，使得技术先进国通过前向分工获取贸易利益受到抑制。当技术先进国通过前向分工参与国际分工时，两种方向的影响决定了本国GVC前向参与度的提升是否会带来贸易利益。对于中印双边贸易而言，GVC前向参与度之比为负向影响，显示出第二种方向的影响更大，从而导致中国的贸易利益分配受损。

第五，对于中印、中美双边贸易而言，新显性比较优势指数之比、双边名义汇率、劳动资本比的比值对贸易利益的影响与上一章相似。显性比较优势指数反映了产品的国际竞争力，它的提升有助于中国在双边贸易中的贸易利益分配，汇率提升降低了进口国外中间品的成本，这两个变量对中国的贸易利益分配均有着正向的促进作用，而劳动资本比的比值高说明中国在生产成本上高于对方，不利于中国的贸易利益分配。

11.6.2 启示

根据本章的结论提出了以下几点启示。

第一，积极采取多方措施，抑制对华反倾销的发生。一方面，虽然在中印双边贸易间反倾销数量比对中国贸易利益的获取有正向影响，但影响较弱（系数仅为 0.01013），并且反倾销数量比对中美双边贸易的中国贸易利益获取没有显著影响。另外，第 10 章的研究结果显示对华反倾销会导致中国获取的绝对贸易利益受损。因此如果仅追求中印双边贸易中的相对贸易利益获取，而放弃最主要贸易伙伴间以及在全球范围内的绝对贸易利益获取的思路是不可取的。中国应在政府层面、行业协会层面、企业层面采取多种措施，尽力减少对华反倾销的发生。

第二，积极参与全球价值链，发展服务贸易促进我国价值链地位攀升。服务贸易链连接着价值链各分工环节，并且是国际分工各环节创造价值的重要源泉。经合组织研究报告中提到，全球贸易增加值中的 52% 来自价值链中服务贸易活动。事实上，我国相对于新兴制造业国家（如印度）的成本优势正在丧失，未来中国制造业劳动力成本高于这些国家的趋势将会逐渐扩大。这表明中国需要提升在价值链中的位置，价格优势不足以长期维持我国制造业的竞争力，在这个过程中创新必不可少。我国 5 大类产品在国际分工中创造的附加值低是中印双边贸易中分配所得的分工利益较少的原因，发展服务贸易能够提高我国与印度合作分工环节中的贸易利益。而在中美贸易中我国农产品也有着很好的表现。因此，发展服务贸易提升我国增加值贸易利益同时也要注重劳动密集型制造业创造贸易利益的环节。

第三，推动技术创新，调整产业政策向产业升级倾斜，提升产业在国际市场的竞争力。技术创新是我国产品显示性比较优势提高的重要途径，也是我国产品竞争力的核心，使我国产品在遭遇反倾销面对出口产品的竞争时掌握主动。我国出口贸易中包含了大量加工贸易，一旦遭遇反倾销制裁，这些贸易将蒙受大量损失。而价值链上游的企业能够创造更高的附加值而处于主动地位。技术创新有利于我国通过技术差距获得贸易利益，还将促进我国贱金属、化工、机电设备在中印、中美贸易中创造增加值环节的升级。因此中国出口企业应积极推动技术升级，掌握核心竞争力，实现由价值链下游向上游的攀升，同时调整产业政策，由产业整体发展向侧重产业的研发设计和技术服务环节转变。

第四，重视并增加资本的投入，减少简单劳动力的投入。无论是中印双边贸易，还是中美双边贸易，劳动资本比的比值均是负向影响，这说明中国劳动力成本越高，中国在双边贸易中获取的贸易利益相对越少，而中国资本投入越高，中国在双边贸易中的贸易利益相对越多。在中国劳动力成本不断攀升的状况下，大幅降低劳动力成本的机会很小，但可以相对减少简单劳动力的投入，这可以在一定程度上抑制劳动力成本的上升，进而减少中国贸易利益的受损程度。同时增加中国的资本投入会有利于中国贸易利益相对增加。

第五，需要抛弃将人民币贬值作为增加中国在双边贸易中获取贸易利益的路径依赖。实证研究的结果已明确显示出，无论在中印双边贸易中，还是在中美双边贸易中，人民币贬值将导致中国贸易利益相对减少，而升值将导致中国贸易利益相对增加。这与传统理论中本币汇率变动对出口贸易的影响并不一样，因此我们无须将人民币贬值作为增加中国获取贸易利益的关键因素，应减少对人民币贬值的路径依赖。同时也证实了在中国的对外贸易中，他国在贸易中的劣势地位并不是人民币被低估导致的。

第六，实施更加积极开放的贸易战略，鼓励企业"走出去"。当前跨国公司仍然主导着价值链国际分工，要想提升我国在国际分工的地位，需要一批能够以我国产业为主导的跨国公司参与价值链分工。应从优势产业做起，构建我国主导的价值链经济活动，进而带动其他产业迈向价值链上游。

11.7 本章小结

本章以中印、中美的双边贸易的贸易双方 5 个产业的相对出口增加值率作为相对贸易利益的测度指标，结合 5 个大类产品参与 GVC 的特点，将贸易双方产业 GVC 前向参与度比值、产业 GVC 位置指数比值、产业新 RCA 指数比值、贸易双方的货币汇率、劳动资本比的比值等作为解释变量，尝试解读 5 个产业在双边贸易中的贸易利益分配的影响因素。相对出口增加值率是一种比值的形式，反映的贸易利益分配不是贸易利益的绝对状况，而是双边贸易中的贸易利益分配的相对状况，因此各个解释变量都采用比值的形式。研究结果显示：中印双边贸易、中美双边贸易的相对贸易利益分配影响因素并不相同，存在较大差异，中印之间 6 个变量影响显著，中美之间仅 3 个变量影响显著；反倾销因素对中印之间的贸易利益分配存在正向影响，但对中美之间的贸易利益分配无显著影响；GVC 位置指数因素和 GVC 前向参与度因素对中印之间的贸易利益分配有显著影响，但对中美之间的贸易利益分配无显著影响；新 RCA 因素、汇率因素、劳动资本比因素对中印、中美的贸易利益分配均存在显著影响。中国应采取多重措施，主要包括以下几点：积极采取多方措施，抑制对华反倾销的发生；发展服务贸易促进我国价值链地位攀升；调整产业政策向产业升级倾斜；重视并增加资本的投入，减少简单劳动力的投入；减少对人民币贬值的依赖；实施更加积极开放的贸易策略等。

第12章
研究结论与展望

12.1 研究结论

本书围绕反倾销、全球价值链、贸易利益等多个方面的问题进行研究，得到如下研究结论。

（1）中国遭受反倾销的状况非常严峻，反倾销已对中国对外贸易的可持续发展构成了严重威胁。

总体上中国遭受到的反倾销，2009年之前呈增长趋势，2009年之后虽呈现波动状态，但绝对数量和占比都排在世界第一位，这与我国在世界贸易中的地位和份额不相匹配。总之，无论是从总量、占比去考察，以及从国别结构和产品结构去考察，我国遭受反倾销的状况都非常严峻，需要对中国遭受到的反倾销给予高度的重视。反倾销已对中国对外贸易的可持续发展构成了严峻挑战和重大威胁。

（2）农产品增加值出口贸易网络中，中国的地位和作用越趋突出，表现良好，但与他国相比也存在一些差距。

中国处于世界农产品增加值出口网络的中心，且与美国、德国等之间的差距在缩小。中国与美国高度融入的状况相比仍存在较大差距，且中国对其他经济体的控制能力较弱。中国逐渐转向对亚洲内部的中高收入经济体的高额出口。中国需要从亚洲内部国家的出口、协调中美之间的农产品贸易关系等多方面入手去维护中国农产品增加值出口的可持续发展、获取更多的贸易利益。

（3）工业品（纺织品服装、化工产品、贱金属、机电设备）增加值出口贸易网络中，中国在不同产品上的表现存在一定差异。

中国在纺织品服装增加值出口网络中的地位和作用突出。中国在化工产品增加值出口网络中的地位和作用落后于美国、德国，但差距在不断缩短。中国在贱金属增加值出口中的核心度不断增长，但落后于美国。中国在机电设备增加值出口中的核心地位不断增长，成为核心度最高的国家。

（4）未进行产业细分时，中国遭受反倾销与中国整体的GVC位置、GVC参与度之间存在协同演化态势。

反倾销总量与整体GVC位置、反倾销总量与整体GVC参与度均形成了协同演化态势，"反倾销促进GVC位置向上游转移"和"GVC位置对反倾销的激发"，以及"反倾销促进GVC参与度增加"和"GVC参与度对反倾销的激发"在协同演化过程中起主导作用。为了规避反倾销同时获取贸易利益，中国一方面需要通过产业升级逐步向全球价值链的下游位置转移，另一方面需要适当减少中间产品增加值出口以规避反倾销。

（5）进行产业细分时，中国5个产业（农产品、纺织品服装、化工产品、贱金属、机电设备）遭受反倾销与产业GVC位置、产业GVC参与度之间存在协同演化态势。

反倾销与产业GVC位置、反倾销与产业GVC参与度均形成了协同演化态势，"反倾销促进产业GVC位置向上游转移"和"产业GVC位置对反倾销的激发"，以及"反倾销促进产业GVC参与度增加"和"产业GVC参与度对反倾销的激发"在协同演化过程中起主导作用。为了规避反倾销同时获取贸易利益，我们认为中国需要采取如下产业层面的差异化策略：①通过产业升级逐步向全球价值链的下游位置转移，但对反倾销的抑制作用存在产业层面的差异，其中纺织品服装、机电设备若能尽早、尽大范围地通过产业升级向下游位置转移，这对反倾销会有较明显的抑制作用；②根据双边贸易中不同产业的中间产品增加值出口的具体情况，有条件的产业应适当减少中间产品增加值出口。

（6）进行产业细分时，中国5个产业的传统视角产业竞争力与增加值视角产业竞争力的表现存在较大差异。同时，中国的产业GVC位置与产业竞争力、产业GVC参与度与产业竞争力均形成了协同演化态势。

中国有2个产业（纺织品服装、机电设备）表现出传统视角的产业竞争力更为突出，而在另外3个产业（农产品、化工产品、贱金属）表现出增加值视角的产业竞争力更为突出。产业GVC位置与产业竞争力、产业GVC参与度与产业竞争力均形成了协同演化态势，"产业GVC位置对产业竞争力的促进"和"产业竞争力促进产业GVC位置向上游转移"，以及"产业GVC参与度对产业竞争力的促进"和"产业GVC参与度促进产业GVC位置向上游转移"在协同演化过程中起主导作用。为了提升中国的产业竞争力和获利水平，应当采取如下策略：①重点关注化工产品和机电设备在国际市场的产业竞争力提升；②化工产品和机电设备可向全球价值链的上游位置适当转移；③化工产品和机电设备可适当增加中间产品增加值出口。

（7）在中国与印度、中国与美国的增加值双边贸易中，中国的竞争力和增加值出口的表现方面存在较大差异。

中国农产品出口的竞争力低于印度和美国，且有较大差距，另外在增加值出口方面的表现也存在较多差异。中国工业品出口上有较为强大的竞争力，在出口结构、增加值出口状况上各有不同，另外中国在工业品出口的双边贸易上均是顺差。

（8）通过中国与印度之间、中国与美国之间在整个货物贸易方面以及三类典型产品增加值贸易上的出口增加值率与相对出口增加值率，发现中国在针对不同国家、不同产品的双边贸易中所获取的贸易利益的状况存在差异。

无论针对印度还是针对美国的双边贸易，中国在整体货物贸易的贸易利益分配中长期处于不利地位，但是中国在劳动密集型产品（纺织品服装）的贸易中的劳动力禀赋优势发挥比较突出，这使中国在该类产品的贸易利益分配中处于有利地位。劳动密集和技术密集交叉型产品（机电设备）方面，中国的贸易利益分配在中印双边贸易中处于有利地位，在中美双边贸易中处于不利地位。技术密集型产品（计算机、电子和光学产品）方面，中国的贸易利益分配在中印、中美双边贸易中均处于不利地位。

（9）中国绝对贸易利益的影响因素主要有：对华反倾销、产业 GVC 位置指数、产业 GVC 前向参与度、产业新 RCA 指数、人民币名义有效汇率、劳动资本比。

产业 GVC 位置指数、产业 GVC 前向参与度、产业新 RCA 指数、人民币名义有效汇率的上升能促进中国绝对贸易利益的获取。对华反倾销、劳动资本比的上升则会削减中国的绝对贸易利益。为了能获取更多的贸易利益，中国需要采取多种措施抑制对华反倾销、提升国内各个产业在全球价值链中的地位、抛弃对人民币贬值的路径依赖、实施更加积极开放的贸易策略。

（10）中国相对贸易利益的影响因素在中印双边贸易之间、中美双边贸易之间存在较大差异。

中印之间的影响因素主要有 6 个，中美之间的影响因素主要有 3 个。其中新显性比较优势指数之比、双边名义汇率、劳动资本比的比值均在中印、中美双边贸易的相对贸易利益分配中产生影响，且影响方向相同。而反倾销数量之比、

GVC 位置指数之比、GVC 前向参与度之比仅对中印双边贸易的相对贸易利益分配产生影响。为了能获取更多的贸易利益，中国应采取多重措施，主要包括以下几种：积极采取多方措施，抑制对华反倾销的发生；发展服务贸易促进我国价值链地位攀升；调整产业政策向产业升级倾斜；重视并增加资本的投入，减少简单劳动力的投入；减少对人民币贬值的依赖；实施更加积极开放的贸易策略等。

12.2 研究展望

本书主要围绕中国在反倾销、全球价值链、贸易利益、产业竞争力等多方面的问题进行研究。展望未来，该领域依然有许多现实问题值得继续深入研究。

12.2.1 服务行业嵌入的全球价值链和贸易利益问题

前面的研究主要是针对制造业以及农业的全球价值链和贸易利益问题的相关研究。在全球价值链中增加值的创造实际上还涉及各种服务行业，如金融行业、教育行业等，这些行业对全球价值链和贸易利益的影响越来越重要了。例如教育因素会影响到劳动力成本，影响到劳动力供给数量和质量，进而影响到产品的价格和竞争力，最终使各个在全球价值链的各个环节上的利益分配出现变化。因此后期将对金融行业、教育行业等服务行业对全球价值链和贸易利益的影响等相关问题进行延伸研究，探索服务行业嵌入的制造业、农业之间在全球价值链问题上的异同。

12.2.2 全球价值链数据年份的更新问题

本书对全球价值链的研究数据年份主要集中于 2000—2014 年，这主要是由于全球价值链的增加值数据来源于对外经济贸易大学的 UIBE GVC Indicators 数据库，该数据库基于 WIOD2016 的投入产出数据表得到的全球价值链的相关数据时间段为 2000—2014 年，从而导致本课题进行研究时全球价值链数据的最新年份截止到 2014 年，无法对最近几年的全球价值链状况进行分析。待对外经济贸易大学的 UIBE GVC Indicators 数据库的相关数据进行更新后，以后将继续对最近几年的全球价值链数据进行研究。

参考文献

[1] ANTWEILER W, TREFLER D. Increasing returns and all that: A view from trade [J]. American Economic Review, 2002, 92 (1): 93-119.

[2] ASCHE F. Testing the effect of an anti-dumping duty: The US salmon market [J]. Empirical Economics, 2001, 26 (2): 343-355.

[3] BALASSA B. Trade liberalization among industrial countries: objectives and alternatives [M]. [1st ed.]. New York: Published for the Council on Foreign Relations by McGraw-Hill, 1967.

[4] Benedetto J B. Implications and interpretations of value-added trade balances [J]. Journal of International Commerce&Economics, 2012, 4 (2): 39-55.

[5] COHEN W M, LEVINTHAL D A. Innovation and learning: The two faces of R&D [J]. The Economic Journal, 1989, 99 (397): 569-596.

[6] EHRLICH P R, RAVEN P H. Butterflies and plants: A study in coevolution [J]. Evolution, 1964, 18 (4): 586-608.

[7] Fally T. Production staging: measurement and facts [R]. FREIT Working Paper, 2012.

[8] GALLAWAY M P, BLONIGEN B A, FLYNN J E. Welfare costs of the U.S. antidumping and countervailing duty laws [J]. Journal of International Economics, 1999, 49 (2): 211-244.

[9] Gereffi G, Memedovic O. The global apparel value chain: What prospects for upgrading by developing countries? [R]. Vienna: United Nations Industrial Development Organization, 2003.

[10] GEREFFI G. International trade and industrial upgrading in the apparel commodity chain [J]. Journal of International Economics, 1999, 48 (1): 37-70.

[11] HELPMAN E, KRUGMAN P R. Trade policy and market structure [M]. Cambridge, Mass.: MIT Press, 1989.

[12] HUMMELS D, ISHII J, YI K M. The nature and growth of vertical specialization in world trade [J]. Journal of International Economics, 2001, 54 (1): 75-96.

[13] JOHNSON R C, NOGUERA G. Accounting for intermediates: Production sharing and trade in value added [J]. Journal of International Economics, 2012, 86 (2): 224-236.

[14] KONINGS J, VANDENBUSSCHE H, SPRINGAEL L. Import diversion under European antidumping policy [J]. Journal of Industry, Competition and Trade, 2001, 1 (3): 283-299.

[15] KOOPMAN R, WANG Z, WEI S J. Estimating domestic content in exports when processing trade is pervasive [J]. Journal of Development Economics, 2012, 99 (1): 178-189.

[16] KOOPMAN R, WANG Z, WEI S J. Tracing value-added and double counting in gross exports [J]. American Economic Review, 2014, 104 (2): 459-494.

[17] KRUPP C M, POLLARD P S. Market responses to antidumping laws: Some evidence from the U.S. chemical industry [J]. The Canadian Journal of Economics, 1996, 29 (1): 199.

[18] LEE W. Services liberalization and global value chain participation: New evidence for heterogeneous effects by income level and provisions [J]. Review of International Economics, 2019, 27 (3): 888-915.

[19] MACPHERSON A. Producer service linkages and industrial innovation: Results of a twelve-year tracking study of New York State manufacturers [J]. Growth and Change, 2008, 39 (1): 1-23.

[20] MAURER A, DEGAIN C. Globalization and trade flows: What you see is not what you get! [J]. Journal of International Commerce, Economics and Policy, 2012, 3 (3): 1250019.

[21] NORGAARD R B. Environmental economics: An evolutionary critique and a plea for pluralism [J]. Journal of Environmental Economics and Management, 1985, 12 (4): 382-394.

[22] PRUSA T J. On the spread and impact of anti-dumping [J]. Canadian Journal of Economics, 2001, 34 (3): 591-611.

[23] RAMONDO N, RODRÍGUEZ-CLARE A. Trade, multinational production, and the gains from openness [J]. Journal of Political Economy, 2013, 121 (2): 273-322.

[24] RAUCH J E. Networks versus markets in international trade [J]. Journal of Inter-

national Economics, 1999, 48 (1): 7-35.

[25] SCOTT J. What is social network analysis? [M]. London: Bloomsbury, 2012.

[26] STAIGER R W, WOLAK F A, LITAN R E, et al. Measuring industry-specific protection: Antidumping in the United States [J]. Brookings Papers on Economic Activity Microeconomics, 1994, 1994: 51.

[27] VANDENBUSSCHE H, ZANARDI M. The chilling trade effects of antidumping proliferation [J]. European Economic Review, 2010, 54 (6): 760-777.

[28] 鲍晓华. 反倾销措施的贸易救济效果评估 [J]. 经济研究, 2007, 42 (2): 71-84.

[29] 陈丽娴, 沈鸿, 魏作磊. 服务业开放提高了经济增加值率吗——基于产业集聚视角的门槛回归分析 [J]. 国际贸易问题, 2016 (10): 85-95.

[30] 陈银飞. 2000—2009 年世界贸易格局的社会网络分析 [J]. 国际贸易问题, 2011 (11): 31-42.

[31] 崔宏芳. 贸易增加值视角下金砖国家农业出口竞争力分析 [J]. 世界农业, 2017 (6): 122-127.

[32] 邓光耀. 全球价值链下中国增加值贸易的核算及网络特征研究 [J]. 首都经济贸易大学学报, 2019, 21 (5): 34-44.

[33] 邓军. 增加值贸易视角下中国制造业出口竞争力评估 [J]. 中南财经政法大学学报, 2013 (5): 40-46, 72.

[34] 冯宗宪, 向洪金. 欧美对华反倾销措施的贸易效应: 理论与经验研究 [J]. 世界经济, 2010, 33 (3): 31-55.

[35] 葛明, 林玲. 基于附加值贸易统计的中国对外贸易失衡研究 [J]. 国际经贸探索, 2016, 32 (2): 20-33.

[36] 吉旭, 许娟娟, 卫柯丞, 等. 化学工业 4.0 新范式及其关键技术 [J]. 高校化学工程学报, 2015, 29 (5): 1215-1223.

[37] 江希, 刘似臣. 中国制造业出口增加值及影响因素的实证研究——以中美贸易为例 [J]. 国际贸易问题, 2014 (11): 89-98.

[38] 金钰莹, 叶广宇, 彭说龙. 中国制造业与服务业全球价值链地位 GVC 指数测算 [J]. 统计与决策, 2020, 36 (18): 95-98.

[39] 郎郸妮, 刘宏曼. 生产性服务对农业全球价值链分工的贡献研究——基于出口增加值的行业细分视角 [J]. 国际经贸探索, 2019, 35 (9): 18-34.

[40] 李德阳. 农产品出口结构与农民增收相关性的实证分析 [J]. 中国科技信

息，2005（20）：41-46.

[41] 李坤望，王孝松. 申诉者政治势力与美国对华反倾销的歧视性：美国对华反倾销裁定影响因素的经验分析 [J]. 世界经济，2008，31（6）：3-16.

[42] 李平，王钦，贺俊，等. 中国制造业可持续发展指标体系构建及目标预测 [J]. 中国工业经济，2010（5）：5-15.

[43] 李小丽. 大学技术转移成功影响因素研究——以高效短流程嵌入式复合纺纱技术转移为例 [J]. 科技进步与对策，2012，29（2）：16-19.

[44] 李洲，马野青. 基于出口增加值的中美真实贸易顺差再核算——投入产出框架下的双边贸易核算理论重构 [J]. 经济管理，2021，43（3）：5-25.

[45] 刘爱东，罗文兵. 基于 CiteSpace Ⅱ 的国际反倾销研究的主要聚类分析 [J]. 中南大学学报（社会科学版），2014，20（1）：1-6.

[46] 刘宝全，段文奇，季建华. 权重国际贸易网络的结构分析 [J]. 上海交通大学学报，2007，41（12）：1959-1963.

[47] 刘玲，岳咬兴，李宏宇. 反倾销被诉厂商定价策略的经验研究——基于我国对外反倾销的实践 [J]. 财贸经济，2010（3）：85-90，129.

[48] 刘重力，邵敏. 印度对华反倾销的贸易转移效应——基于产品角度的经验分析 [J]. 国际经贸探索，2009，25（9）：48-53.

[49] 龙飞扬，殷凤. 制造业全球生产分工深化能否提升出口国内增加值率 [J]. 国际贸易问题，2021（3）：32-48.

[50] 卢仁祥. 增加值贸易视角下中国工业制造业出口复杂度的国际比较及其演进的动力机制 [J]. 现代财经（天津财经大学学报），2020，40（5）：85-98.

[51] 陆铭，陈钊. 城市化、城市倾向的经济政策与城乡收入差距 [J]. 经济研究，2004，39（6）：50-58.

[52] 马风涛，李俊. 中国制造业产品全球价值链的解构分析——基于世界投入产出表的方法 [J]. 国际商务（对外经济贸易大学学报），2014（1）：101-109.

[53] 马述忠，任婉婉，吴国杰. 一国农产品贸易网络特征及其对全球价值链分工的影响——基于社会网络分析视角 [J]. 管理世界，2016（3）：60-72.

[54] 马盈盈，盛斌. 制造业服务化与出口技术复杂度：基于贸易增加值视角的研究 [J]. 产业经济研究，2018（4）：1-13，87.

[55] 孟祺. 基于附加值贸易的中越纺织服装产业全球价值链研究 [J]. 经济体

制改革，2016（2）：172-177.

[56] 孟庆松，韩文秀，金锐. 科技—经济系统协调模型研究［J］. 天津师大学报（自然科学版），1998，18（4）：8-12.

[57] 孟庆松，韩文秀. 复合系统整体协调度模型研究［J］. 河北师范大学学报（自然科学版），1999，23（2）：177-179，187.

[58] 聂聆，李三妹. 制造业全球价值链利益分配与中国的竞争力研究［J］. 国际贸易问题，2014（12）：102-113.

[59] 牛建国，张世贤. 全球价值链视角下的中国传统制造业国际竞争力与要素价格影响的非线性效应研究——以纺织、鞋、服行业为例［J］. 经济问题探索，2019（8）：81-91.

[60] 彭羽. 我国企业对欧盟反倾销规避措施的有效性分析［J］. 中央财经大学学报，2009（1）：72-76.

[61] 齐俊妍，孙倩. 中国遭遇反倾销与对外反倾销贸易效应比较分析［J］. 财贸经济，2014（7）：95-106，81.

[62] 尚涛. 全球价值链与我国制造业国际分工地位研究——基于增加值贸易与Koopman分工地位指数的比较分析［J］. 经济学家，2015（4）：91-100.

[63] 沈国兵. 反倾销与美中双边产业内贸易：经验分析［J］. 世界经济研究，2008（3）：48-55，88.

[64] 沈国兵. 美国对中国反倾销的宏观决定因素及其影响效应［J］. 世界经济，2007，30（11）：11-23.

[65] 沈瑶，王继柯. 中国反倾销实施中的贸易转向研究：以丙烯酸酯为例［J］. 国际贸易问题，2004（3）：9-12.

[66] 施炳展. 中国靠什么成为世界第一出口大国？［J］. 统计研究，2011，28（5）：27-34.

[67] 孙天阳，肖皓，孟渤，等. 制造业全球价值链网络的拓扑特征及影响因素——基于WWZ方法和社会网络的研究［J］. 管理评论，2018，30（9）：49-60.

[68] 汤碧，常月. 中国农业价值链地位测度与发展研究——基于亚太区域的分析［J］. 农业经济问题，2019，40（10）：50-62.

[69] 唐泽地，张一兵，李善同，等. 中国制造业增加值率变化的特点及其启示［J］. 上海经济研究，2020，32（12）：66-74.

[70] 万方，杨友孝. 反倾销指向网络的结构及成因：来自社会网络分析的解释

[J]. 财经研究, 2013, 39 (11): 102-111.

[71] 汪云林, 李丁, 付允. 主要经济体间国际贸易的社会网络分析 [J]. 电子科技大学学报 (社科版), 2007, 9 (3): 9-12.

[72] 王飞, 郭孟珂. 我国纺织服装业在全球价值链中的地位 [J]. 国际贸易问题, 2014 (12): 14-24.

[73] 王岚. 全球价值链嵌入与贸易利益: 基于中国的实证分析 [J]. 财经研究, 2019, 45 (7): 71-83.

[74] 王岚. 全球价值链视角下双边真实贸易利益及核算——基于中国对美国出口的实证 [J]. 国际贸易问题, 2018 (2): 81-91.

[75] 王孝松, 吕越, 赵春明. 贸易壁垒与全球价值链嵌入——以中国遭遇反倾销为例 [J]. 中国社会科学, 2017 (1): 108-124, 206.

[76] 王星宇. 金砖国家经贸合作与全球价值链重构 [J]. 经济问题, 2019 (1): 123-129.

[77] 王直, 魏尚进, 祝坤福. 总贸易核算法: 官方贸易统计与全球价值链的度量 [J]. 中国社会科学, 2015 (9): 108-127, 205.

[78] 巫强, 马野青, 姚志敏. 美国反倾销立案调查对我国上市公司影响的决定因素分析 [J]. 国际贸易问题, 2015 (3): 98-107.

[79] 吴勇民, 纪玉山, 吕永刚. 技术进步与金融结构的协同演化研究——来自中国的经验证据 [J]. 现代财经 (天津财经大学学报), 2014, 34 (7): 33-44.

[80] 奚俊芳, 陈波. 国外对华反倾销对中国出口企业生产率的影响: 以美国对华反倾销为例 [J]. 世界经济研究, 2014 (3): 59-65, 89.

[81] 谢建国. 经济影响、政治分歧与制度摩擦——美国对华贸易反倾销实证研究 [J]. 管理世界, 2006 (12): 8-17, 171.

[82] 许家云, 张俊美, 刘竹青. 遭遇反倾销与多产品企业的出口行为——来自中国制造业的证据 [J]. 金融研究, 2021 (5): 97-116.

[83] 杨红强, 聂影. 国外对华反倾销措施效果评价的实证研究 [J]. 国际贸易问题, 2007 (11): 72-78.

[84] 杨坤鹏, 戴翔. 我国服务业增加值率的变迁及其国际比较 [J]. 上海经济研究, 2016, 28 (2): 12-18, 28.

[85] 杨仕辉, 魏守道. 中国被诉反倾销寒蝉效应的实证分析 [J]. 国际经贸探索, 2011, 27 (4): 21-27.

[86] 杨艳红. WTO 制度、贸易不对称与国外对华反倾销——部分国家和地区对华反倾销调查的实证分析 [J]. 数量经济技术经济研究, 2009, 26 (2): 102-111.

[87] 杨悦, 何海燕, 王宪良. 进口反倾销行为对产业价格指数影响的实证研究——以钢铁行业为例 [J]. 财贸研究, 2007, 18 (6): 59-66.

[88] 余丽丽, 潘安. 价值链互动与反馈视角下中国部门增加值出口攀升研究 [J]. 数量经济技术经济研究, 2021, 38 (1): 61-82.

[89] 袁征宇, 王思语, 郑乐凯. 制造业投入服务化与中国企业出口产品质量 [J]. 国际贸易问题, 2020 (10): 82-96.

[90] 张华, 曾凡玲, 吴佩. 全球价值链中的农产品生产与贸易: 特征、桎梏与对策 [J]. 国际商务研究, 2016, 37 (5): 44-52.

[91] 张恪渝, 刘崇献, 周玲玲. 中美贸易摩擦对我国农产品贸易增加值的影响效应 [J]. 上海经济研究, 2020, 32 (7): 91-104.

[92] 张丽娟, 赵佳颖. 全球价值链下中美贸易利益分配与影响因素的测度研究——基于相对出口增加值率的视角 [J]. 国际贸易问题, 2019 (8): 16-32.

[93] 张咏华. 中国制造业增加值出口与中美贸易失衡 [J]. 财经研究, 2013, 39 (2): 15-25.

[94] 张雨, 戴翔. 出口产品升级和市场多元化能够缓解我国贸易摩擦吗？[J]. 世界经济研究, 2013 (6): 73-78, 89.

[95] 张玉兰, 崔日明, 郭广珍. 产业政策、贸易政策与产业升级——基于全球价值链视角 [J]. 国际贸易问题, 2020 (7): 111-128.

[96] 赵玉焕, 史巧玲, 尹斯祺, 等. 中国参与全球价值链分工的测度及对就业的影响研究 [J]. 经济与管理研究, 2019, 40 (2): 13-26.

[97] 周灏, 祁春节. 对华农产品反倾销影响因素——基于条件 Logistic 回归的实证研究 [J]. 经济问题探索, 2011 (5): 115-120.

[98] 周灏. 中国遭受反倾销的影响因素及贸易救济体系研究 [D]. 武汉: 华中农业大学, 2011.

[99] 周灏. 产业安全视角下的反倾销与产业升级协同演化 [J]. 北京理工大学学报 (社会科学版), 2017, 19 (4): 84-90.

[100] 周灏. 全球价值链演进下中国农产品增加值出口变化的社会网络分析 [J]. 世界农业, 2021 (3): 14-25.

[101] 周灏. 中国"非市场经济地位"问题及其对反倾销裁决的影响——基于美国对华反倾销裁决的实证分析 [J]. 国际贸易问题, 2011 (9): 95-105.

[102] 周灏. 中国产业安全的逻辑和路径研究——基于反倾销与产业升级的协同演化 [J]. 社会科学, 2018 (1): 29-36.

[103] 周灏. 中国在世界反倾销中角色地位变化的社会网络分析 [J]. 国际贸易问题, 2015 (1): 112-122.

[104] 朱钟棣, 鲍晓华. 反倾销措施对产业的关联影响——反倾销税价格效应的投入产出分析 [J]. 经济研究, 2004, 39 (1): 83-92.

[105] 卓越, 张珉. 全球价值链中的收益分配与"悲惨增长"——基于中国纺织服装业的分析 [J]. 中国工业经济, 2008 (7): 131-140.